# サブカル昆虫文化論

アニメ・ゲーム・漫画・特撮・玩具

【編著】保科英人
宮ノ下明大
福富宏和

総合科学出版

# まえがき

東京生まれの東京育ち。学校も仕事も家庭も、生活はすべて23区内で完結しています。
そして、そのまま23区にある大病院で死を迎えました。

仮にこのような方がいたとしよう。

この方は、野良猫以外の野生の獣を生涯見ることがなかったかもしれない。また、今の日本では、カエルとヘビを目撃しないまま、一生を終えることも不可能ではない。

しかし、昆虫だけは無理である。昆虫と一切無縁の人生をおくることは絶対にできない。東京のド真ん中であっても、春には公園の中をモンシロチョウが飛ぶし、夏になると蚊に悩まされるし、秋には街路樹でアオマツムシが鳴き騒ぐ。人間側がいくら虫に興味がないと申し出ても、虫は無理やり視界に入ってくる。たとえ、鉄筋コンクリートのマンションの中であっても、ショウジョウバエとゴキブリが出没し、人間サマを不愉快にさせやがる。我々は否応なく、昆虫との生活を余儀なくされているのだ。

かつて人類が農業を始めたその瞬間に、昆虫と人との関係が始まった、と言っても過言ではない。田畑に害虫が湧くのは必然だからである。その後、人類はミツバチや蚕を飼育し、蜂蜜と絹糸を得る技術を編み出した。そして、生活に直結する益虫と害虫とは別に、人々は文化面でも昆虫を利用するようになった。

日本でいえば、8世紀後半に成立した最古の詩集『万葉集』で、既にコオロギやセミが題材として詠まれている。その後、平安時代の『古今和歌集』に端を発する勅撰和歌集、室町時代の御伽草子、江戸期の俳句などにも、虫は登場し続けた。明治維新後は、庶民のあいだで鳴く虫飼育が大流行した。日本人と虫との関係は、ずいぶんと長いものである。

平成令和の現代においても、昆虫は文化の一角を占めている。たとえば、カブトムシとクワガタムシの生き虫市場は大きなものがある。今や、町中の普通のホームセンターで、外国産のカブトとクワガタが数千円で買えるのである。編著者が子供の頃には、とうてい見られなかった光景だ。

本書は、このような日本社会におけるペット昆虫事情ではなく、特撮や漫画、アニメなどのサブカルチャーの中の昆虫に着目した。

サブカルのクリエイターの方々の大半は、専門的な昆虫学の知識を持っていないはずだ。また、ユーザーの科学リテラシーや嗜好を無視して、作品を制作することはできない以上、サブカルに登場する昆虫は、平均的な日本人の対昆虫感情を反映しているにちがいない。

そんな思いで仕上げたのが本書『サブカル昆虫文化論』である。

日本人の昆虫感情を知りたいなら、別にアニメや漫画を材料としなくてもよいではないか。現代小説や現代詩歌を取り上げればよいではないか。そんな疑問を呈される方もおられるだろう。しかし、その問いに対する編著者の回答は単純明快だ。

編著者は村上春樹や平野啓一郎の小説なんぞ、死んでも読みたくないのである。また、国語の教科書に載っているような現代詩に目を通そうものなら、間違いなく精神が崩壊してしまう。

とにかく、本書は著者3人の趣味丸出しの昆虫文化論である。学術とは縁遠いものだ。

取り上げた作品には有名どころもあれば、「何なんだ、それは?」との超マイナーなものもある（むしろ後者が多いか）。本書の内容がマニアックであることは百も承知。確信犯的に、徒然なるままに書きなぐった昆虫文化論を、最後まで我慢して一読していただければ幸いである。

編著者　保科英人

# 『サブカル昆虫文化論』◇目次◇

## 第3章　アニメーション映画と昆虫

宮ノ下明大

## 第4章　特撮と昆虫
### ～ヒーロー・怪人・怪獣に観る昆虫たち～

宮ノ下明大



## 第5章　カプセルフィギュアと昆虫

宮ノ下明大

## 第6章　ゲームと昆虫

保科英人

## 第7章 アニメと昆虫

## 第8章　漫画と昆虫

福富宏和

## 第9章 現代版「虫愛ずる姫君」列伝

保科英人

# 第1章

# 日本人は昆虫とどう向き合ってきたか

## ～神話の時代から敗戦まで～

保科英人

皆さんは「日本人は昆虫が好きな民族だ」と聞いたことはないだろうか。また、その延長上にある発想として「欧米人にとって、自然は征服するもの。一方、日本人にとって、自然は調和するものである」とも耳にしたことはないだろうか。つまるところ、日本人は自然を大切にする民族である、との自負である。

これを一概に否定するつもりはないが、日本人の自然保護が、他国と比べて本当に優越しているかは慎重に判断する必要がある。たとえば、カワウソを考えてみればよい。毛皮目的の狩猟や河川環境の悪化より、カワウソは世界各地で激減した。しかし、北アメリカや韓国のカワウソは数を大きく減らしながらも、人々の保護により何とか踏みとどまった。

一方、日本のカワウソは絶滅してしまった。絶滅を免れるか否かは偶然に左右される点があるとはいえ、カワウソの保護に限れば、日本は韓国に完敗したのである。このほか、日本の国立公園の利用規制は、諸外国と比較して甘すぎると批判されることもある。福井県環境審議会野生生物部会長や環境省希少野生動植物種保存推進員などを拝命する筆者個人としても、日本人の自然保護意識は各国に比べて上である、などとは微塵も考えていない。

平成31年2月9日付朝日新聞掲載の山極寿一京都大学総長のコラムは、興味深い指摘をしている。山極総長によれば、平成30年にコスモス国際賞を受賞したフランスのオギュスタン・ベルクは「自然に細やかな情緒と畏敬の念を持つ日本が、なぜ戦後、世界でもっとも海岸線を破壊する国になったのか？」と疑問を呈したという。

これはあくまでベルクの個人的感想ではあるが、欧州人の１人が「日本人は別に自然を大事にする民族ではない」と突き放している点は見逃せない。

では、日本人の昆虫愛はどうであるか？
海外と比較して、その優位性は事実なのか？

フランス文学者の奥本大三郎氏は「日本では生活の中に虫がいる。しかし、西洋の子供はクワガタで遊ばない。ゴキブリとカブトムシの区別がつかないアメリカ人もたくさんいる」と、日本人が欧米人よりも昆虫に親しみを感じていることを力説する（平成29年8月13日付赤旗日曜版）。そして、日本の虫好きの有識者の多くは、大なり小なり奥本氏に近い考えを持っている。はたして、日本人は本当に伝統的に昆虫への親近感を持ってきたのであろうか。そして、その感性は世界に冠たるもの、と自慢できる代物なのであろうか。

まずは、神話の時代にさかのぼり、昭和20年の大東亜戦争の敗戦にいたるまでの、日本人と昆虫との関係について概説する。

## 1 日本神話における昆虫

日本最古の歴史書は、ともに8世紀前半に成立した『古事記』『日本書紀』である。両書は最初に天地創造、続いて神々の物語が記されており、これが日本神話に該当する。まずは『古事記』から。

伊耶那岐命（いざなぎのみこと）は、黄泉国にいる妻の伊耶那美命（いざなみのみこと）に会いに行き、「我々の国に一緒に帰ろう」と持ちかけた。伊耶那美命は「では、黄泉神と相談してきます。そのあいだ、決して私を覗かずに待っていてください」といった。しかし、伊耶那岐命はその戒めが守れず、伊耶那美命を追いかけてしまった。すると、伊耶那美命の体には蛆（ウジムシ）が蠢いていた。この蛆こそが『古事記』に記された最初の昆虫である（注1）。

一方、『日本書紀』によると、軻遇突智（かぐつち）が埴山姫（はにやまひめ）を娶って、稚産霊（わくむすひ）が生まれた。その稚産霊の頭から蚕と桑が生まれた。この蚕が『日本書紀』に出てくる昆虫の一番目に該当する。

『古事記』と『日本書紀』。『古事記』のほうが後者よりも10年近く早く成立したとされている。となると『古事記』の蛆こそが、日本神話、そして日本文学史上最初に描かれた昆虫、ということになる。

この事実を喜んでよいのかどうかは微妙なところだ。

このほかの日本神話の昆虫となると、初代神武天皇が丘に登り、周囲を見渡したときに「なんと素晴らしい国を得たことよ。狭い国ではあるけれど、蜻蛉（あきつ。トンボのこと）が交尾しているように、山々が連なり囲んでいる国だ」と呟いた、との逸話がある（『日本書紀』）。

また、第二十一代雄略天皇が狩りに出かけ、座って休んでいると、アブに刺された。するとトンボが飛んで来て、そのアブを食って飛び去った（『古事記』）。

日本神話におけるこれらのトンボのエピソードは、日本のトンボ学の界隈では有名な話だ。神武天皇の逸話から日本の古名である「秋津洲」（あきつしま）との名称が生まれた。トンボに由来する国名など、世界のどこにあろうか。日本のトンボの各種図鑑が「どうだ！ 日本人のトンボ愛はすごいんだぞ！」とドヤ顔で、この逸話を紹介しているのは、ちゃんと理由があるのだ。

ただ、このトンボ愛とは裏腹に、日本神話は概して昆虫全般に対して無関心である、と身も蓋もない事実を申し上げておこう。トンボの逸話はあくまで例外的なものであり、『古事記』『日本書紀』に登場する昆虫事例は質量ともに少ない。神話から読み取れる昆虫への親近感では、日本神話は朝鮮神話に負けている（拙文「古事記・日本書紀に見る日本人の昆虫観の再評価」）。

さらに、平安時代以降の和歌の世界で、さかんに詠まれるセミやスズムシ、マツムシなどは、日本神話には一切登場しないことも付け加えておこう。

# 2 『万葉集』の昆虫

日本最古の歌集は8世紀後半の奈良時代に編纂された『万葉集』である。蟋蟀（コオロギ）や蜩（ヒグラシ）などが、収録歌の題材となっている点は、現代詩歌に通じるものがある（注2）。

一方で、『万葉集』は『古事記』『日本書紀』とほぼ同時期に成立したが、昆虫との観点で見れば大きな違いがある。日本神話で示された強烈なトンボ愛が、『万葉集』ではまったく見受けられないのである。

たとえば、「あきづ羽の袖振る妹を玉くしげ奥に思ふを見たまへ我が君」の中にある「トンボの羽のような袖」との比喩表現でしか、トンボは使われていない。日本神話で華々しいデビューを果たしたトンボであるが、『万葉集』以降、当分は鳴かず飛ばずの時代に入る。トンボが本格的に日本文学の世界で復権を果たすのは、室町時代以降である。

本章1項で『古事記』『日本書紀』には、トンボと古代天皇家との逸話が掲載される一方で、セミやコオロギは描かれていないと書いた。逆に『万葉集』ではこれらの虫が何回も詠まれている。つまり、万葉時代の日本人は、神話物語に登場させる昆虫と、詩歌の対象とする昆虫を、完全に使い分けていたことがわかる。

これまで虫業界は、「日本神話には雄略天皇とトンボの物語がある。日本人すごい」「日本人は『万葉集』の時代からコオロギとセミを歌にしてきた。やっぱりすごい」と称賛一辺倒で片づけてきた。

しかし、神話と詩歌に出てくる虫がまったく違うとの事実は重い気がする。海外の神話や民族伝承にはセミやコオロギが出てくるものも少なくないので、古代日本人がなぜ同様の発想に至らなかったかは一考の価値があるだろう。

さらに、大概の日本人が懐かしく思い、現代短歌の重要題材であるホタルにしても、『万葉集』では一切詠まれていない点も見逃せない。ただ一つの長歌に「螢なす　ほのかに聞きて　大地を　炎と踏みて」との一節があるが、この「螢なす」は次に続く「ほのか」の枕詞であり、実際の昆虫としてのホタルは、『万葉集』には登場しない。『万葉集』を編纂した当時の支配者階級の昆虫観と、現代庶民のそれとのあいだには大きな隔絶があることがわかる。

## 3　平安貴族の和歌の世界と昆虫

古典に興味がなければ『万葉集』と『古今和歌集』は、前者が奈良時代、後者が平安時代に成立した程度の区別しかできない。ここで偉そうに書いている筆者も所詮は虫屋。両者の文学的な差異をどこまで正しく認識できているか、はなはだ心許ない。ただ、昆虫との観点で見れば、両者には大きな違いがあることぐらいはわかる。

まず『万葉集』で詠まれていた「蟋蟀」との単語は『古今和歌集』では完全に消失し、そのかわりに「きりぎりす」が使われるようになる（注３）。

次に「蛍」が作品中に登場するようになる。紀友則「夕されば蛍よりけに燃ゆれども光見ねばや人のつれなき」はその一例だ。また、『伊勢物語』収録の「晴るる夜の星か河べの蛍かもわがすむかたのあまのたく火か」の歌は、日本最古の蛍和歌とされている。

では、『万葉集』ではほぼ無視されていたホタルが、なぜ平安時代になって、和歌の題材として脚光を浴びるようになったのか。丹羽（1992）によると、平安貴族たちは漢詩の影響を受けて、ホタルを和歌に詠みこむようになったらしい。となると、幽玄なホタルに目を細める日本人の仕草は、平安時代以降の産物ということになる。

ここで平安貴族たちが詠んだ和歌から、彼らの昆虫観を探ってみよう。

誰しもがその名を知る『古今和歌集』との和歌集がある。そして、平均的日本人はその次の和歌集として、鎌倉初期の『新古今和歌集』を挙げがちである。しかし、平安前期の『古今和歌集』から室町前期の『新続古今和歌集』まで、計21編におよぶ勅撰和歌集がある。これらを合わせて二十一代集と呼ぶ。実は、有名な『新古今和歌集』は8番目の勅撰和歌集にすぎず、『古今和歌集』の次でもなければ、記念すべき最後の和歌集でもないのである（注4）。和歌集として名高い『古今和歌集』も、実際に冊子丸ごと閲読した現代人は少ないはずだ。

ここで平安時代前期に成立した二十一代集の最初の三つの『古今和歌集』『後撰和歌集』『拾遺和歌集』を事例として、和歌集がいかなる構成で成り立っているかを見てみよう（注5）。

『古今和歌集』は、まず仮名序があり、春歌上、春歌下、夏歌、秋歌上、秋歌下、冬歌、賀歌、離別歌、羇旅歌、物名、恋歌（一〜五）、哀傷歌、雑歌上、雑歌下、雑躰歌、大歌所御歌・神遊びの歌・東歌、墨滅歌、真名序との章が立てられている。『後撰和歌集』と『拾遺和歌集』も多少違えど、だいたい同じような章立てとなっている。

単純にまとめるなら、勅撰和歌集と呼ばれるものは、春夏秋冬の四季、恋、そのほか雑多な章から構成されていて、それぞれの章のテーマに合った和歌が収録される。たとえば、雪がどうのこうのという和歌は「冬歌」に配置されるわけだ。和歌集のこの章立ては最後の勅撰和歌集の『新続古今和歌集』でもほぼ同じである。

ここで『古今和歌集』『後撰和歌集』『拾遺和歌集』の三つの和歌集を開き、詠まれている動物に着目すると、一つの傾向が浮かび上がってくる。春はウグイス、夏はホトトギス、夏と秋はホタルとセミ、秋はマツムシやスズムシなどの鳴く虫やシカがよく詠まれていることがわかる（注６）。具体例を出してみよう。

「鶯のなきつる声にさそはれて花のもとにぞ我は来にける」（『後撰和歌集』）
「時鳥（ほととぎす）人待つ山に鳴くなれば我うちつけに恋ひまさりけり」（『古今和歌集』）
「ゆく蛍雲の上までいぬべくは秋風吹くと雁に告げこせ」（『後撰和歌集』）
「あさぼらけひぐらしの声聞ゆなりこや明けぐれと人の言ふらん」（『拾遺和歌集』）
「君しのぶ草にやつるる故里は松虫の音ぞ悲しかりける」（『古今和歌集』）
「いづこにも草の枕を鈴虫はこゝを旅とも思はざらなん」（『拾遺和歌集』）
「秋萩の花咲きにけり高砂の尾上の鹿は今や鳴くらむ」（『古今和歌集』）

以上のことから、かつての貴族たちはウグイス、ホトトギス、セミ、ホタル、鳴く虫、シカを愛していたのだ、との結論が導き出されよう。ただし、和歌とは、良く言えば雅な文人の嗜み、悪く言えば暇を持て余した支配者層の好いた惚れたの言語遊戯の側面がある。よって、和歌の題材とされる動物の優先順位は、貴族たちが持つ親近感もさることながら、言語的都合も大きい。

たとえば、和歌の世界では、松虫のほうが鈴虫よりもはるかに登場頻度が高い（注7）。貴族たちが松虫の声を愛したのは事実であるが、彼らが松虫を重宝したのは別の理由もある。それは和歌の基本技法の一つの「掛け」である。「（人を）待つ」に「松虫」を掛けるのだ。

『拾遺和歌集』の「契剣程や過ぬる秋の野に人松虫の声の絶えせぬ」はその好例である。秋の夜長、虫の声を聞きながら、愛しい人を待ってます、と詠みたいとき、鈴虫ではなく松虫が使われがちなのは、主に「ま・つ・む・し」との発音上の理由である。読み手の松虫の鳴き声への親近感が、使用頻度に直接反映されているわけではない。

ホタルが題材となったことにも同様の背景がある。ホタルの光を「ひ（火）」に見立て、「（あなたへの）思ひ」に掛けるのである。「音もせで思ひにもゆる蛍こそ鳴く虫よりもあはれなりけれ」（『後拾遺和歌集』）や「池水のいひ出でがたき思ひとや身をのみこがす蛍なるらん」（『新続古今和歌集』）の「蛍」と「思ひ」は、その事例である。

このように、ホタルが和歌にさかんに詠まれたのは、その光が哀しさを誘ったのと同時に、「思ひ」に掛けやすかったからである。そして恋に身を焦がす自分の心情を、火を放つホタルに準えた。こうしてみると、貴族たちのホタルとマツムシへの親愛の情は、我々が犬猫に対して向ける愛着や、雄大な山々の景色への感動とは異質なものを含むことがわかる。彼らの昆虫への親近感は相当割り引かなければならないだろう。さらに、和歌の題材となることが多かったウグイス、ホトトギス、ホタル、セミ、マツムシ、シカには共通の大きな特徴がある。それは、大きな音や目立つ光を発する動物である、との特徴だ。貴族たちはホトトギスやマツムシの美声に聞き惚れた、と表現すれば聞こえが良いが、逆に言えば、行動の自由がなく、自然観察能力に乏しい貴族たちは、わかりやすい音や光を放つ生き物しか、和歌に詠めなかったのである。筆者はなまじ野山を駆ける昆虫分類学者であるせいか、不健康な生活をおくっていた貴族たちの動物観を小馬鹿にしがちである。

清少納言『枕草子』には、ホタルやセミ、鳴く虫以外にも、蚊、ノミ、ミノムシなどの虫が取り上げられている。しかし、平安・鎌倉期の貴族文学における昆虫は、セミ、ホタル、鳴く虫の三強であって、それ以外の虫は取るに足らない扱いだったといえよう。

## 4　民間有識者が活躍した時代の昆虫

宮廷和歌は室町時代前期の最後の勅撰和歌集『新続古今和歌集』の編纂でもって、その歴史を閉じたわけではない。天皇家では、江戸初期の後水尾天皇や幕末の孝明天皇は多くの和歌を残した。また、江戸期の三条西実条や烏丸光広、武者小路実陰らの公卿歌人は、平安期さながらの詠歌活動を継続した。

徳川吉宗の次男で聡明と名高い田安宗武も和歌をよくした。近世は武家の支配者層にも歌人が生まれた時代である。「夕日さす梢の露に鳴く蟬の涙ほしあへぬ衣手の森」（後水尾院）や「苦しげになく物からに蟬の聲を聞ば猶しも暑くおもほゆ」（田安宗武）、「とぶほたるおのが思ひの影ならで夏こそなけれ暮るる沢みづ」（武者小路実陰）、「秋ふかく音にこそ立れおもふそのときをまつ蟲さも枯せすも」（孝明天皇）などなど、セミ、ホタル、鳴く虫の三強は、近世の上流階級の和歌界でも、あいもかわらず昆虫の主役である。

しかし、勅撰和歌集や王朝文学の時代と比較すると、室町時代以降、特に江戸期の文学の大きな特徴は、創作活動の担い手の中心が支配者層から民間有識者に移ったことにある。井原西鶴や近松門左衛門は庶民とは言い難いが、支配者層の生まれでもない。

鎌倉時代末から江戸期の文学作品における昆虫との観点でみると、御伽草子の存在が重要である。御伽草子とは、説話やお伽話の類いである。ほとんどの御伽草子は作者未詳であるが、多くは民間有識者の手によって作られたものらしい。『物ぐさ太郎』や『浦島太郎』など、一部の御伽草子はアレンジされ、現代の絵本として今なお人々に読まれ続ける存在である。

この御伽草子の登場によって、日本文学における昆虫に大きな変化が生まれた。『玉虫の草子』『きりきりすの物かたり』『こうろき草子』『諸虫太平記』『虫妹背物語』などなど、登場人物がすべて虫との奇怪な物語が生まれたのである（注8）。

『こうろき草子』を例にとると、コオロギの呼びかけに応じて、キリギリス、カゲロウ、タマムシ、ミノムシ、チョウ、ハチ、コガネムシ、クツワムシ、カマキリ、アリなどが次々の名乗りを挙げ、己の心情を和歌に詠んだあと、草むらに帰っていくとの話だ。また『諸虫太平記』は、我が子を蜘悪太郎足数に討たれた蟬六郎音高が蜻蛉牛之介と同盟して、敵の蜘蛛軍団を討つ物語である。

室町時代以降に隆盛した俳句も、昆虫の扱われ方に画期的な変化をもたらした。「蟬鳴や大河をあゆむ砂ほこり」（宮紫暁）、「さびしさや一尺消えてゆくほたる」（立花北枝）、「虫の音や月ははつかに書の小口」（松岡青蘿）などなど、セミ、ホタル、鳴く虫はさかんに俳句に詠まれた。

季語を必要とする俳句の性質上、これらの虫は作品の格好の題材とされたのである。その一方で、「曙やまだ飛出さぬ草の蝶」（半田常牧）、「蜻蛉や村なつかしき壁の色」（与謝蕪村）、「静けさや梅の苔吸ふあきの蜂」（志太野坡）、「永き日や太鼓のうらの虻の音」（浪花）など、他の虫も多くの俳句の題材となった。

さらに、俳句は勅撰和歌集時代の和歌の情緒に加えて、滑稽さ、面白さをも詠み込んだ。「篝火も蛍もひかる源氏かな」（野々口立圃）、「あれにけり蚤の都のおもてかへ」（田代松意）、「野ばくちや銭の中なるきりぎりす」（小林一茶）などはその代表例である。

近世文学や詩歌の世界に登場する昆虫でも、セミ、ホタル、鳴く虫が三強的存在である。それは間違いない。しかし、前時代と大きく違うのは、三強に加えて、トンボ、チョウ、タマムシ、ハチ、ミノムシなどが有力な脇役として幅を利かすようになった点である。

本章２項で述べた「トンボが本格的に日本文学の世界で復権を果たすのは、室町時代以降」とはこのことである。勅撰和歌集ではシカトされていたトンボは、御伽草子や俳句との新時代の文学作品上で復活を果たした。

では、近世文学ではなぜ多くの昆虫が登場するようになったのであろうか。プロの文学者はこの疑問に対する回答を持っているはずだが、ここでは虫屋の筆者ならではの考えを示しておきたい。

近世文学を担った民間有識者と、平安・鎌倉時代の貴族たちのあいだの一番大きな違いは、虫に対する感性ではなく、自然観察能力と行動の自由度である。好き勝手に外出できない公家のお偉いさんや宮廷女官とは異なり、民間有識者は自由気ままに自然を満喫し、草むらにしゃがみこんで、じっくり小さな虫を観察できた。だからこそ、多種多様な昆虫を題材とすることができたのではなかろうか。

また、近世は栗本丹洲『千虫譜』に代表される昆虫図譜や、伊藤若冲「池辺群虫図」、円山応挙「百蝶図」など、多くの昆虫画が描かれたことも付け加えておく。

## 5 昆虫飼育が流行した近代

前時代の三強のセミ、ホタル、鳴く虫は、近代短歌・俳句の世界でも題材昆虫として重宝され続けた。「坂むかひ西洋館に灯がともり遠き木立よ秋蟬のきこゆ」(岡麓)、「夜の道螢籠もたる女らがすれちがひざまの螢のにほひ」(佐佐木信綱)、「夜學よりつかれかへりて尿する垣根のもとの夜夜のこほろぎ」(土屋文明)はその事例である。

俳句のほうは「空蟬やひるがへる葉にとりついて」(高野素十)、「螢よぶ女は罪の聲くらし」(松瀬青々)、「邯鄲や日のかたぶきに山颪し」(飯田蛇笏)でも挙げておこうか。西洋館だの夜学だのいった文言が明治大正の時代の空気を感じさせる。

明治維新は社会に大きな変革をもたらした。まず、文化の担い手は完全に支配者層から離れ、民間有識者と庶民に移った。そして、新聞、鉄道、電話、映画、戦艦、航空機。江戸時代には存在しなかった文化媒体や交通インフラ、兵器が、明治・大正・昭和戦前期の近代に続々と導入された。なかでも新聞と鉄道の普及によって、日本の昆虫文化はまったく新たな様相を示し始める。

既に江戸時代にはスズムシを養殖し、江戸の町中で売り、その鳴き声を楽しむとの商売ルートが確立していた。そして、明治維新以降の近代化により、人々の生活に多少の余裕が生まれた。華族、財界の有力者、庶民を問わず、鳴く虫の飼育が流行したのである。

さらに、縁日ではスズムシだけでなく、マツムシ、キリギリス、エンマコオロギ、カンタン、クサヒバリ、キンヒバリ、カネタタキ、ウマオイ、クツワムシ、アオマツムシと、ありとあらゆる鳴く虫が屋台に並ぶようになった。商品となった鳴く虫は野外個体に加えて、ほぼ全種が養殖されていたのだから恐れ入る。昭和初期、最大手の鳴く虫養殖業者は年間10数万頭もの虫を出荷できた。近代期は日本史上、鳴く虫がもっとも愛された時代である。

この鳴く虫飼育ブームに一役買ったのが新聞である。初夏から秋にかけて、当時の新聞は「虫相場」というコーナーを設け、鳴く虫の種ごとの値段を掲載した。「鈴蟲三銭、松蟲八銭、轡蟲十銭」のような記事である。興味深いのは、スズムシは最安値の鳴く虫であることに加えて、新聞１部の数倍程度の値段であることだ。現在の貨幣価値で１頭数百円程度と見積もれる。

ここで、我々の身近のホームセンターで売っているスズムシを思い浮かべてもらいたい。だいたい200〜300円のはずである。つまり、スズムシの値段は明治時代も令和時代もほとんど変わっていない。

また、スズムシを中心とした鳴く虫の飼育法も繰り返し記事となった。インターネットで飼い方をちょいと検索できなかった時代、人々は新聞に掲載されたマニュアルを読んで、飼育に取り組んだのだ。特にスズムシは養殖がもっとも簡単な鳴く虫なので、内職にする主婦までいたという（注9）。

ホタルも江戸期には商取引されていたペット昆虫の一つである。ペット昆虫としての需要は、明治維新以後も続いた。前述の新聞「虫相場」には、縁日で売られていたホタルの値段も記されている。その価格はスズムシよりもずっと安く、1頭1銭以下のことが多かった。現在の貨幣価値でせいぜい数十円である（注10）。

また、明治後半以降、東京や大阪の料亭などが客寄せに十万単位の個体のホタルを放つことが常態化した。さらに、百貨店で客にホタルを景品として配るサービスも始まった。近代日本人にとって、ホタルは鳴く虫に次ぐ人気を持っていた。

十万単位のホタルを確保するため、人々はホタルの乱獲に走った。その結果、当然のことながら、東京やその近隣地域ではホタルは激減してしまった。仮にホタルの大量消費が江戸時代に行われていたら、江戸のホタルの激減とともに、大量消費は否応なく止んでいただろう。

しかし、明治日本人は鉄道という強力な輸送手段を手にしていた。東京でホタルが捕れなくなったら、遠方の地方から大量に取り寄せればよい、と考えたのである。はやくも明治25年には、京都宇治のホタルが東京府下の問屋に出荷されたとの記録がある（拙文「近現代文化蛍学」）。

さらに、大正時代に入ると、全国の鉄道会社自身が蛍狩りを企画するようになった。自社の沿線上の会場でホタルをばら撒き、当日客を運ぶことで収益を挙げるビジネスである。近代日本の蛍文化は、現代人の目から見れば、命を使い捨てにした大量虐殺であるが、良くも悪くも鉄道がホタル人気に果たした役割は大きい。

明治の人々が鳴く虫とホタルに熱狂する一方で、セミは捨て置かれた。セミ関連の新聞記事は、ホタルや鳴く虫と比較すると、圧倒的に少ないのである（拙文「近代文化蝉学」）。

セミは、短歌や俳句の世界では江戸期以前と同様、題材とされ続けた。庶民もまた、季節の風物詩としてセミを見つめた。にもかかわらず、庶民のセミへの関心はどうも薄い。なぜだろうか。

それは、近代日本人は昆虫に対して、飼育に大きな意義を見出したからである。鳴く虫は飼える。コツをつかめば自宅で増やすこともできる。ホタルの成虫の寿命は短いし、一般家庭での増殖は絶対に無理だが、短期間であれば虫籠に入れて、光を愛でることができる。

しかし、セミは何をどうしても虫籠に入れて楽しむことができない。虫籠の中では鳴いてくれないからである。となると、どうしても人々のセミへの愛着は薄くなる。近代以降、日本人と昆虫との関係との点で、セミは近世までのホタルと鳴く虫との三強の地位から陥落した（注11）。

一方、近代日本人は、鳴く虫・ホタル・セミ以外の昆虫とはどのように向き合ったのか。室町・江戸期と同様、セミ、ホタル、鳴く虫三強以外の虫も、短歌や俳句に詠まれている。ここでは「土蜂のうなりを聴きてわれは寐る戀もものうく砂山に寐る」（吉井勇）、「つとおさへたる夜の大いなる蛾の生命指さきよりぞ腦にひゞくも」（前田夕暮）、「玉蟲やたゝみあまりし薄翅」（日野草城）、「蟷螂の鋏ゆるめず蜂を食む」（山口誓子）、「露の玉蟻だぢたぢとなりにけり」（川端茅舎）を挙げておく。

チョウは新聞広告という新時代の文化媒体で主役を張ることになる。化粧品や石鹸、香料商品のイメージキャラクターになったのである。虫相場の記事はともかく、新聞広告に限れば、鳴く虫やホタルは無きに等しい存在だ。近代は女性向け化粧品の大衆化が進んだ時代だからだろうが、広告に登場する昆虫の中では、チョウの存在感は圧倒的である。

室町時代の御伽草子で日本文学に復権を果たしたトンボは、近代以降、情緒の対象昆虫としての重みを増した。たとえば、「初蜻蛉」なる記事も時々掲載された。文字通り、その年トンボが初めて観察されたことを報じる記事である。現代日本では、桜の開花はほぼ間違いなく記事になるけれども、初トンボはそうそう記事になるまい。明治42年には突如出現したアカトンボの大群に見物人が殺到したので、不測の事態に備え、警官が出動したとの珍記録もある。

近代日本人は、鳴く虫とホタルを熱狂的に愛でた。そして、興味と関心はこの2者には落ちるが、セミとトンボにも季節的な情緒を抱いた。チョウの美は化粧品のイメージキャラクターとなった。近代は室町・江戸期同様、多くの昆虫が文化に取り込まれた時代でもある。その反面、ホタルの大量虐殺に代表されるように、文明の発達は昆虫に大きな受難を与えたことも事実である。

## 6　変遷する日本人の昆虫愛

以上、神話の時代から近代が終わる大東亜戦争敗戦までの、日本人と昆虫の関係を概観してきた。少なからぬ日本人、特に虫業界の人間は「日本人の昆虫愛は世界に冠たる感性」などと自負しているが、そんなに単純なものではない。現代日本人の昆虫観については、最後の第10章で改めて考察させていただこう。

コオロギやスズムシなどの鳴く虫とセミについては、日本人は『万葉集』の時代から、その鳴き声に愛情を持って耳を傾けてきた。ホタルが和歌の世界に登場するのは、平安時代以降であるが、それでも、古の時代から愛着対象の昆虫であった、と書いて間違いはない。

好きの度合いに時代の差はあれど、日本人は古来から令和にいたるまで、セミ、ホタル、鳴く虫を愛してきたと言ってよい（注12）。

一方、時代間の愛着の差が著しく大きいのはトンボである。日本人が世界有数のトンボ好き民族であることは正しいが、『古事記』『日本書紀』の神話以降、日本文学から姿を消してしまったのは前述の通りだ。我々は昭和2年作曲の童謡『赤とんぼ』の印象が強すぎるせいか、あの歌詞で綴られた郷愁が、日本の伝統的なトンボ観と思いがちだ。しかし、筆者は日本人が情緒の対象としてトンボを見つめ始めたのは意外に新しく、近代以降との考えを持っている。また、チョウやミノムシ、タマムシなどが文学の世界に本格的に登場し始めるのは室町時代以降である。カブトムシとクワガタムシの人気が沸騰するのは戦後である。おおよその現代日本人はチョウに美と好感を感じているはずだが、その親近感は神話や『万葉集』では一切描かれていないのである。

このように、神話の時代から大東亜戦争敗戦まで、日本人が注目する昆虫は時代とともに大きく変遷してきた。では、戦後、日本文化における昆虫の扱いはどうなったのか。第2章以降、日本が世界に誇るサブカルチャーを主な材料として、戦後日本人と昆虫との関係を見ていくこととしたい。

※1▼『古事記』の序文では、天武天皇の偉業が称えられている。そのなかで「蟬のごとく蛻けましき」との箇所がある。『古事記』全体の文章の前後だけでいえば、この蟬のほうが蛆よりも先に出てくる。しかし、明らかに神代のほうが古い時代の話なので、蛆を『古事記』最初の昆虫とした。

※2▼『万葉集』の蜩は現在のヒグラシだけでなく、セミ全般を指す名称である。また、蟋蟀はコオロギだけでなく、スズムシやマツムシ、カンタンなども含めた鳴く虫の総称と考えられている。

※3▼『古今和歌集』で詠まれている「きりぎりす」が、ギーチョン・ギーチョンと鳴き、現代日本人が「キリギリス」と呼んでいる緑色の虫と同一かどうかはまた別の話である。結論を先に言うと、平安期や鎌倉期の和歌の「きりぎりす」は現在の「コオロギ」である。たとえば『古今和歌集』に「秋萩も色づきぬればきりぎりすわが寝ぬごとや夜はかなしき」との歌がある。しかし、キリギリスは原則昼間に鳴くので、この歌の「きりぎりす」は現在のコオロギと解釈すべきである。

和歌に詠まれたコオロギとキリギリスが現在のどの虫に該当するかは、時代ごとに非常に複雑な説明を要する。本書ではその説明を割愛する。

※4▼二十一代集は、八代集（古今・後撰・拾遺・後拾遺・金葉・詞花・千載・新古今）と十三代集（新勅撰・続後撰・続古今・続拾遺・新後撰・玉葉・続千載・続後拾遺・風雅・新千載・新拾遺・新後拾遺・新続古今）の二つに分けることがある。八代集との括りでいうなら、『新古今和歌集』は節目の和歌集である。

また、和歌は平安時代こそが全盛期とのイメージを持たれがちだ。しかし、従来和歌の社会的地位はそれほど高いものではなかった。たとえば、最初の勅撰和歌集『古今和歌集』の撰編者は、決して身分が高くなく、国家的事業とまではいえない代物である。さらに、『古今和歌集』から『千載和歌集』は、撰者が1人の和歌集も多く、勅撰をうたいつつも、実体は半ば私撰化していた。

それに対して、鎌倉時代初期の後鳥羽上皇院政治下の『新古今和歌集』は大きく事情が異なっている。同和歌集の編纂開始時には、左大臣九条良経や内大臣源通親、『愚管抄』で名高い天台座主の慈円などの高位の人々が寄人となった。また、最終的には後鳥羽上皇本人が撰集して完成した。つまり、『新古今和歌集』は正真正銘の勅撰和歌集なのである（美川『院政』）。

このような史実を踏まえると、『新古今和歌集』を特別な和歌集と捉えることは間違いではない。

※5▼『古今和歌集』『後撰和歌集』『拾遺和歌集』を三代集と呼ぶことがある。一方、知名度が高い『万葉集』『古今和歌集』『新古今和歌集』を三大和歌集と総称することがあるので、紛らわしい。

※6▼以後、本書では「鳴く虫」との名称をたびたび使う。鳴く虫とは直翅目（バッタ目）のコオロギやマツムシ、スズムシ、カンタン、クサヒバリ、キリギリス、クツワムシ、ウマオイなどの虫のことで、コオロギ・キリギリス類と呼ぶこともある。セミはいわずとしれた鳴く昆虫の一つであるが、「鳴く虫」には含めないことが多い。「鳴く虫」とは通常、音を発する直翅目の昆虫だけを指す。本書もその慣例に従う。

※7▼勅撰和歌集で詠まれている松虫は現在のスズムシであり、逆に鈴虫は現在のマツムシであるとの説がかつてあった。しかし、現在は、両者の入れ替わりはなかったとの考え方が有力である。

※8▼『古今和歌集』では、キリギリスは和歌に詠まれているが、コオロギとの単語は使われていないと前述した。一方、御伽草子では、同一物語中にキリギリスとコオロギの両方が出てくる作品が少なくない。

※9▼マツムシは枯れ草に産卵する。飼育下では、卵の冬季の湿度管理が難しい。過湿となると卵はカビてしまうし、乾燥しすぎると干からびてしまう。一方、スズムシは土の中に産卵し、その冬季の管理はいいかげんでもよい。そのため、スズムシは誰でも増やすことができる。現代日本でスズムシがホームセンターで普通に売られているのは、鳴き声が良いことに加え、飼育のしやすさもその理由の一つである。

勅撰和歌集ではマツムシの登場頻度はスズムシを圧倒すると前述したが、鳴く虫の飼育ブームになると、人気面でスズムシがマツムシを逆転した。

※10▼ホタルの人工増殖事業は大正時代中頃に、滋賀県守山で研究が始まった。この事業は成功し、やがて東京や大阪の市場に十万単位の個体が出荷されるようになった。しかし、近代期に取引されたホタルのほとんどは野外個体である。ホタルは鳴く虫よりも、はるかに捕獲が容易く、それ故に採集者に支払う人件費が安くすむ。ホタルがスズムシよりも、ずっと安かったのはこのような事情による（拙文「明治百五拾年・近代日本ホタル売買・放虫史」）。

※11▼その年初めてのセミの鳴き声が「初蟬」として新聞記事になることがあった。また、明治43年茨城県北山内村片庭にヒメハルゼミが大発生し、近隣の住民が面白がって、見物に殺到したとの記録もある。

近代日本人はセミに対して無関心だったわけではない。ただ、人々があまりに鳴く虫とホタルに熱中したために、セミの相対的な愛着順位が下がったというだけである。

※12▼近代日本でブームとなった鳴く虫飼育であるが、戦後その人気は大きく落ちた。現在、通常のペットショップで買える鳴く虫はスズムシのみである。鳴く虫の人気凋落については、第10章で解説する。

# 第2章 霊として描かれる昆虫

保科英人

猫又と呼ばれる伝説の化け物がいる。人に長く飼われた猫が妖怪化するとの伝承に基づくやつだ。筆者個人の経験でいうと、中学生の頃に流行ったファミコン用ソフト『女神転生』に登場した「ねこまた」が、人生で最初に出会った猫又である。グラマーな美少女猫として描かれていた「ねこまた」の御姿を、今も鮮明に覚えている。

つまるところ、猫又伝承の存在は、古の日本人が猫に霊的な何かを感じ取っていたことを意味する。また、日本の昔話には「鶴の恩返し」など、人に助けられた鳥が恩人の女房となって恩返しする話がいくつかあるが、これは古代からの日本人の鳥の霊異に対する信仰の影響とする説がある（稲田『日本昔話百選』）。なお、鳥に霊性を持たせる発想は何も日本人の専売特許でない。鳥は空を飛ぶが故に、人の肉体から抜け出した霊魂とみなす考えは、世界中のいたるところにあるという（碓井『霊魂の博物誌』）。

日本人はすべての生き物に霊性を見出してきたわけではない。いくら身近に生息しているといっても、カブトムシが人の転生した姿とする伝承は、そうそうあるものではない。一方で、九尾の狐や妖狐などなど、キツネは手を変え品を変え、あらゆる作品で霊性動物として出てくるではないか。やはり、日本人は霊性を見出す生き物と、見出さない生き物を峻別しているのである。

本章は、現代アニメやゲームを材料とし、そのなかで霊性生物として描かれやすい昆虫を取り上げることとする。

# 1 霊性トンボ。『かなめも』は日本神話に回帰したのか？

８世紀に成立した我が国最初の歴史書『古事記』『日本書紀』には、トンボにまつわる次の２つの有名な逸話がある。

一つ目。初代神武天皇の御代三十一年夏四月一日。神武天皇は御巡幸の際、腋上の嗛間の丘に登られ、国の形を望見して「なんと素晴らしい国を得たことよ。狭い国ではあるけれど蜻蛉（あきつ）が交尾しているように、山々が連なり囲んでいる国だ」と言われた。これにより秋津洲（あきつしま）の名ができた（『日本書紀』）。

二つ目。第二十一代雄略天皇の御代。天皇は野原へ狩りに出かけ、座って休んでいた。そこにアブが飛んできて天皇を刺した。するとトンボが飛来して、そのアブを食って飛び去った。天皇は「（前半略）手腓に虻かきつき　その虻を　蜻蛉早咋ひかくの如　名に負はむと　そらみつ　倭の国を　蜻蛉島とふ」との御製を詠んだ。

天皇はトンボの功績を称え「我が国が蜻蛉島（あきずしま）と呼ばれる所以が納得できた」と感銘した。そして、天皇が狩りをしていた野原は、阿岐豆野（あきずの）と名付けられた（『古事記』）。

まず、一つ目の神武天皇のトンボに対する述懐が、日本の古名である秋津洲の由来となった、との逸話。神武天皇の言葉を現代語訳しても意味がイマイチよくわからない。トンボが交尾しているような山々とは一体何のことなのか？

神武天皇のこの発言の真意については諸説ある。ここではトンボの繁殖は豊作に繋がることから、神武天皇が発した言葉は「我が国は豊穣の国だ」との意である、との解釈を紹介しておく（小西『秋津島の誕生』）。

二つ目の雄略天皇とトンボの逸話はわかりやすい。雄略天皇を刺した悪いアブを正義のトンボが討った、との勧善懲悪ストーリーである。ここに、トンボへの霊性を見出す発想を認めてもよいだろう。

雄略天皇とトンボのエピソードは、日本のトンボ図鑑で、これ見よがしに紹介されている。図鑑の編著者からすれば「どうだ、日本人は昔からトンボに親しんできたんだぞ！」とドヤ顔で誇りたいわけだ。しかし、不思議なことに、トンボは日本文学史の中で華々しいデビューを飾りながら、その後の『万葉集』『古今和歌集』『新古今和歌集』の三大和歌集の世界では、あるか無きかの存在になってしまう。

童謡「赤とんぼ」の強烈な印象から、日本人は伝統的にトンボに情緒を感じてきたと思われがちだが、筆者の考えは異なる。日本人がトンボに強い哀愁の念を抱き始めたのは、明治維新以降の近代というのが、筆者の推測だ。ようするに、トンボに郷愁を重ねる日本人の感覚は、意外と年季が入っていないのである。

現代アニメは近代日本人の発想を引き継ぎ、トンボをキャラクターの背景に飛ばせて、夏ないしは秋の季節の表現として用いることがほとんどである。霊力を持ったトンボ、霊魂としてのトンボは滅多にお目にかかるものではない。しかし、かなり例外的ではあるが、人の霊魂が宿ったと思しきトンボが描かれたことがある。

２００９年放送のテレビアニメ『かなめも』。物語はヒロインの中町かなが、唯一の肉親である祖母を亡くしたところから始まる。家を出たかなは、新聞屋で住み込みのバイトを始める。そして、第７話の神社の盆踊りの回。かなはトンボの絵柄の浴衣を着た不思議な少女に会い、いろいろな屋台に引きずり回されてしまう。

最後に、この少女は「前を向いて歩け」と意味深なセリフをかなに残して姿を消してしまった。かなは何が何だか、わけがわからないまま、新聞屋に帰宅する。すると、かなの部屋に置いていた、死者を送る意味の「ナスビとつまようじ」で作った牛に、赤とんぼがふわりと飛んできた。その赤とんぼはナスビに止まり、そして、また飛び去った。この赤とんぼは、死んだ中町かなの祖母の霊が乗り移っていた、と読み取れる場面なのだ。ここで視聴者は、トンボの浴衣を着た不思議な少女が、実は祖母の霊だったのではないか、と初めて思い当たるのである。

唯一の肉親の死との重たいテーマで始まる『かなめも』は、最初から最

ナスビに止まる赤とんぼ（『かなめも』より）

後までゆるい日常が描かれるアニメだ。しかし、霊性を感じさせるトンボが登場するところ、発想を日本神話に回帰させた異色アニメともいえるのである。



## 2 霊としてのホタル

ホタルを見てムカつく、駆除したいと考える日本人は、相当稀である。現代日本人は大なり小なりホタルへの愛着を持つが、それは古の先人たちも同様であった。

たとえば、平安時代から室町時代までに編纂された勅撰和歌集を開くと、貴族たちはホタルを盛んに和歌に詠み込んでいることがわかる。

勅撰和歌集の一つの『千載和歌集』には、以下の和歌がある。

「恋すればもゆる蛍もなく蟬も我身のほかのものとやは見る」（前中納言雅頼）

この歌の題は「夏恋の心をよめる」とある。このように貴族たちは、恋に身を焦がす己を闇夜に燃えるホタルに重ねた。一方、現代日本人はホタルを「わあ、綺麗だナ」との単純な感嘆で見るのが基本だから、かつての殿上人と令和の庶民の感性は大きく異なる。

儚さ、そして恋の象徴に加え、ホタルを霊魂と見なす発想も、多少ではあるが古典に存在する。たとえば、京都宇治のホタルは平安末の同地での合戦で敗れた源頼政の亡魂であるとの伝説がある。また、11世紀末成立の『後拾遺和歌集』に収録された和泉式部作の次の有名な和歌がある。

「もの思へば沢のほたるもわが身よりあくがれ出づるたまかとぞ見る」

「たま」とは魂のこと。和泉式部は沢を飛ぶホタルを、自分の体から抜け出した魂ではないか、と歌っている。和歌の良し悪しなんぞ筆者にわかるはずもないが、この和歌は後世の歌人や文人に高い評価を受けた。のちの歌人によって、和泉式部のこの作を踏まえた和歌が多く詠まれているし、江戸後期の国学者伴信友も著作『比古婆衣』の中で、この和歌を引用しているほどだ。

昼間にしか飛ばないトンボを霊に見立てるのは、なかなかハードルが高い。しかし、闇夜にぼや〜っと光るホタルは、たしかに霊との親和性がありそうだ。

漆黒の闇を仄かに照らすホタルに対し、霊性や猟奇性、鎮魂などの性質や心情が見出されても不思議ではない。野坂昭如『火垂るの墓』は、ホタルの乱舞をレクイエムに準えた代表的事例の一つだろう(ただし筆者は本作未読)。

なお、ホタルに霊性を見出す発想は、日本固有のものではない。たとえば、隣国中国のホタルにまつわる故事といえば、蛍雪の功があまりに有名であるが、その一方で農村部にはホタルを死者の魂が化したものとする信仰があった。旧暦の7月は「鬼月」と呼ばれ、この月の朔日には地獄の門が開き、生前の親族や仇を求める死者の霊が現世に戻ってくるとされていた(瀬川『中国・虫の奇聞録』)。そして、その迷信の由来は、7月のホタルの姿が民衆に霊を連想させたのではないかとの考察がある。

また、東南アジアの一部地域には「ホタルを見ると魂を亡くす」との迷信があるという。

では、現代日本のアニメやゲームでは、ホタルはどのような扱われ方をしているのか。だいたいの作品では、カップルがホタルを見つめて「キャッキャウフフ」の場面で使うのが基本だが、かの和泉式部が抱いた霊性生物としての発想に基づく使用法も、少数ながら存在する。

パソコンゲーム『Green Strawberry』(2010年)では、主人公の藤村弘樹とヒロインの諏訪美風が恋懸けの泉で「いつまでも2人でいられますように」と祈ると、突如ホタルが幻想的に舞い始める場面がある。この作品におけるホタルは求愛の象徴との意味合いが強いが、一方で人々の願いを叶える超自然現象的な性格も含有している。

次に、ゲーム『そらいろ』(2009年)では、両想いになった主人公の初芝健士とヒロインの篠原花子が宝探しに出かける。その際「月より降りし迦具土の雨、精霊となりて千代を舞う」のヒントをもとに、2人は防空壕にたどり着き、その出口で幻想的なホタルの群れと出会って物語はエンディングとなる。いうまでもなく、防空壕とは死と隣り合わせの存在だ。『そらいろ』では、ホタルに死霊的な印象が重ねられているわけである。

3番目はテレビアニメ『男塾』(1998年)。男塾の一号生の富樫源次は、死を覚悟して、兄の敵である大豪院邪鬼に決闘を挑む。富樫の教官である鬼ヒゲは他の一号生を、過去に死んだ塾生の慰霊碑の周りに集める。すると、ホタルが飛んできて、放つ光で富樫の顔を描いた。鬼ヒゲは「これは迎えボタルだ」とこぼした場面がある。『男塾』は視聴対象年齢がそんなに高くないアニメだ。当時の視聴者は、この霊性ホタルの描写をどこまで理解できただろうか?

４番目はオカルトアニメ『虚構推理』（２０２０年）の第12話。主人公の桜川九郎とその従姉の桜川六花が、ホタルを見に行く回想シーンがある。一見なんてこともない微笑ましい回想場面のようだが、２人には未来を掴む能力がある。作品中で六花は怪異の女性として描かれている以上、このホタルの群れからも霊的な力を感じずにはいられない。

ここでの４作品の霊性ホタルはいわば「ちょい役」である。しかし、物語の中核にホタルが位置付けられるパソコンゲームがある。その一つ目は『フローライトメモリーズ』（２０１１年）。本作は主人公と転校生の片瀬美琴の恋愛が描かれるラブストーリーである。ホタルで有名な狭土ヶ島（注、佐渡島がモデルか？）が舞台設定であるうえ、「蛍の池」との名の池も登場する。『フローライトメモリーズ』のシナリオは、とにかくホタルが重要な鍵となっており、バッドエンディングの一つに、美琴が露のように消えうせるとの結末がある。そして、このバッドエンディングでは、

美風が恋懸けの泉水で祈ると、ホタルが舞い始める。（『Green Strawberry』より）

防空壕の出口で、ホタルの群れと出会う花子。（『そらいろ』より）

九郎と六花がホタルを見に行く回想シーン。（『虚構推理』より）

美琴は実はホタルの化身だったとプレイヤーに思わしめるようなシナリオとなっている。主人公の前にひと夏だけ現れた美琴が短命のホタルの儚さに準えられたわけだ。ヒロインの正体は実はホタルでした、との物語展開はありそうでなかなかないものである。

次は『ここから夏のイノセンス！』（２０１５年）。未来から過去の世界へやって来た主人公の千種由嗣は、山中で道に迷ってしまう。しかし、千種は一頭のホタルに先導されて星ヶ淵と呼ばれる沼へとたどり着き、そこでヒロインの初姫いろはと出会うこととなる。

このゲームの物語の舞台となる村の晶生（あきお）の由来が、なかなか手が込んでいる。かつて、逃避行中の落ち武者の一団が夜の山道を歩いていると、一頭のホタルに導かれ、星が淵にたどり着いた。そして、その周辺にできた村が、今の晶生であるとの伝承がある、との設定だ。また、星が淵はかつて数多くのホタルを星のように身にまとう姫様がいたから、星が淵と名付けられた、との説明までなされる。『ここから夏のイノセンス！』では、いろはは ホタルに導かれて千種と会えたことに運命的なものを感じ取り、そこから2人の恋物語が始まる。この作品で描かれているのは、運命を司る霊的ホタルといえるだろう。それにしてもこのゲーム中のホタルにまつわる舞台設定は、非常に手が込んでいる。どこかの地方や神社に実在する伝承が、モチーフになったのであろうか？

最後は『アマツツミ』（２０１６年）。主人公の織部誠は言霊使い（ことだま・つかい）の末裔である。閉鎖的な生まれ故郷の村から脱走した誠は、ある町にたどり着き、そこでヒロインの水無月ほたるに出会う。やがて、誠がほたるに愛の告白をすると、足元のお花畑から無数のホタルが飛び出すとの場面がある。『アマツツミ』はホタルが醸し出すロマンティックな雰囲気の中での告白によって、２人は末永く幸せに暮らしました、めでたしめでたし、との単純なストーリーではない。のちに水無月ほたるは、消失する運命を背負っていることが明らかになる。誠は己の命と引き換えに彼女を救うことを決意し、ホタルが舞う花園で消えた。その後、この花園にやって来たほたるは、誠が着ていた浴衣だけを発見し、すべてを悟ることになる。すると、ホタルの群れから、一つの光がほたるに向かってきた。この光はほたるの左の薬指に止まり、指輪のようになった。ゲームのプレイヤーは、この光こそが誠である、と解釈するエンディング場面である。

水無月ほたる自身の名前が「ほたる」でもあり、『アマツツミ』ほどホタルを終始生かし切った恋愛ストーリーゲームはほかに例がないだろう。

平安・鎌倉時代の公家らによる和歌中のホタルは、「思ひ」の「ひ」をホタルの「火」にかけて、詠み込まれたものが多い。ただし、前述のようにホタルを魂に準えた和歌は数こそ少ないものの、たしかに存在する。ホタルに霊性を見出す発想は、現代サブカルチャーにも脈々と受け継がれているといえようか。

ホタルを手に取る美琴。(『フローラルメモリーズ』より)

ホタルを星のように身にまとういろは。(『ここから夏のイノセンス!』より)

花畑で誠がほたるに愛の告白すると、足元から無数のホタルが飛び出してくる。(『アマツツミ』より)

# 3 悪霊としてのホタル

本章2項の霊性ホタルたちはヘビ型、キツネ型モンスターと異なり、人に魔法をかけたり、幻惑を見せたりといった攻撃を仕掛けてくる存在ではない。この点は留意すべきである。ホタルはあくまで伝奇的、霊的な雰囲気を盛り上げる背景としての存在である。しかし、人に危害を加えるホタルも例外的に存在する。霊というよりは、死霊としてのホタルである。

パソコンゲーム『螢火ノ少女』（２０１４年）はその数少ない事例の一つである。本作では、生まれ故郷の螢火島（旧名：九尾島）に戻った兄妹が、猟奇的惨劇に巻き込まれるストーリーが紡がれる。ゲーム起動時にホタルが乱舞するなど、作品中ではこれでもかとばかりにホタルが出現する。螢火島には死者を蘇らせる儀式があり、ホタルが生と死の両世界の境界を繋ぐ不気味な存在として描かれている。

また、螢火島固有種のキュウビボタルの持つ有毒物質が違法ドラッグに精製されているとの別面もあり、ホタルは現実社会の犯罪組織の商品との設定でもある。軟鞘類（※１）が持つ生物化学的特徴が作品で生かされているわけだ。

このように『螢火ノ少女』のホタルの扱いは一筋縄ではいかないが、ホタルが猟奇的死の形象であることは確かだ（拙文「近現代文化蛍学」）。これは、現代サブカルチャーの中では、極めて例外的なホタルの扱われ

ホタルが不気味な存在として描かれることも。（『蛍火ノ少女』より）

方のはずである。

## 4 霊性昆虫のトップに君臨するチョウ

チョウは多様で色鮮やかな翅を持つことから、昆虫コレクターのあいだではもっとも人気のある昆虫である。チョウはその美しさを理由として、つまり趣味的に収集された、世界最初の昆虫であると考えられている（Preston-Mafham, 2004）。そして、その最古の歴史を持つがゆえか、チョウは13世紀から今日に至る西洋美術において、もっとも頻繁に描かれている昆虫との調査結果がある（Dicke, 2004）。

お隣の韓国人もチョウに対して好意を示す傾向がある。たとえば、韓国の咸平郡では、１９９９年から毎年蝶祭りが開催されている。このフェスティバルはエコツーリズムの一つであり、来客は多くのチョウや花を観察し、自然環境や環境にやさしい農業について学ぶことができる。

さらに、韓国の飛行機会社の一つである「ジンエアー」のロゴはチョウである。日本の飛行機会社のロゴを思い出してみよ。某社の鶴のマークはすぐに頭に浮かぶが、チョウのロゴを持つ航空会社なんぞ存在しないではないか。ためしに「蝶祭り」でググってみたが、検索ヒットするのは前述の韓国のフェスティバルばかり。また、筆者が訪れたソウル市の繁華街の明洞では、チョウの形をしたアクセサリーが多く売られていた。どうやら韓国人は、日本人よりもチョウ好きの民族らしい。

では、我々日本人は、古来チョウをどのように捉えてきたのか？

チョウは身近な生き物でありながら、勅撰和歌集にチョウを詠んだ歌がほとんど収録されていないのは有名な話だ。たとえば、12世紀中頃成立の勅撰和歌集の『詞花和歌集』に「百年は花にやどりてすぐしてきこの世は蝶の夢にざりける」との大蔵卿匡房作の和歌がある。一見、チョウに想いをよせた歌と思いがちだが、これは中国の荘子の「胡蝶の夢」を踏まえた作品である。いうなれば、漢詩のパクリであり、自然生物としてのチョウを詠んだとは言い難い。

江戸期になると、下河辺長流の「御園生の菊の着せ綿やはらかに朝露知らで寝たる蝶かな」のような和歌も出てくるが、歌の世界でチョウが重要題材となることはなかった。現在の日本では、チョウ・コレクターが多いことを考えると、この点は極めて対照的である。

かつての日本には、チョウは美しさを称える生き物ではなく、死者の魂とみなす考えがあった。たとえば、16世紀に日本に伝わったキリスト教の教義に、チョウを用いた、我が国独自の解釈が加えられた。キリスト教が強く信仰されている長崎県の伝承では、聖なる魂がチョウに変化し、キリストを受胎し祝福されたマリアの口の中に飛んでいくと考えられていたという。

このほか、チョウは死体の周りに集まって水分や塩分を摂取することから、「人を食う」との伝承がある地域も存在する。

さらに、チョウを不吉な昆虫とする見方もある。鎌倉幕府が14世紀に編纂した歴史書『吾妻鏡』によると、１２４７年には鎌倉に黄色いチョウが多数集まり、人々はその不吉な姿に恐怖を覚えたという。実際、この事件の直後、有力御家人の三浦氏が反乱を起こし、宝治合戦と呼ばれる戦乱になった。江戸時代には、ジャコウアゲハのサナギは「お菊虫」と呼ばれていたが、これは死刑になったお菊という女性にちなんで名付けられたものである。そして、ジャコウアゲハが、江戸期の怪談『播州更屋敷』のモデルになったというのは有名な話である。

現代社会でチョウを見て「霊魂だ！」ないしは「不吉だ！」と怖れる日本人は皆無だろう。では、チョウに霊性を見出す発想は、令和の現在、完全に消失してまったのだろうか？

結論から先に言うと、霊魂としてのチョウ、不吉な存在としてのチョウは、今なおゲームやアニメの世界で存在する。そして、二次元世界での霊性昆虫としてのチョウの存在感は、前述のホタルをはるかに凌ぎ、全昆虫の中でずば抜けている。以下その実例を見ていくことにしよう。

## 5 魂としてのチョウ

アキバ系文化の中で、魂としてのチョウの事例は珍しくない。この5項では、３作品をピックアップしてみた。

まず、２００４年の日本のテレビアニメ『この醜くも美しい世界』のエンディングでは、赤いチョウの大群が地球から宇宙へと飛んでいくシーンが映し出された。作品中では、これらのチョウはすべての生命の魂である、と説明されている。

次は、２０１９年発売のラブコメディのパソコンゲーム『喫茶ステラと死神の蝶』。主人公の高嶺昂晴は、物語が始まるとすぐに車に轢かれて死んでしまう。しかし、彼は青いチョウの不思議な力によって、時を交通事故の前に戻した。そして、彼の前に死神と名乗る明月栞那が現れ、「その青いチョウは人間の魂であり、世界にとって危険な存在である。よって回収しなくてはならない」と説明する。昴晴は栞那が切り盛りする喫茶店でバイトをしつつ、彼女のチョウ回収のサポートを決意した。昴晴と喫茶店で働く少女たちとの恋愛ストーリーが紡がれていく。

3番目は、2018年発売の傑作ビジュアルノベル『Summer Pockets』。物語の舞台は、田舎の小さな島。主人公の鷹原羽依里は、夏休みに都会から島にやってきて、島の巫女の少女の空門蒼と出会う。ある日、羽依里は、夜になると白っぽく光る不思議なチョウを目撃する。そして、そのチョウは現生の生き物ではなく、無念の死を遂げた死者の記憶の化身であることを知る。一方、巫女の蒼は、仮死状態となっている双子の姉・藍の記憶を持つチョウを探していた。蒼と恋仲になった羽依里は、彼女に協力することを決め、無事、藍の記憶を持つチョウを発見し、蒼の物語はハッピーエンドとなる（※2）。

## 6 魔力を媒介するチョウ

二次元世界では、キャラクターの魔力を媒介するチョウもしばしば見受けられる。

戦国時代が舞台の有名なテレビゲーム『戦国無双』シリーズは、2004年に第1作が発売された。プレイヤーは武将を操作して、バッタバッタと敵をなぎ倒し、敵軍の討伐を目指す爽快なアクションゲームだ。人気キャラクターの1人である濃姫は、「悪魔のような夫に付き添う蝶」と呼ばれる妖艶な妻として描かれている。普段は長い爪を武器として戦い、紫紅色のチョウを無数に放ち、爆発を起こして多くの敵兵を一気に倒す必殺技を持つ。２０２１年発売の最新作『戦国無双５』はキャラクターデザインを一新、濃姫も「帰蝶」との名前に変わった。『戦国無双５』の帰蝶は、名前に「蝶」が入ったせいか、チョウ型のでっかい髪飾りを付け、ますますチョウの風味が強くなっている（※３）。

２０１２年放送のテレビアニメ『織田信奈の野望』の登場人物・松永久秀（女性キャラクター）もまた、己の魔力を解放する際にチョウを使う。久秀は外人とのハーフで、魔力を併せ持つミステリアスな少女である。久秀は金色に輝く多くのチョウを伴って瞬間テレポートし、敵を混乱させる能力がある。

筆者がもっとも奇異に思えたのが、２０１１年発売のパソコンゲーム『真夏の夜の雪物語』に登場するチョウである。日本人なら誰もが知る雪女伝説と天女伝説をモチーフとした純愛ストーリーだが、物語は伏線の連続、非常に複雑に良く練り込まれていて、筆者には2、3行で本作品のあらすじを纏める自信がない。物語の終盤、天女の子孫である雪女の神城優樹菜が氷のチョウで辺りを包み、

交通事故で死亡した昴晴の前に現れた死神の栞奈。（『喫茶ステラと死神の蝶』より）

死者の記憶の化身として、白く光る不思議なチョウが登場する。（『Summer Pockets』より）

町すべてを凍てつかせるシーンがある。

そして、同作品中のパラレルワールドでは、天女が降らせる雪は、小さな願いの結晶であると説明される。この世界の優樹菜は、幻想的な雪を無数の氷のチョウへと変化させ、チョウたちを一つの結晶に統合させたあとに破壊した。その結果、悲劇の連鎖は断ち切られ、物語はハッピーエンドとなるのである。うん、ここであらすじを抜粋しても、読者の方は何のことかさっぱりわからないであろう。『真夏の夜の雪物語』は、中古市場で時々見かけるので、興味のある方は購入されてみてはいかがか(ただし、最新のWindowsで10年前の本作が動作する保証はできないが)。



## 7 夢世界と現実世界を繋ぐチョウ

2009年発売のパソコンゲーム『ナツユメナギサ』では、開始直後からブルーの美しいチョウが、うすら笑い声とともに画面狭しと舞う。序盤から中盤では、このチョウは単なる不思議な妖精として扱われているが、終盤にその正体が明らかになる。

ヒロインの七瀬歩は、恋人を船舶事故で失うも、その事実を受け入れられず昏睡状態に陥る。実はブルーのチョウは、現実世界の人々を、歩の夢の中に存在する永遠の夏の島に誘う霊体であった。歩は亡き恋人と夢の中で再会を果たし、そこで無数のチョウたちは歩に取り込まれて消え、物語はクライマックスとなる。『ナツユメナギサ』のチョウは、人を夢の世界へ引き込むのである。

次は、２００１年放送のテレビアニメ『シスター・プリンセス』。主人公は1人の兄と、お兄ちゃん好き好き光線を発する12人の妹たちである。ある日、妹の1人であるアリアは、お兄ちゃんからのプレゼントであるリボンをなくしてしまう。途方にくれて泣いていた彼女は、とある老人に会い、彼と一緒にリボンを探すことになる。すると2人の前に緑色のチョウが現れ、夢の世界に連れて行ってくれた。彼女はその世界で、大切なリボンを見つけることができた。なお、この老人は人間ではなく、木の精霊だったというオチである。

３番目は『アカイイト』。２００４年に発売された、プレイステーション2用の和風伝奇ノベルである。ヒロインである羽藤桂は、平凡な高校生のはずだった。しかし、彼女の血は鬼の好物であることから、鬼に狙われるという運命を背負っている。彼女のいとこであるユメイは、10年前に肉体を持たない魂となり、圧倒的な魔力を得て、桂を鬼から守ってきた。佳の夢の中へ無数の青白いチョウとともに現れたユメイは、迫り来る危険を彼女に知らせることとなる。

雪女の優樹菜は、氷のチョウを使って、町を凍てつかせてしまう。(『真夏の夜の雪物語』より)

ブルーのチョウは、現実世界の人々を歩の夢の世界へに誘う。(『ナツユメナギサ』より)

青白いチョウとともに現れ、主人公に危険を知らせるユメイ。(『アカイイト』より)

最後は、2013年発売のパソコンゲーム『ハピメア』。夢の世界を舞台としたビジュアルノベルである。主人公の内藤透は、いつも悪夢に悩まされていた。そんなある日、彼は夢の中で謎の少女・鳥海有栖と出会う。彼女は様々な人の夢に現れることができる能力を持っていた。ここから透と有栖の奇妙な恋物語が始まる。彼女は青いチョウの髪飾りを付け、またゲームのオープニングムービーでは青みがかったチョウがゆっくりと飛び交う。『ハピメア』の世界観では、チョウは奇妙な夢の世界を形象しているのである。

ちなみに、北米インディアンのブラックフット族には、夢にまつわるチョウの伝承がある。太平洋を挟んだ日本の秋葉原の文化でも、チョウはしばしば同様の役割を与えられているのだから、一見奇妙な一致である。もっとも人類皆兄弟、肌の色や言語が違えど、人間が考えることはそんなに変わらないとの冷めた見方もできる。

## 8 人を死の世界へと導くチョウ

二次元世界では、恐怖の死の世界に人を誘う悪しきチョウも、しばしば見られる。『聖闘士星矢』は、ギリシャ神話をモチーフとし、1980年代に人気を博した日本の漫画およびテレビアニメである。冥界の神ハーデスと地上の女神アテナとの闘いのとき、フェアリーと呼ばれるチョウがハーデスによって送り込まれ、その戦場を監視する役目を負った。また、ハーデスの配下である冥闘士のパピヨンも多くのチョウを操って、正義のアテナの聖闘士たちを冥界に送り込もうとする場面がある。

次は、2003年に発売されたプレイステーション2用ゲーム『零。紅い蝶』。双子の姉妹の天倉澪と天倉繭を主人公とするホラーゲームである。暗い森の中で数匹の赤いチョウを見た2人は、そのチョウに導かれるかのように、呪われた村に着いてしまう。そこは連続殺人事件が発生し、多くの悪霊が徘徊している村だった。プレイヤーはこの姉妹を操作して、村からの脱出を目指すことになる。

2019年発売のパソコンゲーム『黄昏のフォルクローレ』は、日本の近代期を舞台にした猟奇的なグラフィックノベルである。ヒロインの乙部すぴかは、裕福な家庭の令嬢だが、食事をほとんど取らず、生き延びるために男たちの精を吸収するという、恐ろしい少女である。ほとんどの男性は、彼女に精を奪われてすぐに死んでしまう。

ゲームのオープニングムービーでは、青くて派手なチョウが不気味に飛び回り、ときには蜘蛛の巣に

青いチョウの髪飾りを付けた有栖。本作では、青いチョウは夢の世界を形象している。(『ハピメア』より)

澪と繭の姉妹は、赤いチョウによって、呪われた村へ導かれてしまう。(『零。紅い蝶』より)

引っかかる、という場面がある。このチョウは、男性を死に追いやるすぴかを表しているのではないか。

## 9 暗闇を飛ぶチョウ

現実の自然界では、チョウが大群をなして、夜間に飛び回ることはほとんどない。暗闇を舞うのは蛾である。しかし、日本のアニメやゲームの幻想的な世界では、時として闇夜をチョウが飛び交う。

2003年に発売されたパソコンゲーム『鬼うた。～鬼が来たりて、甘えさせろとのたもうた～』は、伝奇グラフィックノベルである。神社の跡取り息子の美作秋人は、ゲームが始まって間もなく泥棒に刺されて殺されてしまう。しかし、神社に祀られている鬼姫から魔力を授かり、半人半鬼として復活する。ゲームのオープニングムービーでは、秋人の血を表す赤いチョウが、夜の神社をゆっくりと飛ぶシーンがある。

2015年に発売されたプレイステーション4用ゲーム『よるのないくに』は、近世ヨーロッパを舞台にしたホラーアクションRPGである。この世界では、多くのモンスターが夜の街を支配している。ヒロインであるアーナスは、聖なる教皇の命により、魔物だらけの戦場へ旅立つ。『よるのないくに』のオープニングムービーでは、暗闇の町の中を青いチョウが群飛する場面があり、ゲームのおどろおどろしさを強調している。

3つ目の『ボクの手の中の楽園』は、2009年に発売されたパソコンゲームで、中世ヨーロッパをモチーフにした島を舞台にした伝奇物語である。主人公のユウが記憶を失い、島に漂着したところからストーリーは始まる。島には、チョウが現実世界と異世界を行き来し、闇に紛れて、山から狂人を町に連れてくるという伝承がある。ある夜、町に狂人が現れ、殺人を犯すとの事件が起きる。ユウは、町を守る少女騎士団員とともに、事件解決に立ち上がることを決意する。

『ボクの手の中の楽園』のストーリーの中盤、ユウは狂人を倒すことに成功した。すると、黒いチョウがその死体に群がる場面がある。このほか、クライマックスではユウの友達で、かつて実験の犠牲になったルファが、チョウとなってユウを守っているとの真実が明らかになる。

このように『ボクの手の中の楽園』は、とにかく随所にチョウが登場する。その出現頻度は、アキバ系文化史上最高と思われるほど、不気味なチョウに満ち溢れたゲームなのだ。タイトルにこそ「蝶」の文言は入っていないのだが、チョウなしではストーリーが成り立たないほど、重要な存在となっている。

この9項のチョウの役割は、架空の世界の不気味な雰囲気を強調することにある。実際、『ボクの手の中の楽園』のディレクターは、ゲーム内で不気味な雰囲気を醸し出すためにチョウを使ったと、

本作のオープニングムービーには、赤いチョウがゆっくりと飛ぶシーンが登場する。(『鬼うた。』より)

暗闇の町を飛び交う青いチョウの群れが、不気味さを演出している。(『よるのないくに』より)

『ボクの手の中の楽園』のタイトル画面。ところどころにチョウが描かれている。(『ボクの手の中の楽園』より)

設定資料集でコメントしている。現代のアキバ系クリエイターも、チョウを不気味な生き物と見なした、かつての日本の発想を受け継いでいるのである。



## 10 意思を持ったチョウ?

霊性……とまでは言えなくとも、意思を持ったかに見えるチョウの事例がある。

2020年放送のテレビアニメ『魔女の旅々』は、ヒロインのイレイナが旅を通し、魔女として成長していく物語である。そのイレイナの師匠がフランである。このフラン先生は、チョウと縁が深い。第1話で2人が初めて会ったとき、フランは森の中で紫色のチョウの群れと戯れていた。もっともこのチョウは、フランが息を吹きかけると消失するので、自然生物ではなく、どうやら彼女の魔力で生み出されたものらしい。となると、意思を持ったチョウとは言いすぎか。

2020年のテレビアニメ『プリンセスコネクト! Re: Dive』第11話では、白っぽく光り輝くチョウが、主要少女キャラクターのコッコロを誘うような飛び方をする。それもそのはず、この霊的なチョウは、変貌大妃(メタモルレグナント)と呼ばれる少女の変身後の姿なのだから、意思を持っていて当たり前なのである。

2012年のテレビアニメ『中二病でも恋がしたい!!』第9話に登場するチョウは、明らかに意思を持っている。ヒロインの小鳥遊六花が同じクラスの丹生谷森夏に、「あなたは今、恋をしているでしょ!?」と迫られる場面。最初は2匹の黄色いチョウが飛んできて、六花の頭に止まった。そして、次第に森夏の追求が次第に迫力を増してくると、チョウの数がどんどんと増え、最後にはたくさんのチョウがハートの形を作って飛ぶようになった、とのオチになる。

ただのギャグシーンと言ってしまえばそれまでだが、どことなく霊性を漂わせるチョウだからこそ、可能になった描写ではあるまいか。

## 11 現代に引き継がれた古の霊性昆虫観

『かなめも』の霊性トンボは、かなりの例外的存在である。しかし、ホタルとチョウを霊魂とみなすゲームやアニメ作品はそこそこある。日本人はホタルとチョウに霊性を重ね合わせる伝統的な見方

イレイナの師匠でもある魔女フラン。紫のチョウと戯れるシーン。（『魔女の旅々』より）

エルフの少女コッコロを誘うように、白く輝くチョウが飛ぶ。（『プリンセスコネクト！ Re：Drive』より）

本作９話には、チョウに霊性を感じさせる演出が見られる。（『中二病でも恋がしたい!!』より）

を、現代サブカルチャーにも引き継いだことになる。

所詮は同じ日本人、鎌倉時代も平成令和の時代も、発想することはそんなに変わらないということであろうか。そして、霊魂ないしは不吉の兆候とされるチョウの事例の数は、そのほかの昆虫はいうに及ばず、ホタルをも遥かに凌駕する。なぜ日本人はチョウに対して、その美しさを単純に称賛するのではなく、霊性を見出し、どこかしら怖れを抱くのであろうか?

文化昆虫学的に、チョウだけが持つ特徴とは一体何なのであろうか?

まず、数多の昆虫の中でセックスアピールができるのは、チョウだけであることが挙げられよう。キャバクラの看板でよく見かけるように、チョウはとことん女性の化身である。アニメやゲームの世界でも、女性に伴われるチョウは多い。そして、チョウは彼女らが持つ色気や妖しさを強調する。この点は、キャラクターに与える印象が、性別とほとんど関係ないセミ類とは対照的だ。

二次元世界のセミは、男の前でも女の前でも、平等に大声でがなり立てる。ホタルは求愛の昆虫の代名詞ともいえる存在ではあるが、ホタル自身が作品中のヒロインの色気を増幅させることはない。昆虫から動物全体に範囲を広げても、性愛の象徴とのポジションを持てる動物は、チョウ以外にはなかなか思い当たらないのである。

さらに、数ある昆虫の中で、冥界の国の使者となれるのもチョウだけである。死の国の妖(あやかし)が、生の国の住人を自らの地へ誘惑しようとする場合、美しい姿で相手の心を奪う必要がある。生の国の住人が死の国に誘導される場合、惑い、悩み、後ろを振り返り、時折、足はすくむに違いない。それでも、死の国の使者はゆっくりと飛んで、人を死の国へ徐々に導かなくてはならない。となると、トンボやハエのように直線的に、素早く飛行する動物は使者としては不適だ。こう考えると「美しくてヒラヒラゆったりと飛ぶ」身近な動物といえばチョウだけである。チョウが冥界からの使い魔であるのは、偶然ではなく必然である。

昆虫標本コレションの対象として昆虫マニアのあいだで抜群の人気を誇り、美しさとの点で他の昆虫類を圧倒するチョウ。でも、文化昆虫学的にはどこか暗さが付きまとう。

史伝作家の海音寺潮五郎は言う。歴史上悪女とされる女は絶対に美貌である、と（海音寺『藤原薬子』）。どうやら華麗なるチョウにもこの至言は当てはまりそうだ。

チョウの美しさは花に例えるなら、純真無垢なヒマワリではなく刺のある薔薇なのである。

---

※1▼昆虫の中に甲虫目（コウチュウ目）との名を持つグループがある。カブトムシやクワガタムシ、テントウムシ、カミキリムシなど、体が堅い昆虫の一群である。ホタルやジョウカイボンもこの甲虫目に含まれるが、例外的に軟らかい体を持つので、軟鞘類（なんしょうるい）と呼ばれている。軟鞘類には有毒化学物質を持つ種がいくつも知られている。

※2▼令和3年時点で、筆者は課題名「東アジア地域における昆虫観の科学史的研究」との研究が、科学研究費補助金に採択されている。そして、この研究の概要は、内閣府・総合科学技術・イノベーション会議エビデンス事業のサイト「みらいぶっく 学問・大学なび」に掲載されている。これは科学研究費補助金に採択された先生方が、それぞれの研究内容の簡単な紹介や勧めたい書籍などを中高生に紹介するサイトである。筆者は、中高生にぜひ手に取って欲しいものとして、書籍ではなく『Summer Pockets』のプレイを勧奨した。前代未聞の「推薦図書」に違いない。

※3▼史学的な話をするなら、織田信長に嫁いだ美濃の斎藤道三の娘は、生没年どころか名前すら不明である。よく知られている「濃姫」との名前は「美濃の国から来た姫様」程度の通称にすぎない。帰蝶も信頼できる歴史史料に出てくる名前ではない。つまるところ、歴史上、有名な女性といえども、その名前は文献史料に記されていないのが普通である。たとえば、『蜻蛉日記』の作者の名前も後世には伝わらず、「藤原道綱母」との、何とも変な通称で呼ぶしかないのは、その典型例である。

# 第3章 アニメーション映画と昆虫

宮ノ下明大

映画に登場する昆虫の多くは脇役であり、主役となることは稀である。その理由の一つには、昆虫には表情がなく、体の構造も人間とはまったく異なっていて、観客からの感情移入が難しいことが挙げられる。また、昆虫はサイズが小さいために実写映画には向かず、背景や小さなエピソードに使われるに過ぎない。しかし、アニメーション映画には、数は少ないが昆虫が主役の座を務める映画が存在する（宮ノ下・2005／2011）。

その理由は、アニメーションにより昆虫の顔には人間のように表情を作り、6本の脚を4本の手足に単純化して擬人化することで、観客の感情移入が容易なキャラクターを作り出しているからだ。また、実物の昆虫は苦手だが、アニメになれば平気という場合もあるだろう。

ここでは、海外で制作された昆虫が登場するアニメーション映画を対象として、その歴史をたどりながら、登場する昆虫の特徴や役割を探ってみたい。

# 1 海外アニメーション映画に観る昆虫主役映画

1940年代以降に、昆虫が主役、主役補佐、脇役の役割として登場する映画のリストを表1に示した。大部分がアメリカのハリウッドで制作された映画である。

ここで示した以外の昆虫登場映画も多数あると思われるが、実際に著者が観た作品を対象にした。1940年代以前の昆虫アニメ映画については著者は未見であり、詳しく取り上げないので海外の文献（Leskosky and Berenbaum, 1988）を参照して欲しい。

まず、昆虫が主役となった映画『ピノキオ』『バッタ君町へ行く』『バグズライフ』『アンツ』『アントブリー』『ビー・ムービー』『ナットのスペースアドベンチャー3D』『ミニスキュル ～森の小さな仲間たち～』の8作品について、昆虫の関わりを紹介し、その擬人化の程度もポイントして示したい。

表1）海外における昆虫アニメ映画作品年表と登場昆虫

| 公開年 | 映画タイトル | 登場昆虫 | 役割 | 作成方法 | 制作・配給 |
|---|---|---|---|---|---|
| 1940 | ピノキオ | コオロギ | 主役補佐 | 手描き | ディズニー |
| 1941 | バッタ君町に行く | バッタ | 主役 | 手描き | フライシャースタジオ |
| 1998 | バグズライフ | アリ・バッタ | 主役 | CG | ピクサー・ディズニー |
| 1998 | アンツ | アリ | 主役 | CG | PDI・ドリームワークス |
| 1998 | ムーラン | コオロギ | 主役補佐 | 手描き | ディズニー |
| 2005 | ティムバートンのコープス・ブライド | ウジ（ハエ幼虫） | 脇役 | ストップモーション | ワーナーブラザーズ |
| 2006 | アントブリー | アリ | 主役 | CG | ワーナーブラザーズ |
| 2008 | ビー・ムービー | ミツバチ | 主役 | CG | ドリームワークス |
| 2008 | ウォーリー | ゴキブリ | 脇役 | CG | ピクサー・ディズニー |
| 2008 | カンフーパンダ | カマキリ | 脇役 | CG | ドリームワークス |
| 2009 | ナットのスペースアドベンチャー3D | ハエ | 主役 | 3DCG | エヌウエイブ（※1） |
| 2009 | モンスターvsエイリアン | ゴキブリ・ガ | 主役補佐 | CG | ドリームワークス |
| 2009 | ティンカーベルと月の石 | ホタル | 主役補佐 | CG | ディズニー |
| 2010 | プリンセスと魔法のキス | ホタル | 主役補佐 | 手描き | ディズニー |
| 2013 | ミニスキュル～森の小さな仲間たち～ | テントウムシ・アリ | 主役 | CG＋実写 | フチュリコンフィルム（※2） |
| 2015 | アーロと少年 | ホタル | 背景 | CG | ディズニー・ピクサー |

※1：ベルギー　※2：フランス

次に、アニメーション制作技法の歴史と昆虫主役映画での昆虫の描かれ方の変遷を示す。そして、主役補佐、脇役として登場した昆虫映画を紹介する。

最後に、日本のアニメーション映画と昆虫について述べることにしたい。

1940年、ディズニーが制作した『ピノキオ』が公開された。この作品には、ジミニー・クリケットと呼ばれるコオロギが登場した。映画のオープニングで、ジミニーは有名な『星に願いを』という曲を歌っている（この曲は第13回アカデミー賞で歌曲賞を受賞した）。

彼がコオロギである理由には、この曲を歌える鳴く虫だからという点もあるだろう。ピノキオは、木彫り職人のゼペット爺さんの手作りの操り人形である。ある夜、爺さんの人間になって欲しいという願いを聞き入れた妖精がピノキオに命を与えた。そこに居合わせたのがコオロギのジミニーで、妖精からピノキオの良心となって善悪を教える役目を与えられたのだ。

ピノキオは大人にだまされロバになりかけたり、クジラのお腹に閉じ込められたゼペット爺さんを救い出したり、様々な事件に巻き混まれるが、ジミニーは映画の語り役としてピノキオの相手役として画面に登場し続ける。主役ではないが、アニメ映画として昆虫が最初に目立って活躍した作品であり、ここでは主役級として紹介したい。

当時の映画作品で昆虫がポジティブに描かれることはとても稀なことで、このコオロギは、アメリカの文献の中では、映画史上もっとも成功した昆虫と記されていた（Leskosky and Berenbaum, 1988）。ピノキオとともに海の底でゼペット爺さんを捜しまわり、クジラから救い出すシーンは印象的であり、現在ではジミニー・クリケットは、日本のディズニーシーの代表的なキャラクターになっていることに納得できる。

この映画は、最後にピノキオが人間の子供となるハッピーエンドであり、ピノキオとゼペット爺さんの夢がかなった話として後味がいい。また、ジミニーも最後に「良心」として妖精から正式認定され金のバッジをもらい、その名誉に満足して終わる。コオロギは真面目で、良い昆虫に描かれた。

ジミニーは、初めはボロボロの服を着ているが、妖精の力で帽子とタキシード風の服を与えられ、傘を持った紳士風の姿に描かれた。顔には目鼻があり、人間と同等な表情が可能で擬人化され、頭に細い2本の毛があるが、これは触角なのかもしれない。サイズか小さいことと、並外れたジャンプ力が映像で表現された点は、コオロギらしさが出ている部分だろう。

1941年、『ピノキオ』とほぼ同時期にバッタを主役にしたアニメーション映画として『バッタ君町に行く』が公開された。おそらく昆虫主役の最初の長編アニメーション映画と思われる。日本では1951年に公開され、アニメーション関係者には高く評価されていた。

『ピノキオ』（ブエナ・ビスタ・ホーム・エンターテイメント）より

『バッタ君町に行く』（ウォルト・ディズニー・ジャパン）より

その後は見る機会がなく、知る人ぞ知る作品になっていたが、２００９年にニュープリントに焼き直されリバイバル公開された。著者はこの機会にアニメーション映画のぼっ興期のエネルギーが伝わるとされる本作品を見ることができた。

舞台はニューヨークの片隅の小さな草むらに暮らす昆虫たちの世界で、長旅に出ていた主人公のバッタの青年ホピティが帰って来る場面から始まる。草むらは人間が侵入するようになり危険になったので、昆虫たちはビルの屋上を目指して引越しを試みる。

物語は、バッタの恋人であるミツバチの娘をめぐって、カブトムシを親分とする子分のカ、ハエの悪者グループとの駆け引きが絡みながら進行する。主役のバッタと恋人のミツバチがナイトクラブへ出かける場面もあり、物語の内容は子供向けではなく、人間の物語を昆虫に置き換えて描いた作品である。

バッタのホピティは細身で背が高く、脚も長く、グリーンの服と帽子という擬人化された姿で描かれていた。カブトムシは太ったボス風の体格、子分のハエは大きなメガネをかけ、カは細長い口をもち、各昆虫の形態的な特徴をイメージした擬人化が行なわれた。

『バッタ君町に行く』を制作したフライシャー・スタジオは、１９３０年代を通じてディズニーの最大のライバルであり、両者の競い合いがアメリカのアニメーション黄金期を不動なものにしたという（映画パンフレット）。

『バッタ君町に行く』はバッタが主役の稀な昆虫映画であり、興行的には振るわなかった。『ピノキオ』のコオロギは脇役ではあるが、挿入歌『星に願いを』がアカデミー賞を受賞したこともあり、目立った存在となった。

バッタ対コオロギのアニメ映画昆虫対決は、コオロギが勝利したといえよう。『ピノキオ』は観客として子供も意識され、家族で楽しめた作品だったが、『バッタ君町に行く』はその内容は大人の映画であったことが、興行的に伸びなかった要因の一つに思える。

『バッタ君町に行く』から昆虫主役の新しいアニメ映画の出現までは、50年以上の年月が必要であった。本格的なCGアニメーション映画として1998年に公開されたのが、ディズニーとピクサーが共同で制作した『バグズライフ』である。主役は働きアリであり、その宿敵として主役級で登場したのがバッタだった。

この映画は、バッタに命じられ冬の食料を集めていたアリたちが、その支配から逃れるために、働きアリのフリックが用心棒を探す旅に出るところから始まる。フリックは旅先で出会った昆虫サーカス団を用心棒と勘違いして連れてきてしまうのだが、アリとサーカス団のメンバーは知恵と力を合わせてバッタ軍団との戦いに勝利する物語である。

サーカス団のメンバーは、多数の昆虫たち（ノミ、テントウムシ、イモムシ、ガ、コガネムシ、カマキリ、ナナフシ）や、ダンゴムシ、クモで構成されていた。そのほかにも甲虫やハエなど様々な昆虫が登場するため、著者のような虫好きにとってはそのデザインを見ているだけでも楽しめた。各昆虫は、特徴をよく捉えたかわいいキャラクターとしてデザインされている。

さらに、細かな点にもよく気が配られていて、女王アリがペットのように抱いている緑色の昆虫はアブラムシであり、アリとの共生がさりげなく描かれている。また、バッタ軍団を追い払うためにハリボテの鳥を作って脅すという方法も、バッタにとって鳥がもっとも恐ろしい天敵であるという生物学的な背景が考慮されていた。

『バッタ君町に行く』では、バッタに服を着せ帽子を被らせるという擬人的な描き方であったが、『バグズライフ』はバッタのいかつい体つきと体節構造、脚の棘に至るまで再現し、リアルな歩行や飛翔といった動きを表現している。CGアニメーションの技術的な進歩は、昆虫映画の新たな可能性を示した。

悪役であるバッタは、その形態をリアルに表現した結果、悪役の存在感を十分に示し、主役のアリやサーカス団の昆虫たちには丸みをおびた柔らかい対照的な表現で描かれていた。CGはこの詳細な表現を作り込む効率を、手書きよりも格段に向上させたと考えられる。

1998年に公開された『アンツ』も働きアリが主役のCGアニメ映画である。同年には『バグズライフ』も公開され、アリ映画が2本公開されたことになる。『アンツ』は、シロアリとの戦争や主人公の働きアリのZ（ジー）の葛藤が描かれる大人の映画である。トンネル工事をする働きアリのジーは、バーで出会った王女のバーラにもう一度会うために、親友の兵隊アリと入れ替わり勧兵式に紛れ込むが、シロアリとの戦争に駆り出されてしまう。ジーは壮絶な戦場に巻き込まれるが、運良く生き残り英雄扱いされる。しかし、働きアリであることがばれ、ジーは王女をさらって虫の楽園「インセクトピア」を目指して逃走する。理想を追うジーと現実主義で勝ち気な王女は衝突を繰り返しながら、いつしか心を通わせていく。

一方、アリの将軍は部下に命じ、ジーと王女を見つけ出す。そのとき将軍がアリの女王を殺し、自分の国家を作ろうと企てていることをジーは知ることとなり、仲間のコロニーを守るために再びアリの国へジーは戻っていく。この映画は、アリの国を舞台にして、１匹の働きアリが仲間を助けるまでを描いた物語なのである。

この作品の大きな特徴は、大物ハリウッドスターがアリの声優を演じていることだ。主人公の働きアリをウディ・アレン、王女をシャロン・ストーン、兵隊アリをシルベスタ・スタローン、将軍をジーン・ハックマンが担当している。そして、各アリの顔や体格は、声優に似せて描いているのだ。アリを特定の俳優に似せて擬人化している点は、とてもユニークな試みであり、著者はこのような映画をほかに知らない。

アリを主役とした2本のＣＧアニメーション映画が公開されてから8年後、２００６年に公開された作品が『アントブリー』である。この映画は、魔法の薬によってアリのサイズに縮んだ少年が、アリ社会の中で修行をする物語で、その姿はアリにコスプレした少年である。

『バグズライフ』（ブエナ・ビスタ・ホーム・エンターテイメント）より

『アンツ』（NBC ユニバーサル・エンターテイメントジャパン）より

『アントブリー』（ワーナー・ブラザース・ホームエンターテイメント）より

10歳のルーカスは、新しい町に引っ越してきたばかりで友達もなく、近所のガキ大将からいじめの標的にされていた。そのため、裏庭にあるアリの巣を壊してうっぷんを晴らしていた。一方、裏庭のアリたちはルーカスを破壊屋と呼び、反撃の準備をしていた。

ある夜、魔法使いアリは、寝ているルーカスの耳から薬を注ぎ込みアリサイズに縮め、アリの巣にさらっていく。ルーカスは裁判を受け、すべてがチームワークで成り立っているアリ社会の中で、自分の役割を見つける訓練を受けることになった。訓練の中でアリの仲間と信頼関係を築くルーカスだったが、アリ社会にくる前に、害虫駆除業者に裏庭の消毒を依頼したことを思い出した。裏庭のアリ仲間に危機が迫っていたのだ。映画の後半は、アリとともに害虫駆除業者を追い払う作戦を実行することになる。

この映画は、いじめられっ子だった少年が、アリ社会からチームワークを学び、人間社会に戻って行く姿を描いている。本作では、アリを中心に複数の昆虫が登場するが、カラダの構造はいずれの種類も正しく反映されており、擬人化の程度は最小限に抑えられている。映画の中でアリたちがルーカスを「2本脚」と表現する場面があり、昆虫と人間の違いをはっきりと示していた。

また、ルーカスを初めて見たアリたちは「柔らかくておいしそう」と表現し、「骨格が体の中にあるんだ、中身が外に、ウ〜」と驚いている（宮ノ下・2007）。アリから見れば、内骨格は信じられないのだ。ここでも、内骨格の人間と外骨格の昆虫の違いが強調されていた。

『バグズライフ』『アンツ』『アントブリー』の3作品は、いずれもアリが主役あるいは主役級のCGアニメ映画である。著者はこの章の冒頭で、昆虫主役映画では「アニメーションにより昆虫の顔には人間のような表情を作り、6本の脚を4本の手足に単純化して擬人化することで、感情移入が容易なキャラクターを作り出した」と書いた。ここでは、これら3作品に登場したアリの擬人化の程度を調べてみよう。

具体的には、各映画で登場したアリについて、脚の形態として脚の数、手の指数、脚の指数、頭部の形態として触角と歯の有無、体色についての状態を、実物のアリと比較してみた。その結果を映画別に表2へ示した。

まず、脚の形態を見ると、実物の昆虫は6本の脚を持ち、その先端は2本の爪がある。もっとも擬人化が進んだアリは『バグズライフ』であり、脚は手足の4本となり、手には4本の指、足には3本の指が描かれていた。人のように物を掴んだりするために2本の爪から数を増やし、指にする必要があるのだ。

『アンツ』では、脚は6本で、一番上の2脚が手として4本の指、2番、3番目の2脚が足として3本指になっていた。脚の数は実物の昆虫と同じだが、やはり爪は指となった。

『アントブリー』では、脚の構造はまったく変更がなく、擬人化の程度がもっとも低かった。脚の構造は、昆虫の生物としての特徴（体節構造）が現れる形態で、「昆虫らしさ」を示すデザインのポイントである。3作品においてアリの擬人化の程度は微妙に異なっていたことがわかる。

表2）アリが登場する映画におけるアリの形態的特徴

| 映画タイトル | 脚の形態 | | | 頭部の形態 | | 体色 |
|---|---|---|---|---|---|---|
| | 脚の数 | 手の指数 | 脚の指数 | 触角の有無 | 歯の有無 | |
| バグズライフ | 4 | 4 | 3 | 有 | 有 | 薄青 |
| アンツ | 6 | 4 | 3 | 有 | 有 | 赤褐色 |
| アントブリー | 6 | 2 | 2 | 有 | 有 | 赤褐色 |
| 実物のアリ | 6 | 2 | 2(爪) | 有 | 無 | いろいろ |

次に、頭部の形態として触角と歯の有無を見てみよう。触角は昆虫の特徴として目立つものであり、すべての作品で存在し、やはりアリとして欠かせないものと思われた。一方、歯は擬人化するうえで、人の顔の表情を作るために重要な部分である。話したり、笑ったりといった人らしい表現が可能になるからだ。すべての作品のアリに歯は描かれており、口元の動きを擬人化するには欠かせない部分と思われる。

最後に体色を見てみよう。実物のアリの体色は種類ごとに様々である。『アンツ』や『アントブリー』のアリは赤褐色であるが、『バグズライフ』は薄い青で表現された。赤褐色は、アリとして多くの人がイメージする色として採用したのかもしれない。ただ、アリの巣の色（土の色）と似ているため、おそらく表現には苦労したのではないかと予想される。

『バグズライフ』の薄い青のアリは、アリの色としては一般的ではないが、主人公のアリを目立たせる効果はあっただろう。また、敵対するバッタの体色は赤褐色系であり、バッタと異なる色にすることで、区別しやすく、アリとバッタの対立を色で示せたのではないかと著者は思う。

これまでの昆虫映画はアリが主役になることが多かったが、２００８年にミツバチが主役のＣＧアニメ映画『ビー・ムービー』が公開された。

大学を卒業したばかりの若いミツバチのバリーは、決められた仕事を一生続けることに疑問を持ち悩んでいた。自分の仕事を決める前に、巣の外の世界、ニューヨークへ冒険に飛び立つ。そこで花屋を営むヴァネッサと友達になり、２人で買い物へ行った際に、蜂蜜が売られていることに「人間は蜂蜜を盗んでいる」と衝撃を受ける。蜂蜜をミツバチに取り戻すために、バリーは人間を相手に裁判を起こし勝訴を勝ち取った。

蜂蜜はミツバチのもとに戻ったが、今度は余ってしまい、蜂蜜を集めることを止めてしまった。いつの間にか公園や庭からは花が消え、ヴァネッサの花屋も閉店を余儀なくされる。バリーは自分がやったことが、結果としてミツバチによる受粉を妨げ、自然界に大きな影響を及ぼしたことに気づくと、バリーとヴァネッサは世界で最後の花が集まるフラワーフェスティバルへと向かう。そこで略奪した花をニューヨークまで運び、ミツバチが花粉を媒介して再び花を咲かせることができた。

この映画で登場するミツバチは擬人化され、脚は手足4本になり、手には4本の指、足には靴を履いている。さらに、頭部には髪の毛、眉毛、口には歯が描かれ、上半身はセーターを着ているが、他の服にも着替えることができる。移動には飛翔する場面が多いが、巣内ではなんと車を運転している。ケーキを食べコーヒーを飲む場面もあり、昆虫としてのミツバチの形態は擬人化を極めた。これまでもっとも昆虫を擬人化した『バグズライフ』のアリに比べても、その擬人化の程度は著しく高くなっている。

CG技術を駆使した昆虫アニメーション映画としてのデキ映えは素晴らしく、一つの完成形といえるだろう。しかし、擬人化が極まったため「昆虫らしさ」が失われた印象がある。

ハエを主役とした3DCGアニメ映画として、2009年に公開された作品が『ナットのスペースアドベンチャー3D』(ベルギー制作)である。この作品の3Dは立体映像上映のことで、色の違う3D眼鏡を使用して、宙に浮かんだような立体映像を鑑賞するスタイルの映画である。

内容は、ハエの宇宙旅行を描いた映画であり、ハエの飛翔や宇宙空間での浮遊の場面は、目前の空間に浮かんでいるように見え、立体映像の良さが出ていた。しかし、３Ｄ眼鏡での長時間の映画鑑賞は、著者にはとても疲れた。

ハエの子供のナットは、おじいちゃんの若い頃の冒険物語を聞くのが大好きで、自分でも冒険したいと考える好奇心旺盛な男子である。アメリカのアポロ11号が月に向かって打ち上げられることを聞いたナットは、２人の友人とともにそのロケットに潜り込む冒険を試みる。うまくロケットに侵入することに成功し、宇宙旅行をして帰ってくる話である。軌道にのったロケットから地球に送られた映像にナットたちが写っており、それを見たソ連のハエがナットたちの成功を阻止しようと画策する。

映画としてはハエの子供の冒険を描いているのだが、アメリカとソ連の宇宙開発競争という人間側の問題が、なぜかハエの世界まで及んでいるという不思議な話であった。

ハエは擬人化され、脚は手足４本になり、手には３本の指、足には指はなかった。また、頭部には髪の毛、口には歯が描かれ、眼鏡を掛けたりしている。普段は人間と同じような服を着ており、ロケットの内部では宇宙服を着ていた。

擬人化が進み、見た目にはハエと判断するのは難しいが、透明な2枚の大きめな翅は唯一ハエらしさを示していた。モチーフはイエバエだろうか？ 種類を特定できるような特徴はなかった。

テントウムシが主役のＣＧアニメ映画としてフランスで製作され、２０１３年に公開された作品が『ミニスキュル ～森の小さな仲間たち～』である。

フランスのテレビシリーズ『ミニスキュル ～小さなムシの物語～』の劇場版で、風景は実写で撮影、昆虫はＣＧアニメーション、煙、水、ほこりはＣＧで作成されているため、フルＣＧとは異なった面白い映像に仕上がっている。

テントウムシ、赤アリ、黒アリが主な登場昆虫であり、そのほかにもハエ、トンボ、バッタ、イモムシ、ムカデ、クモ、カタツムリが登場する。映画のオープニングには「夏になると、コオロギとセミが語り継ぐのは、赤アリたちと闘った1匹のテントウムシの物語」と表示される。

物語は、男女がピクニックで森へやって来る場面から始まる実写なので、「アニメ映画だったよな?」と少し不安になる。黒アリは人間が置いて帰った角砂糖入りの四角い箱を巣に運んでいた。その箱に迷い込んだのが、1匹のテントウムシである。

この映画は、黒アリが角砂糖をその巣まで運んでいく過程を描いたもので、途中で赤アリが砂糖に目を付け追いかけてくる。紆余曲折を経て、角砂糖は無事に巣まで運ばれるが、赤アリは大群で黒アリの巣に攻め込んでくる。攻められた黒アリを助けるために活躍するテントウムシが描かれ、最後は黒アリの勝利に終わるハッピーエンドだ。

テントウムシの形態はそのまま維持され、大きな目を除いてほとんど擬人化されていないが、全体

『ビー・ムービー』(NBC ユニバーサル・エンターテイメントジャパン)より

『ミニスキュル ～小さなムシの物語～』(ポニーキャニオン)より

的に丸みのあるデザインで、その斑紋からナナホシテントウであることがわかる。テントウムシの飛翔する映像は浮遊感があって楽しめた。テントウムシが主役に抜擢されたのは、その姿がかわいらしく、好感度が高いからであろう。また、映画の中では、テントウムシの家族が描かれており、擬人化することで観客の感情移入を促したと思われる。

これまで海外で製作された昆虫が主役級に活躍する映画を紹介してきた。主役としてもっとも多かった昆虫は『バグズライフ』『アンツ』『アントブリー』に登場したアリである。映画の世界では昆虫は脇役で、主役映画は稀であるにもかかわらず、3回も主役を務めたアリには何か理由があるはずだ。

著者は、アリは役割(仕事)を分業する社会性昆虫であることが大きな理由と考えている。たとえば、女王アリは子供を産む、兵隊アリは敵と戦う、働きアリは巣を作る、子供の世話をするという役割がある。

様々な役割を分担して社会を形成する点は、人間社会とも通じる部分がある。アリの形態を擬人化し、顔に表情を付けることができるアニメ映画では、観客は感情移入しやすくなり、物語を牽引する主役をアリが務めることができる。そこで人間関係ならぬアリ関係を想定しやすく、恋愛や友情や親子の絆を描くことができるのだ。

同じく社会性昆虫であるミツバチも主役になり得る昆虫であり、アリ主役3作品のあとに公開された『ビー・ムービー』で主役を務めた。知名度の高いアリやミツバチは、今後も主役となる昆虫の有力な候補である。

## 2 アニメーション制作技術の歴史と昆虫主役映画

１９４０年代前半は、手描きによるアニメーション映画の公開が本格的に始まった頃であった。このときに『ピノキオ』や『バッタ君町に行く』のような昆虫が登場する映画では、昆虫に人間の服を着せたり、帽子を被せたりといった擬人化が行なわれた。しかし、その後、昆虫の登場するアニメ映画は作られていたが、目立った作品がなく40年近くが過ぎた。

１９８０年代から手描きアニメにかわり、コンピュータグラフィック（ＣＧ）を用いたアニメ映画の技術の発達にともなって、昆虫の登場するＣＧアニメ映画の製作も行われたようだ。海外の文献によると、初めてのフルＣＧ昆虫アニメ映画（90秒）は、１９８４年に公開されたミツバチが登場する『アンドリューとウォーリーＢの冒険』（ピクサー制作）であった（Leskosky and Berenbaum, 1988）という。

１９９０年代に入り、本格的なフルＣＧ昆虫アニメ映画として、１９９８年にアリを主役とした『バグズライフ』や『アンツ』といった作品が公開された。手描きではなくコンピュータで画像を描くようになり、昆虫の擬人化の方向だけではなく、リアルな昆虫らしい体の構造を緻密に描くことも可能になった。また、動画の技術が進むことで、昆虫の歩行や飛翔を描いた映像も格段に質が上がり、スムーズになった。『バグズライフ』に登場するバッタ軍団は、バッタの体節構造や体表面の棘などの形態、飛翔などの動きをリアルに再現し、悪者の役どころを上手く表現していた。２００６年の『アントブリー』、２００８年の『ビー・ムービー』は、フルＣＧアニメ制作の映像技術としては完成形に到達したと考えられる。

2000年代に入ると、別の新しい技術により、CGアニメに立体映像を組み合わせ、3D眼鏡を使うことで目前の空間に映像が浮かぶという視覚表現が実用化され、多くの3D映画が制作された。その流れの中で昆虫アニメ映画にも応用されて、2009年には『ナットのスペースアドベンチャー3D』が公開された。著者は、主人公のハエが劇場スクリーンから飛び出す映像を3D眼鏡で体験できた。3D映画は魅力的な映像を提供できるが、制作費用が高価で映画の鑑賞料金も高くなることから、現在ではその制作は下火になっている。

2013年に公開された『ミニスキュル ～森の小さな仲間たち～』は、テントウムシが主役の映画であるが、風景には実写映像を用い、昆虫はCG画像により制作され、その組み合わせによりフルCGにはない新しい映像を提供している。このようにアニメ映画の制作技術の発達・変遷にともない、海外のアニメ映画の昆虫の描き方も変化してきたのである。

一方、日本では現在でも手描きアニメ映画の人気は高く、作品数も多いと考えられる。海外のアニメ映画がフルCG化した現状とは大きく異なっている。そのため、本格的な昆虫主役のCGアニメ映画も存在しないのが現状である。

# 3 海外アニメーション映画の主役補佐・脇役としての昆虫

アニメーション映画の中に登場する昆虫は、映像の背景に飛翔するチョウやハチのように物語の中で目立った役割を与えられない場合が多い。しかし、主役との絡みがある役として昆虫が登場する作品もある。それは実写映画と異なり、アニメ映画では、昆虫を擬人化することで物語に積極的に絡めるからである。

まずは、主役と絡み映画の中で存在感のある役割を果たした（主役補佐）昆虫たちが登場する作品を紹介する。そのあとに、物語には大きな影響を与えない脇役として昆虫が登場した作品について述べることにする。

アニメ映画では主役を積極的に助け盛り上げていく補佐的な役割を与えられた昆虫が登場する場合がある。もっとも知られている作品は『ピノキオ』（１９４０年）のコオロギであるが、映画での登場時間や存在感を考慮し、主役級の扱いで既に紹介済である。

１９９８年に公開された『ムーラン』は、コオロギが登場する手描きアニメーション映画である。中国を舞台にし、年老いた父親の代わりに男と偽って兵士となった娘ムーランの活躍を描いたものだ。この中では、幸運を呼ぶ虫としてコオロギが登場した。脚は手足の４本、顔には表情があり擬人化されていた。

『ピノキオ』のコオロギを連想させるが、本映画のコオロギ（名前はクリキー）は、話すことができず、主人公とも直接の会話はない点では物語への寄与度は低い。ムーランと話すことができる守護竜のほうが主役補佐としての関与が大きいと思われる。

この映画の守護竜は、ディズニーアニメ映画ではおなじみのしゃべりまくるキャラクターだ。しかし、コオロギもいつも守護竜とともにムーランに寄り添っているので、主役補佐として評価してもいいだろう。

ムーランは、女性であることが明らかになったあとで、見事に皇帝を救い英雄となった。コオロギのクリキーはその後どうなったのか著者は気になるが、映画では描かれていない。また、コオロギを闘わせる「闘蟋」文化を持つ中国が舞台のこの映画に、コオロギの登場はふさわしい。


2009年に公開された『モンスターvsエイリアン』は、地球で長いあいだ監禁されてきたモンスターたちが、地球を侵略するイカ型エイリアンと闘うCGアニメーション映画である。

モンスターは、隕石の直撃を受け巨大化した花嫁スーザン、半猿半魚のミッシングリンク、ゼラチン怪獣のボブ、ゴキブリと人間の遺伝子が融合したコックローチ博士、昆虫が放射能を浴びて巨大化したムシザウルスである。コックローチ博士は『蝿男の恐怖』（1958年）、ムシザウルスは『モスラ』（1962年）の各映画のパロディやオマージュとなっていて楽しめる。

コックローチ博士は、ゴキブリの頭を持つヒト型で、高らかな笑い声が特徴のマッドサイエンティストの定番キャラだ。非常にすばやい動きをするところは、ゴキブリの俊敏な動きが反映されている。

ムシザウルスは、鼻から糸を吐く巨大な幼虫として登場し、東京で超高層ビルをかじっているところを捕獲されたという設定である。その姿はガ類の幼虫には見えないが（脚は6本）、映画の後半で翅を持った巨大なガの成虫となる。

これらの昆虫型モンスターは、地球を守るモンスター軍団のメンバーとして主人公のスーザンとともにエイリアンと戦い勝利した。

２００９年に公開された『ティンカー・ベルと月の石』は、ディズニーのアニメ映画『ピーターパン』（１９５３年）に登場した妖精ティンカー・ベルを主役としたＣＧアニメーション映画である。この映画には、主役を補佐するホタルが登場した。

もの作りの妖精であるティンカー・ベル（愛称ティンク）は、妖精たちの秋の祭典で用いる「月の石」を収める「聖なる杖」を作る大役を任される。親友の妖精テレンスは杖作りを手伝ってくれるが、些細なことで喧嘩になり、杖は壊れ「月の石」は粉々に割れてしまう。途方に暮れたティンクは石をもとに戻そうと、願いを叶える鏡を求めて一人旅に出る。

映画は、喧嘩別れした親友との友情の行方と、「聖なる杖」を祭典に間に合うように作ることができるのかが見どころである。この旅の途中で出会ったのが、ホタルのブレイズである。ブレイズは、顔は表情が出るように擬人化されているが、体の構造はホタルのそれを正しく描いたデザインであった。特に飛翔する際に、前翅を持ち上げ、その下にある後翅２枚を羽ばたかせている姿は、ホタルの成虫の飛び方を正しく表現している。しゃべることができないが、鳴き声で気持ちを表現し、光ると

『ムーラン』（ウォルト・ディズニー・ジャパン）より

『モンスター vs エイリアン』（NBC ユニバーサル・エンターテイメントジャパン）より

『ティンカーベルと月の石』（ウォルト・ディズニー・ジャパン）より

いう特徴で主役のティンクを常に助け続けたのだ。

ホタルのデザインとしては、『バグズライフ』（1998年）で描かれた昆虫たちに匹敵するほどのかわいいキャラクターになっている。映画の最後ではその活躍を妖精の女王から褒められ、昆虫としては存在感のある役柄であった。


2010年に公開された『プリンセスと魔法のキス』は、ディズニーが手描きアニメーションで制作し、ミュージカルとプリンセス物語を復活させた映画である。この作品には、カエルの姿となった王子とヒロインのティアナを助けるホタルが登場した。

魔法によりカエルにされた王子にキスしたティアナもカエルになってしまい、2人は人間に戻る方法を探す旅に出る。遊んでばかりで軟派な王子と、自分のレストランを持つ夢を持つ堅実なヒロインが、惹かれ合っていく過程が描かれる。ホタルのレイモンド（愛称レイ）は、人間に戻す方法を知っている女魔術師のもとに2人を案内する映画後半の中心的な役割を果たし、ミュージカル映画にふさわしく2曲を歌っている。

映画では脇役で目立たない昆虫が多いが、レイはよくしゃべり、主役を補佐する重要な存在であった。その風貌は擬人化され、手足は4本、歯は何本か抜けて今ひとつ冴えないが、夜空にひときわ輝く星をホタルと思い、恋い焦がれる陽気なロマンチストであった。しかし、王子をカエルに変えた魔術師によりホタルは殺され、夜空の星となった。アニメ映画史上、もっとも劇的な最後を迎えた昆虫キャラクターといえるかもしれない。

ホタルが飛翔する際、『ティンカー・ベルと月の石』のホタルでは、羽ばたき方が正確に描かれていたが、本映画では閉じた前翅の上に2枚の翅を羽ばたかせていた点は誤りであり、少し気になった。どちらもディズニー映画であるが、ホタルの形態の描き方には大きな違いがみられた。

ここからは、物語に大きな影響を与えることがない脇役として、昆虫が登場した作品を紹介していこう。２００５年に公開された『ティムバートンのコープス・ブライド』は、人形を少しずつ動かしながらコマ撮り撮影で映像を制作するストップモーション・アニメーションの手法を用いた作品である。主人公のビクターは内気な青年で、結婚式での台詞が上手くいえず、森で練習したときに結婚指輪をはめた枯れ枝、これが枝ではなく「死体の花嫁」の朽ちた指だったのだ。「死体の花嫁」と結婚の誓いを交わしてしまったビクターは、死者の世界へと連れ込まれていく。

この「死体の花嫁」の頭蓋骨の中に住んでいるのが、ハエの幼虫「マゴット」で、自称花嫁の心の声である。なぜウジなのか、それは花嫁が死体であることを象徴するものであろう。しかしマゴットは、頭部は擬人化され表情を持ち、カラダは尺取り虫のようなイモムシに近く、ハエの幼虫（ウジ）

『プリンセスと魔法のキス』（ウォルト・ディズニー・ジャパン）より

『ティムバートンのコープス・ブライド』（ワーナー・ホーム・ビデオ）より

の形態としてデザインされていなかった。実際のウジは、頭部といえる部分がわかりにくい形態であり、擬人化しにくかったのだろう。

ストップモーションアニメの動きは、この映画の雰囲気によく合っており、独特な世界観をもった映画として楽しめる。

2008年に公開された『ウォーリー』は、汚染された地球を1人で掃除するウォーリーという名前のゴミ処理ロボットを主役とした物語である。

ある日、ウォーリーは探査ロボット（イブ）と出会い交流するようになるが、植物を見たときにイブは突然フリーズして動かなくなってしまう。宇宙船に回収されたイブを救うために、ウォーリーは未知な宇宙へ旅立つことになる。

この映画には、ウォーリーのそばにペットのように寄り添う、ハルという名前のゴキブリが登場する。ゴキブリはしゃべれるわけではなく、擬人化もされていない。ゴミだらけで汚染された地球に存在する生物は、このゴキブリしか見当たらなかった。

環境が悪化した地球でも生き残ったタフな生物として、「ゴキブリは生命力が強い」というイメージが反映されたものかもしれない。

2008年に公開された『カンフーパンダ』は、食いしん坊で太めのジャイアンパンダがカンフーの達人になるまでを描いた作品である。

この映画にはマスターファイブと呼ばれる5人の達人の中に、カマキリが登場した。中国武術として蟷螂拳は知られており、その名前からカマキリが連想されたものであろう。他の４人はトラ、ヘビ、ツル、サルである。カマキリは他のマスターと比べて小さいので、いまひとつ目立たないのが残念ではあるが、強さは引けを取らない。また、カマキリは鍼治療の心得があるらしく、訓練で疲れたパンダに鍼を打つ場面がある。

２０１５年に公開された『アーロと少年』では、巨大隕石が衝突しなかった地球が舞台で、恐竜は絶滅せず言葉を話し文明を持つ一方、人間は言葉を持たない生物となっていた。

この作品の主役は、アーロという名前の恐竜の子供。川に落ちたアーロを助けた人間の少年との友情や、恐竜の群れからはぐれて１人になったアーロの成長を描いたＣＧアニメ映画である。

作品の中での昆虫の登場は、父親恐竜に連れられて夜の草原にきたアーロの周りに、美しく緑色に光るホタルの大群が飛び回る印象的な場面である。ホタルは擬人化されていなかった。これは父親が暗闇を怖がるアーロに「怖さを乗り越えることで、初めて見える世界があること」を子供に教える場

『ウォーリー』（ウォルト・ディズニー・ジャパン）より

『カンフーパンダ』（NBC ユニバーサル・エンターテイメントジャパン）より

『アーロと少年』（ウォルト・ディズニー・ジャパン）より

面であった。光をともなう美しい背景として、ホタルが使用された事例である。



## 4 日本のアニメーション映画における昆虫

日本で制作されたアニメ映画において、昆虫はどのように描かれてきたのか？表3を見て頂ければわかる通り、残念ながら日本映画の中で、昆虫を主役として公開されたオリジナルなアニメ映画を見い出すことはできない。強いて挙げれば、1984年に公開された『風の谷のナウシカ』の巨大な昆虫型生物の「オーム」、2010年に公開された『昆虫物語みつばちハッチ～勇気のメロディ～』に登場したミツバチだろうか。しかし、「オーム」はその形態から節足動物ではありそうだが昆虫というには無理があるし、「みつばちハッチ」は、オリジナルな映画作品ではなく、テレビアニメ『昆虫物語みなしごハッチ』の劇場版である。

海外では主役を補佐する役割で昆虫が登場した作品も複数あるが、日本ではそのような作品はまったく見当たらない。昆虫が登場するアニメ映画については、日本よりも海外のほうがその多様性が高く、多数の作品を提供しているといえるだろう。また、日本アニメ映画での昆虫の役割は、圧倒的に「背景」である。それは、飛翔する昆虫が多く、特にチョウの頻度が高い。季節の象徴としての役割であったり、単なる空間を埋める役割であったりする。

たとえば、夏の背景として『打ち上げ花火下から見るか横から見るか』にはトンボ、『海獣の子供』

にカミキリムシが登場した。空間を埋める背景として『火垂の墓』のホタル、『となりのトトロ』のチョウ、『魔女の宅急便』のミツバチ、『猫の恩返し』のチョウ、『かぐや姫の物語』のチョウやテントウムシが挙げられる。

別の役割としては、『聲の形』での亡くなった人の魂を象徴したチョウ、『虹色ほたる』ではノスタルジーの象徴としてのホタルが描かれた。『借りぐらしのアリエッティ』では、こびとサイズのアリエッティの大きさを示すために、跳ねるカマドウマと絡む場面がある。『もののけ姫』では、森林の神様の周りを飛ぶチョウが描かれた。『放課後ミッドナイターズ』では、学校に現れる怪物の正体がハエであった。『グスコーブドリの伝記』では、多数のヤママユガ一斉に舞う印象的な場面がある。『映画はなかっぱ 蝶の国の大冒険』の舞台がチョウの国であり、女王をはじめチョウを擬人化したキャラクターが登場した。



表 3) 日本における昆虫アニメ映画作品年表と登場昆虫

| 公開年 | 映画タイトル | 主な登場昆虫 | 役割 | 作成方法 | 制作・配給 |
|---|---|---|---|---|---|
| 1984 | 風の谷のナウシカ | 古代昆虫型生物（オーム） | 主役級 | 手描き | スタジオジブリ |
| 1988 | 火垂の墓 | ホタル | 背景 | 手描き | スタジオジブリ |
| 1988 | となりのトトロ | チョウ・テントウムシ | 背景 | 手描き | スタジオジブリ |
| 1989 | 魔女の宅急便 | ミツバチ | 背景 | 手描き | スタジオジブリ |
| 1997 | もののけ姫 | チョウ | 象徴 | 手描き | スタジオジブリ |
| 2002 | 猫の恩返し | チョウ | 背景 | 手描き | スタジオジブリ |
| 2010 | 借りぐらしのアリエッティ | カマドウマ | 比較 | 手描き | スタジオジブリ |
| 2010 | 昆虫物語みつばちハッチ ～勇気のメロディ～ | ミツバチ | 主役 | 手描き | タツノコプロ |
| 2012 | 虹色ほたる | ホタル | 象徴 | 手描き | 東映 |
| 2012 | 放課後ミッドナイターズ | ハエ | 脇役 | 手描き | ティ・ジョイ |
| 2012 | グスコーブドリの伝記 | ヤママユガ | 背景 | 手描き | ワーナーブラザーズ |
| 2013 | かぐや姫の物語 | チョウ・テントウムシ | 背景 | 手描き | スタジオジブリ |
| 2013 | 映画はなかっぱ 蝶の国の大冒険 | チョウ | 映画の舞台 | 手描き | 東宝 |
| 2016 | 聲の形 | チョウ | 魂 | 手描き | 京都アニメーション |
| 2017 | 打ち上げ花火下から見るか横から見るか | トンボ | 夏の背景 | 手描き | 東宝 |
| 2019 | 海獣の子供 | ゴマダラカミキリ | 夏の背景 | 手描き | 東宝 |

# 第4章

# 特撮と昆虫
## ～ヒーロー・怪人・怪獣に観る昆虫たち～

宮ノ下明大

日本における特撮と昆虫を語るうえで、テレビ番組を中心として長年制作されてきた特撮ヒーローの『仮面ライダー』『ウルトラマン』の両シリーズは欠かせない作品である。映画では『モスラ』シリーズとモスラが登場する『ゴジラ』シリーズの巨大怪獣特撮映画も特筆すべき作品である。

著者は昭和30年代後半の生まれであるが、これらの作品を見ながら大人になったと言っても過言ではない。当時はまったく気にしなかったが、今になって昆虫という視点から観るとこれらの作品には、特有の昆虫の存在感やイメージが見えてくる。

本章では、これらの作品に登場したヒーロー、怪人、怪獣のモチーフとなった昆虫を取り上げ、その役割や特徴について考えてみたい。

# 1 『仮面ライダー』に観る昆虫型ヒーローの変遷

『仮面ライダー』シリーズは、1971年から2020年まで35作品があり、毎年新作が制作されている。基本はテレビ放映であるが、映画版のオリジナル作品が30本以上も公開され、現在も新作映画の発表が続いている。昆虫をモチーフとした特撮ヒーローとして成功した世界でも稀な作品であり、日本の特撮と昆虫を考えるにはよい材料である。

公開時期に合わせて、昭和ライダー（1号からジェイ（J））、平成ライダー（クウガからジオウ）、令和ライダー（ゼロワン、セイバー）と呼ばれている（表1）。

日本の特撮ヒーローとしては、『ウルトラマン』シリーズや『スーパー戦隊』シリーズとともに子供から大人まで幅広いファンに支持されている。

2020年現在、『仮面ライダー』シリーズの全35作品（1号からセイバーまで）から、昆虫がモチーフとなったライダーを数えると合計33人であった。

もっとも多いのがバッタ（14）で、その次にカブトムシ（7）、クワガタムシ（5）、スズメバチ（3）、トンボ（2）、カマキリ（2）、コオロギ（1）、カミキリムシ（1）順になっている。

仮面ライダーオーズの「ガタキリバ コンボ」はバッタ×クワガタ×カマキリがモチーフであり、それぞれの昆虫に数として加えた。

昆虫がモチーフとなるライダーは、仮面ライダー電王（2007年）以降、ほとんど登場しなくな

表 1）『仮面ライダー』作品リストとそのモチーフとなった昆虫

| 昭和ライダー | | | | | |
|---|---|---|---|---|---|
| | 放映年 | 仮面ライダー | モチーフ昆虫 | ライダーの役割 | 発表媒体 |
| 1 | 1971 | 1号 | トノサマバッタ | メイン | テレビ |
| | | 2号 | トノサマバッタ | メイン | |
| 2 | 1973 | V3 | トンボ | メイン | テレビ |
| | | ライダーマン | − | サブ | テレビ |
| 3 | 1974 | X（エックス） | − | メイン | テレビ |
| 4 | 1974 | アマゾン | − | メイン | テレビ |
| 5 | 1975 | ストロンガー | カブトムシ | メイン | テレビ |
| 6 | 1979 | スカイライダー | イナゴ | メイン | テレビ |
| 7 | 1980 | スーパー1 | スズメバチ | メイン | テレビ |
| 8 | 1984 | ゼクロス（ZX） | − | メイン | テレビ |
| 9 | 1987 | ブラック | トノサマバッタ | メイン | テレビ |
| 10 | 1988 | ブラックRX | ショウリョウバッタ | メイン | テレビ |
| 11 | 1992 | 真（シン） | バッタ | メイン | Vシネマ |
| 12 | 1993 | ZO（ゼット・オー） | バッタ | メイン | 映画 |
| 13 | 1994 | J（ジェイ） | バッタ | メイン | 映画 |
| 平成ライダー | | | | | |
| | 放送年 | 仮面ライダー | モチーフ昆虫 | ライダーの役割 | 発表媒体 |
| 14 | 2000 | クウガ | クワガタムシ | メイン | テレビ |
| 15 | 2001 | アギト | − | メイン | テレビ |
| | | ギルス | カミキリムシ | サブ | |
| | | G3 | クワガタムシ | サブ | |
| | | アナザーアギト | バッタ | サブ | |
| 16 | 2002 | 龍騎 | − | メイン | テレビ |
| | | オルタナティブ | コオロギ | サブ | |
| 17 | 2003 | ファイズ | − | メイン | テレビ |
| 18 | 2004 | ブレイド | ヘラクレスオオカブト | メイン | テレビ |
| | | カリス | カマキリ | サブ | |
| | | ギャレン | クワガタムシ | サブ | |
| 19 | 2005 | 響鬼 | − | メイン | テレビ |

表 1）『仮面ライダー』作品リストとそのモチーフとなった昆虫

<table>
<tr><th colspan="6">平成ライダー</th></tr>
<tr><th></th><th>放映年</th><th>仮面ライダー</th><th>モチーフ昆虫</th><th>ライダーの役割</th><th>発表媒体</th></tr>
<tr><td rowspan="10">20</td><td rowspan="10">2006</td><td>カブト</td><td>カブトムシ</td><td>メイン</td><td rowspan="7">テレビ</td></tr>
<tr><td>ザビー</td><td>スズメバチ</td><td>サブ</td></tr>
<tr><td>ドレイク</td><td>トンボ</td><td>サブ</td></tr>
<tr><td>ガタック</td><td>クワガタムシ</td><td>サブ</td></tr>
<tr><td>キックホッパー</td><td>ショウリョウバッタ</td><td>サブ</td></tr>
<tr><td>パンチホッパー</td><td>ショウリョウバッタ</td><td>サブ</td></tr>
<tr><td>ダークカブト</td><td>カブトムシ</td><td>サブ</td></tr>
<tr><td>コーカサス</td><td>コーカサスオオカブト</td><td>サブ</td><td>映画</td></tr>
<tr><td>ヘラクレス</td><td>ヘラクレスオオカブト</td><td>サブ</td><td>映画</td></tr>
<tr><td>ケタロス</td><td>ケンタウルスオオカブト</td><td>サブ</td><td>映画</td></tr>
<tr><td>21</td><td>2007</td><td>電王</td><td>－</td><td>メイン</td><td>テレビ</td></tr>
<tr><td>22</td><td>2008</td><td>キバ</td><td>－</td><td>メイン</td><td>テレビ</td></tr>
<tr><td>23</td><td>2009</td><td>ディケイド</td><td>－</td><td>メイン</td><td>テレビ</td></tr>
<tr><td>24</td><td>2009</td><td>W（ダブル）</td><td>－</td><td>メイン</td><td>テレビ</td></tr>
<tr><td rowspan="2">25</td><td rowspan="2">2010</td><td>オーズ（タトバコンボ）</td><td>タカ＋トラ＋バッタ</td><td>メイン</td><td>テレビ</td></tr>
<tr><td>ガタキリバコンボ</td><td>クワガタ＋カマキリ＋バッタ</td><td>サブ</td><td>テレビ</td></tr>
<tr><td>26</td><td>2011</td><td>フォーゼ</td><td>－</td><td>メイン</td><td>テレビ</td></tr>
<tr><td>27</td><td>2012</td><td>ウィザード</td><td>－</td><td>メイン</td><td>テレビ</td></tr>
<tr><td>28</td><td>2013</td><td>ガイム</td><td>－</td><td>メイン</td><td>テレビ</td></tr>
<tr><td>29</td><td>2014</td><td>ドライブ</td><td>－</td><td>メイン</td><td>テレビ</td></tr>
<tr><td>30</td><td>2015</td><td>ゴースト</td><td>－</td><td>メイン</td><td>テレビ</td></tr>
<tr><td>31</td><td>2016</td><td>エグゼイド</td><td>－</td><td>メイン</td><td>テレビ</td></tr>
<tr><td>32</td><td>2017</td><td>ビルド</td><td>－</td><td>メイン</td><td>テレビ</td></tr>
<tr><td>33</td><td>2018</td><td>ジオウ</td><td>－</td><td>メイン</td><td>テレビ</td></tr>
<tr><th colspan="6">令和ライダー</th></tr>
<tr><th></th><th>放送年</th><th>仮面ライダー</th><th>モチーフ昆虫</th><th>ライダーの役割</th><th>発表媒体</th></tr>
<tr><td rowspan="2">34</td><td rowspan="2">2019</td><td>ゼロワン</td><td>バッタ</td><td>メイン</td><td rowspan="2">テレビ</td></tr>
<tr><td>バルキリー</td><td>スズメバチ</td><td>サブ</td></tr>
<tr><td>35</td><td>2020</td><td>セイバー</td><td>－</td><td>メイン</td><td>テレビ</td></tr>
</table>

り、オーズ（２０１０年）を最後に途絶えた状況であったが、ゼロワン（２０１９年）の基本形態としてバッタのモチーフが復活した（表１）。

『仮面ライダー』シリーズは、バッタがモチーフとなったヒーローの特撮作品として知られている。昭和、平成、令和の49年に渡り制作されたあいだに、そのモチーフとなった昆虫についても変遷が見られる。

１９７１年に始まった『仮面ライダー』は、悪の秘密結社がその科学技術で作り上げた改造人間で、バッタの能力を強化した怪人であったが、洗脳手術の前に逃げ出し、悪の組織と戦うヒーローとなった。

仮面ライダーのデザインは、原作者の石ノ森章太郎が異形のヒーローとして発案したドクロをモチーフにした「スカルマン」が原型であり、正統派ヒーローとして考えられたものではなかった。この案は印象が悪いと却下され、昆虫図鑑から描いた怪人用のデザインの中から原作者の子供が選んだのがバッタのマスクのデザインであった（石森プロ・２０１２）。

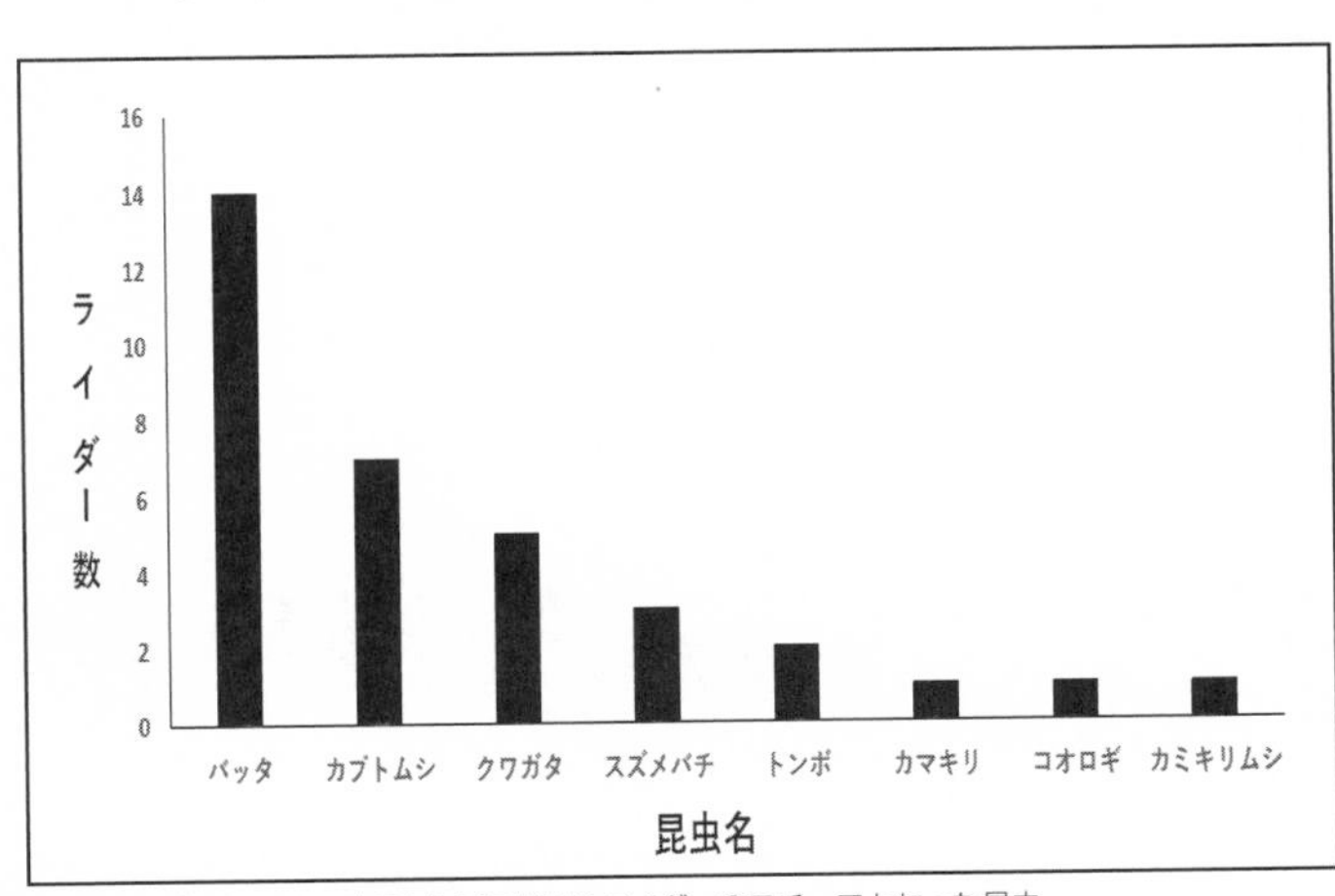


「仮面ライダー」シリーズ 35 作品におけるライダーのモチーフとなった昆虫

バッタには田畑の作物を食い荒らす害虫のイメージが強く、ヒーロー向きではないと思われる。「強くてかっこいい」イメージのある昆虫のほうがヒーローにはふさわしい感じがするが、設定では悪の組織で改造された怪人だったとあり、それが害虫のバッタであっても不思議ではないだろう。正統派ヒーローとしてはひと味違う外見になったが、結果として原作者の異形のヒーローという意向もある程度反映された姿になった。

仮面ライダー１号、２号はトノサマバッタの形態を反映したデザインとなっている。

まずフルフェイスの硬い仮面であるが、昆虫の体は外骨格で硬く、特に頭部は幼虫の脱皮の際にもそのままヘルメットのように脱ぎ捨てる。仮面ライダーの頭部はまさにその硬いヘルメットの形態を維持している。

頭部には、複眼、額に単眼、触角といった昆虫の特徴を確認できる。胸部から腹部にみられる筋肉状の体節構造も昆虫を連想させるものだ。体色も緑色を中心とした色合いで、バッタをイメージしたものであろう。

バッタの特徴である飛び跳ねる跳躍力はライダーのジャンプ力に、必殺技のライダーキックは、そのジャンプから落下する力を利用した技である。これらの昼間に活動するバッタの優れた運動能力は、バッタの特徴を反映させた昆虫型ヒーローの特徴となった。

昭和ライダーは、武器をあまり使わずパンチとキックを中心としたアクションを重視していたが、平成ライダー以降は、武器を

仮面ライダー１号／バッタ型『仮面ライダー』（東映ビデオ）より

持った戦闘シーンやCGを用いた映像加工も増えていった。ライダー1号、2号が持つ昆虫の形態的な特徴は、シリーズが進むにつれて薄れていった。

しかし、その後の昆虫をモチーフとしないライダーであっても、昆虫に似た大きな眼がその共通した特徴として踏襲されていくこととなった。

バッタがモチーフとなった仮面ライダーの13人のリストを示した（表2）。

昭和のライダーは、基本的には独りで戦うヒーローであった（メインと呼ぶ）が、平成のライダーは、中心となるメインのライダーのほかにも複数のライダーが活躍した（メイン以外をサブと呼ぶ）。平成になるとバッタ型のライダーは減少し、その役割もメインからサブに変化していくことがわかる（表3）。

平成ライダーの中でバッタ型ライダーがメインとなったのは、2010年のオーズのみだが、それも複数の生物のモチーフが合わさったもので、バッタは一部でしかなかった。バッタ型のヒーローは姿を消したのである。

表2）バッタがモチーフの仮面ライダー

| 和暦 | モチーフ昆虫名 | ライダー名 | 役割 | 登場媒体 |
|---|---|---|---|---|
| 昭和 | トノサマバッタ | 1号 | メイン | テレビ |
| | トノサマバッタ | 2号 | メイン | テレビ |
| | イナゴ | スカイ | メイン | テレビ |
| | トノサマバッタ | ブラック | メイン | テレビ |
| | ショウリョウバッタ | ブラック RX | メイン | テレビ |
| | バッタ | 真（シン） | メイン | Vシネマ |
| | トノサマバッタ | ZO（ゼット・オー） | メイン | 映画 |
| | トノサマバッタ | J（ジェイ） | メイン | 映画 |
| 平成 | バッタ | アナザーアギト | サブ | テレビ |
| | ショウリョウバッタ | キックホッパー | サブ | テレビ |
| | ショウリョウバッタ | パンチホッパー | サブ | テレビ |
| | タカ×トラ×バッタ | オーズ（タトバ コンボ） | メイン | テレビ |
| | クワガタ×カマキリ×バッタ | ガタキリバ | サブ | テレビ |
| 令和 | バッタ | ゼロワン | メイン | テレビ |

昆虫がモチーフとなったライダーの中から、カブト・クワガタムシがモチーフとなったライダーのリストを示した（表4）。

仮面ライダーはバッタをモチーフとしてスタートしているので、昭和ライダーの多くはバッタ（8）であり、そのなかでカブトムシがモチーフのライダーは「ストロンガー」のみであった。

平成ライダーになるとカブトムシ（7）、クワガタムシ（5）をモチーフとしたライダーが12人と増えた一方、バッタ型（4）のライダーは減少した。ライダーのモチーフ昆虫は、昭和から平成にかけてバッタからカブト・クワガタムシに変化したのだ。

平成ライダーのカブト・クワガタ型のライダーの姿は、上半身に甲冑を付け

表3）昭和のバッタ型ライダーから平成のカブト・クワガタ型ライダーへの変化

| モチーフ昆虫 | 昭和ライダー | 役割 | 変化 | 平成ライダー | 役割 |
|---|---|---|---|---|---|
| バッタ | 1号 | メイン | メインからサブへ<br>バッタ型<br>ライダーの減少 | アナザーアギト | サブ |
| | 2号 | メイン | | キックホッパー | サブ |
| | スカイ | メイン | | パンチオッパー | サブ |
| | ブラック | メイン | | タトバ コンボ | メイン |
| | ブラック RX | メイン | | ガタキリバ コンボ※ | サブ |
| | 真（シン） | メイン | | | |
| | ZO（ゼット・オー） | メイン | | | |
| | J（ジェイ） | メイン | | | |
| カブトムシ<br>クワガタムシ | ストロンガー | メイン | カブト・<br>クワガタムシ型<br>ライダーの増加 | クウガ | メイン |
| | | | | G3 | サブ |
| | | | | ブレイド | メイン |
| | | | | ギャレン | サブ |
| | | | | カブト | メイン |
| | | | | ガタック | サブ |
| | | | | ダークカブト | サブ |
| | | | | コーカサス | サブ |
| | | | | ヘラクレス | サブ |
| | | | | ケタロス | サブ |
| | | | | ガタキリバ コンボ※ | サブ |

※ガタキリバ コンボは、クワガタ×カマキリ×バッタがモチーフ

た感じのデザインであり、甲虫の硬い体を強調したかたちとなった。もちろんカブトムシの角やクワガタムシの顎は、その形態的特徴として生かされている。体色は、下半身は黒色で上半身は赤色が使われるなど、バッタの緑色とは異なった。

仮面ライダーカブト／カブトムシ型『仮面ライダーカブト』（東映ビデオ）より

『仮面ライダー』シリーズは、重ねるごとにその物語やアクションなど、特撮ヒーローとしての様々な試みを求められたと考えられる。ヒーローのモチーフがバッタからカブト・クワガタムシへ変化した点について、制作者側の意図に関する資料はないが、いくつか考えられる点を挙げてみたい。

まずは、昭和ライダーにはバッタをモチーフとしたライダーが8人もいるので、新鮮味がなくなった点はある。バッタ以外の昆虫を考えた場合、正統派ヒーローとして

表4）カブト・クワガタムシがモチーフの仮面ライダー

| 和暦 | モチーフ昆虫名 | ライダー名 | 役割 | 登場媒体 |
|---|---|---|---|---|
| 昭和 | カブトムシ | ストロンガー | メイン | テレビ |
| 平成 | クワガタ | クウガ | メイン | テレビ |
| | クウガタ（クウガをモチーフに開発） | G3 | サブ | テレビ |
| | ヘラクレスオオカブト | ブレイド | メイン | テレビ |
| | クワガタ | ギャレン | サブ | テレビ |
| | カブトムシ | カブト | メイン | テレビ |
| | クワガタ | ガタック | サブ | テレビ |
| | カブトムシ | ダークカブト | サブ | テレビ |
| | コーカサスオオカブト | コーカサス | サブ | 映画 |
| | ヘラクレスオオカブト | ヘラクレス | サブ | 映画 |
| | ケンタウロスオオカブト | ケタロス | サブ | 映画 |
| | クワガタ×カマキリ×バッタ | ガタキリバ コンボ | サブ | テレビ |

「力強い、かっこいい」というイメージを持ったカブト・クワガタムシは、有力な候補であっただろう。

既に述べたが、昭和ライダーではカブトムシをモチーフとしたライダーは「ストロンガー」のみで、まだ新鮮であったと思われる。硬い外骨格が甲冑を思わせる甲虫の姿は、戦闘向きの昆虫型のヒーローとしては申し分なかった。

変化のきっかけとなった大きな出来事は、平成になって、海外産カブト・クワガタムシが輸入解禁（１９９９年）され、そのペットとしての飼育ブームが起こったことや、『甲虫王者ムシキング』（２００３年）という昆虫格闘ゲームが流行したという社会情勢に影響を受けたと著者は考えている。


海外産カブト・クワガタムシの輸入解禁は、世界の自由貿易を促進する国際機関であるＷＴＯ（世界貿易機関）が１９９５年に設立され、生物の移送も自由化が進んだ結果であり、日本では２００８年までに７００種以上が輸入自由になっていた（五箇・２０１０）。

この事実に平行するかたちで仮面ライダー作品では、クワガタムシがモチーフとなった「クウガ」（２０００年）、ヘラクレスオオカブトがモチーフとなった「ブレイド」（２００４年）、カブトムシがモチーフとなった「カブト」（２００６年）が次々と制作された。『劇場版仮面ライダーカブト』（２００６年）では、３種の海外産カブトムシ、コーカサスオオカブト、ヘラクレスオオカブト、ケンタウロスオオカブトがモチーフとなった「コーカサス」「ヘラクレス」「ケンタウロス」の各ライダーが登場した。

海外産のカブトムシがライダーのモチーフとして採用されたことは、これらのカブトムシが子供たちのあいだにも日本で広く認知されたことを示しているのだろう。

『甲虫王者ムシキング』（2003年）は、カブト・クワガタムシが甲虫の姿や性質をほぼ保持したまま戦う甲虫格闘ゲームである。プレイヤーがカブトムシやクワガタムシなどの甲虫が描かれたカードを駆使し、相手と対戦するトレーディングカードゲームであった。

このゲームにも多くの海外産カブト・クワガタムシが登場しており、子供たちのこれらの甲虫に対する認知度は急激に向上した。海外産の大型で大きな角や顎を持ったカブト・クワガタムシは、多くの子供たちにとって新しい昆虫ヒーローとなり、以前に比べ身近な存在となった（ペットとして購入し、飼育して自由に触れるのだ）。その「かっこよさ」や「力強さ」は、怪人と戦う特撮ヒーローの仮面ライダーのモチーフとしてふさわしかったと考えられる。

「海外産カブト・クワガタムシの輸入解禁」と『甲虫王者ムシキング』は平成以降の文化昆虫学的事象に、海外産のカブト・クワガタムシの認知・普及という大きな影響を与えたのではないかと思う。

仮面ライダーの「V3」「ドレイク」はトンボ、「スーパー1」はスズメバチ、「カリス」はカマキリムシ、「オルタナティブ」はコオロギ、「ギルス」はカミキリムシをそれぞれモチーフとしている。いずれも各昆虫の形態が生かされたデザインであり、子供たちもよく知っている昆虫であった。

最後に仮面ライダー・シリーズの数少ないヒロインとして、『仮面ライダーストロンガー』（1975年）に登場したテントウムシをモチーフとした「電波人間タックル」を紹介しよう。

不思議なことにタックルは、仮面ライダーとは呼ばれていない（派手な変身シーンもない）。戦闘力は高くはないものの、電波エネルギーによる電波投げ（手を触れずに相手を投げる）を得意技とし、戦闘員たちを投げ散らしてストロンガーを助けた。そのデザインは、赤と黒の色彩と、仮面にはナナホシテントウのような黒い斑紋があり、一目でテントウムシとわかる姿である。

電波人間タックル以降のテレビ特撮には、戦闘ヒーローはカブトムシ、クワガタムシ型で、戦闘ヒロインはテントウムシ型となる作品（『重甲ビーファイター』（１９９５年）、『ビーファイターカブト』（１９９６年））が知られている。その後、タックルは、映画『仮面ライダー×仮面ライダーW＆ディケイド MOVIE 対戦２０１０』でも登場し、仮面ライダー・シリーズの中でも印象的な女性キャラクターである。

テントウムシは小型であり、強さとは無縁に思えるが、ナナホシテントウのように幼虫も成虫も肉食性である点では戦闘向きとも考えられる。テントウムシの持つ女性的なイメージは、ヒロインとの親和性が高いと思われ、電波人間タックルがテントウムシ型であったことは、その後の日本の戦闘特撮ヒロインとそのモチーフとなる昆虫の対応設定に影響した可能性がある。タックルのモチーフをテントウムシに決めた原作者の意図を知る必要があるが、著者は残念ながらその資料を探し出せていない。

ストロンガーとタックル『仮面ライダー ストロンガー』（東映ビデオ）より

## 2 『仮面ライダー』に登場した怪人のモチーフ



『仮面ライダー』シリーズの特徴は、昆虫をモチーフとした特撮ヒーローであるが、敵役の怪人の存在も重要である。魅力的な悪役は戦闘ものには不可欠な存在だ。

昭和ライダー6作品（1号、2号、V3、エックス、アマゾン、ストロンガー）に登場した200体の怪人のモチーフとなった生物を調べると、コウモリが8体ともっとも多かった。昆虫の天敵として捕食者であるコウモリは、対戦相手として納得がいく。同様に昆虫を捕食するクモ、ヘビ、トカゲの怪人の数も多かった。一方、昆虫の寄生者が怪人となった例は見当たらなかった。

昭和ライダー6作品に登場した昆虫型怪人の頻度（表5）をみると、捕食性昆虫のカマキリがもっとも多く5体、カブトムシの頻度も4体と意外と多く、クワガタムシの2体と合わせると、6体となり目立つ存在であった。

カマキリは、逆三角形の頭部に鋭い目つき、大きな鎌状の前脚といった捕食者としての形態的特徴はとてもわかりやすい。多くの昆虫類の天敵であり、バッタ型のライダーにとって宿命のライバル的な存在であり、登場頻度がもっとも多い怪人という結果も納得できるものである。

登場した5体のカマキリ型怪人は「かまきり男」「ワシカマギリ」「カマキリメラン」「カマキリ獣人」「カマキリ奇械人」の特徴（表6）をみると、大きな鎌はすべての怪人の持つ特徴であり、鎖鎌や鎖分銅といった武器も2体の怪人が持っていた。

また、「口から白い泡を吐いて、相手を固めるあるいは麻痺させる」といった攻撃も見られる。これはカマキリの雌がたくさんの卵を泡状の物質で包み込む「卵のう」を作るという生態を示しているようで、この泡を武器として用いたものだ。

カブトムシは樹液をなめており、捕食性怪人のモチーフとはいえないが、カブトムシの硬い体は甲冑を、目立つ大きな角は武器としての印象が強く、「力の強さ」を持った昆虫である点が怪人の能力として評価されているのだろう。カブトムシはパワーの象徴なのだ。

登場した4体のカブトムシ型怪人（表7）は、「カブトロング」「イノカブトン」「プロペラカブトン」「カブト虫ルパン」であり、その攻撃方法は組み合わされた別の生物の特徴を用いたものが多く、「カブトムシの怪力＋特殊能力」の組み合わせのようである。

クワガタムシ型怪人の2体は、「ワナゲクワガタ」「クワガタ奇械人」であった。特に「クワガタ奇械人」は、頭部に大顎、腕も左右で大顎のように挟めるようになったかたちで、クワガタムシの顎を強調したデザインの怪人であった。昭和ライダーでは、バッタ型ヒーローVSカブト・クワガタムシ型怪人の戦いが代表的な対決のひとつだ。

表5）昭和ライダー６作品の昆虫型怪人の頻度

| 順位 | 怪人数 | モチーフになった昆虫 |
|---|---|---|
| 1 | 5 | カマキリ、ガ・チョウ |
| 2 | 4 | アリ、カブトムシ |
| 3 | 3 | ハチ |
| 4 | 2 | アブ、アリジゴク、セミ、ゴキブリ、カ、クワガタムシ |
| 5 | 1 | コオロギ、ホタル、カミキリムシ、シラミ、テントウムシ、ヘビトンボ、ゲンゴロウ、ハンミョウ |

表6）昭和ライダー6作品に登場したカマキリ型怪人の特徴

| 登場作品 | 怪人名 | 特徴・武器 |
|---|---|---|
| 仮面ライダー | かまきり男 | 左手が巨大な鎌、鎖鎌を武器にする |
| 仮面ライダー | ワシカマギリ | ワシ×カマキリ怪人、口から出す白い泡で相手を固める、左手の鎌状の刃、羽ミサイル |
| 仮面ライダーV3 | カマキリメラン | カマキリ×ブーメランの怪人、ブーメランを投げる |
| 仮面ライダーアマゾン | カマキリ獣人 | 両手が鎌、口から出す白い泡で麻痺させる |
| 仮面ライダーストロンガー | カマキリ奇械人 | 左腕の先にトゲ付きの鉄球が付いている鎖分銅、右手が鎌、両目ドクロ |

表7）昭和ライダー6作品に登場したカブトムシ型怪人の特徴

| 登場作品 | 怪人名 | 特徴・武器 |
|---|---|---|
| 仮面ライダー | カブトロング | 角から麻酔液を出し操る |
| 仮面ライダー | イノカブト | イノシシ×カムトムシの怪人、鼻から発狂ガス噴射 |
| 仮面ライダーV3 | プロペラカブト | プロペラ×カブトムシの怪人、プロペラを飛ばし攻撃する。 |
| 仮面ライダーエックス | カブト虫ルパン | アルセーヌ・ルパン×カブトムシの怪人、切れ味鋭いギロチンハットと呼ばれる防止で攻撃する |

表8）昭和ライダー6作品に登場したチョウ・ガ型怪人の特徴

| 登場作品 | 怪人名 | 特徴・武器 |
|---|---|---|
| 仮面ライダー | ギリーラ | アマゾンの毒チョウ怪人、成虫型、猛毒鱗粉、口から毒矢 |
| 仮面ライダー | ドクガンダー | 成虫型：ヤママユガ似、飛翔能力あり、指先からミサイル<br>幼虫型：口から発火性の液体 |
| 仮面ライダー | エイドクガー | エイ×毒ガの怪人、成虫型、口から毒粉、右手は銛 |
| 仮面ライダーV3 | 殺人ドクガーラ | 毒ガの怪人、成虫型 |
| 仮面ライダーストロンガー | 奇人械ケムンガ | 成虫型、幼虫型：ドクガラン |

チョウ・ガをモチーフとした怪人5体（表8）は、「ギリーラ」「ドクガンダー」「エイドクガー」「殺人ドクガーラ」「奇人械ケムンガ」であった。幼虫と成虫がまったく異なる外見と生態を持っているため、同じ怪人だが幼虫型と成虫型が存在する怪人が含まれていた（たとえば「ドクガンダー」の幼虫と成虫怪人）。成虫は飛翔して攻撃できること、鱗粉が毒を持つなど武器として使用できる場合が多かった。

ガの幼虫を触るとかぶれる症状や成虫の翅から鱗粉が落ちる特徴が、怪人のイメージと結びついたのであろう。チョウには「毒蝶」、ガには「毒蛾」という表現が知られ、怪人の名称にも多用されていた。

平成ライダー12作品（クウガ、アギト、龍騎、ファイズ、ブレイド、ヒビキ、カブト、電王、キバ、ディケイド、ダブル、オーズ）の533体の怪人について、昆虫がモチーフとなったものを調べた（表9）。これら平成ライダーの中で、クウガ、ブレイド、カブトの3作品が、カブト・クワガタムシ型のライダーである。

平成ライダーでも捕食性昆虫のカマキリがもっとも頻度が高いこと（9体）に変わりはなかったが、12作品のうち8作品で登場し、作品によって偏ることはなかった。一方、ハチの頻度が上がった理

表9）平成ライダー12作品の昆虫型怪人の頻度

| 順位 | 怪人数 | モチーフになった昆虫 |
|---|---|---|
| 1 | 9 | カマキリ、ハチ |
| 2 | 6 | バッタ、ガ・チョウ、セミ |
| 3 | 5 | カブトムシ、コガネムシ |
| 4 | 4 | アリ |
| 5 | 3 | ヤゴ・トンボ、クワガタムシ、シロアリ |
| 6 | 2 | カミキリムシ、テントウムシ、ゴキブリ、スズムシ |
| 7 | 1 | カメムシ、ホタル、スズムシ、ノミ、ハエ、カ、コオロギ、カゲロウ、シデムシ、コノハムシ、バイオリンムシ、アリジゴク、ハサミムシ、アブ、アブラムシ、オトシブミ |

由は『仮面ライダー龍騎』に、スズメバチ、ジガバチ、ミツバチ、クマバチ、ツチバチの4体が登場したことが理由。作品による偏りがあった。

バッタ（6体）の頻度が急上昇したことは、もっとも特徴的な現象であった。

昭和ライダー6作品ではバッタの怪人はゼロであり、バッタのモチーフはヒーローから怪人へと見事に移行したことになる。バッタは害虫としてのイメージが強く、怪人のモチーフとして用いられてもおかしくないが、昭和ライダーではヒーローのモチーフがバッタなので、怪人としては採用しにくかったのだろう。ただし、昭和ライダーにも複数の「にせ仮面ライダー」が登場しており、これはバッタがモチーフだが本来の怪人ではないので、昭和ライダーの怪人のモチーフからは除いてある。

カブト・クワガタムシについては、カブトムシ5体、クワガタムシ3体で、昭和ライダーの場合と大きな変化はなかった。これはカブトムシ型ヒーローVSカブトムシ型怪人の対決の頻度が高くなったということだ。特に『仮面ライダーブレイド』（2004年）では、ライダーと怪人のモチーフの両方が、海外産カブト・クワガタムシ同士という対決まで実現した。昆虫対決という意味では、平成ライダーは真にカブト・クワガタムシの時代であった。

平成ライダーの昆虫型怪人では、昭和ライダーの怪人に比べ、マイナーな昆虫種をモチーフとした怪人が増えた。たとえば、バイオリンムシ、コノハムシ、シデムシなどである。

『仮面ライダーカブト』に登場した怪人は、渋谷に落下した隕石とともに現れたワームと呼ばれる昆虫に似た地球外生命体という設定であり、多種の昆虫がモチーフとして採用されたことが、昆虫種が増えた理由である。登場怪人のうち、半分は昆虫型怪人だった『仮面ライダーカブト』は、シリーズの中でも特筆すべき作品である。

## 3 『ウルトラマン』シリーズに登場した昆虫をモチーフとした怪獣

日本の代表的な特撮ヒーローに『ウルトラマン』シリーズがある。テレビ放映、映画、ビデオと様々な媒体で現在まで継続して作品が制作されている。

ウルトラマンは光の国（M78星雲）から地球にやってきた宇宙生命体であり、地上では人間の姿となり、変身してウルトラマンとなる。そのサイズは巨人であり（人間大も可能）、巨大怪獣や宇宙人から地球を守る設定になっている。ウルトラマンは人型で飛行可能であり、パンチやキックのアクションもあるが、最後はエネルギー光線で怪獣を退治する攻撃が主である。

その姿には共通したデザインがあり、昆虫をモチーフとしたウルトラマンは存在しない。しかし、その対戦相手である怪獣や宇宙人には、様々な生物がモチーフとなったものがみられ、昆虫型怪獣も存在した。

これら『ウルトラマン』シリーズに登場する怪獣は「ウルトラ怪獣」と呼ばれ、１９６６年に円谷プロダクションで制作され、テレビ放映された『ウルトラQ』に登場する様々な怪獣が最初の作品であった。以降、ウルトラ怪獣の表記には怪人も含んでいる（特に人型宇宙生物）が、厳密には使い分けていない。

１９６６年公開の『ウルトラQ』から２００５年公開の『ウルトラマンマックス』に登場したウルトラ怪獣・宇宙人１０９１体

『ウルトラマン』（ハピネット・ピクチャーズ）より

の中から、昆虫をモチーフにしたものをピックアップすると、30体が確認できた（表10）。『ウルトラマン』シリーズの怪獣のモチーフは、文字通り獣（けもの）が基本であり、昆虫の頻度はとても低く2・7％であった。

昆虫型怪獣の頻度をみると、昆虫の特徴を持っているが特定の昆虫種を決められない怪獣が9体、甲虫のような特徴を持った怪獣が3体であった。昆虫種を特定できる特徴が確認できたもので、もっとも頻度が高かったのはセミ（6体）で、カブト・クワガタムシ（4体）、ガ・チョウ（4体）、アリ（2体）、バッタ（1体）、ホタル（1体）の順であった（表11）。

昆虫種を特定できた怪獣でもっとも頻度が高いのは、セミ型怪獣で6体である（表12）。そのなかの2体は『ウルトラQ』と『ウルトラQ ダークファンタジー』に登場したセミ人間とセミ女で、人型の怪人であった。『ウルトラQ』にはウルトラマンは登場しないが、これに続く『ウルトラマン』シリーズでも人気が高い怪獣や怪人が登場した。

たとえば、ガラモン、カネゴン、ケムール人、セミ人間である。セミ人間は、人間のカラダにセミの頭を付けたシンプルな造形であるが、リアルなセミの顔が地球離れした宇宙人としてインパクトが強く残り、特撮好きの視聴者には有名な昆虫怪人であった。

このセミのモチーフは、『ウルトラマン』に登場した宇宙忍者バルタン星人に繋がっていった（セミ人間にハサミを付けたイメージでデザイン画が描かれたという）。バルタン星人はセミをモチーフにした宇宙人なのである。

ウルトラ怪獣において、セミ人間やバルタン星人は代表的なキャラクターとなり、セミは昆虫型怪獣のモチーフとして、他の昆虫と比べて多用されたのではないかと著者は考えている。

セミをモチーフにしたバルタン星人は、ウルトラ怪獣の中でももっとも有名なキャラクターである。忍者のように分身の術を用いて戦い、大きな両手のハサミを揺らしながらの「フォッツ、フォッツ、フォッツ」という笑い声（?）もユニークで人気がある理由であろう。また、宇宙の放浪者であり、まだ定住地を得ていないようで、何度も地球にやってきている。

今回調べた『ウルトラマン』シリーズのうち、7作品に登場し、バルタン星人の王「サイコバルタン」や子供の「タイニーバルタン」など、著者が確認できたもので11体のバルタン星人が登場した（表13）。この登場回数を考えると、ウルトラ怪獣のモチーフとなった昆虫の中で、セミは群を抜いて多いといえるだろう。


「ゼットン」がウルトラマンを倒した場面をテレビで目撃した著者は、子供ながらに大きな衝撃を受けた。ウルトラマンが負けたら地球はどうなってしまうのか。しかしその後、「ウルトラセブン」が地球を守ってくれることに安堵した。

では、最強の怪獣ゼットンのモチーフは何だろうか？

その姿を正面から見ていてはなかなか答えにたどり着けない。ポイントは背中である。映像では後ろ姿は滅多に写っていないので、フィギュアなどで確認すると、見事な鞘翅（さやばね）があることがわかる。それは甲虫のカミキリムシのような鞘翅であり、ゼットンは甲虫をモチーフとした昆虫怪獣なのだ。頭の折れ曲がった一対の突起は触角のようにも見えてくる。

表 10）『ウルトラマン』シリーズにおける昆虫型怪獣のリストと特徴

| | 怪獣名 | モチーフ昆虫 | 登場作品 | 公開年 | 特徴・武器 |
|---|---|---|---|---|---|
| 1 | セミ人間 | セミ | ウルトラQ | 1966 | ロボット怪獣ガラモンを操る |
| 2 | バルタン星人 | セミ、ハサミ | ウルトラマン | 1966 | ハサミから破壊光線 |
| 3 | アントラー | アリジゴク、カブトムシ、クワガタムシ | | | 電磁波光線を出す |
| 4 | ゼットン | 甲虫型、カミキリムシ | | | 両腕から波状光線、顔面から光弾、テレポート能力 |
| 5 | ダリー | 宇宙細菌・昆虫型 | ウルトラセブン | 1967 | 人間を吸血鬼にする。口から泡状物質を吐く |
| 6 | ノコギリン | クワガタムシ | 帰ってきたウルトラマン | 1971 | 角からレーザー光線、両手にハサミ |
| 7 | キングマイマイ | 幼獣・イモムシ | | | お尻から爆発性のガスを噴射 |
| 8 | キングマイマイ | 成獣・ガ | | | 口から粘液、高速で飛ぶ |
| 9 | アリブタン | アリ | ウルトラマンエース | 1972 | 口から霧状の蟻酸を吐く |
| 10 | ドラゴリー | ガ、成虫 | | | 口から火炎放射、両腕からロケット弾 |
| 11 | ホタルンガ | ホタル | | | 頭部から溶解液を出し溶かす |
| 12 | ゼミストラー | セミ | | | 無重力光波で重力をコントロール |
| 13 | アリンドウ | アリ | ウルトラマンタロウ | 1973 | 口から火炎と蟻酸を出す |
| 14 | ケムジラ | ケムシ | | | 口から毒糸、お尻からイエローガスを出す |
| 15 | キングゼミラ | セミ | | | 大きな声で鳴いて騒音、口から高熱火炎 |

表 11）昆虫がモチーフになったウルトラ怪獣の頻度

| 順位 | 怪獣数 | モチーフになった昆虫（※） |
|---|---|---|
| 1 | 9 | 昆虫型（種名は特定できない） |
| 2 | 6 | セミ |
| 3 | 4 | カブト・クワガタ、ガ・チョウ |
| 4 | 3 | 甲虫型（種名は特定できない） |
| 5 | 2 | アリ |
| 6 | 1 | バッタ、ホタル |

（※）『ウルトラ Q』から『ウルトラマンマックス』まで

表 10)『ウルトラマン』シリーズにおける昆虫型怪獣のリストと特徴

| | 怪獣名 | モチーフ昆虫 | 登場作品 | 公開年 | 特徴・武器 |
|---|---|---|---|---|---|
| 16 | サンタビートル | カブトムシ | ウルトラマンレオ | 1974 | 口から毒煙、毒ゴミ、胸からロケット弾 |
| 17 | バーミン星人 | 昆虫星人、昆虫型 | | | 両手から猛毒ガス |
| 18 | グワガンダ | クワガタムシ | ウルトラマン 80 | 1980 | 巨大顎が武器 |
| 19 | マジャバ | イナゴ | ウルトラマングレート | 1990 | 手に強大な鎌、口から毒ガス。雌雄登場 |
| 20 | シルドロン | 変異昆虫、昆虫型 | ウルトラマンダイナ | 1997 | 高純度のエネルギーが好物、頭のセンサーで動きを知る |
| 21 | クローンシルドロン | 変異昆虫、昆虫型 | | | 両手がハサミ状 |
| 22 | ダイオリウス | 宇宙昆虫、昆虫型 | | | 宇宙船に卵を産む |
| 23 | ゴキグモン | 甲虫型 | ウルトラマンガイア | 1998 | 月の裏側から飛来、ビルに繭を作り卵を産む |
| 24 | ドビシ | 破滅魔虫、昆虫型 | | | 世界を闇につつむ魔虫 |
| 25 | カイザードビシ | 無数のドビシ合体、昆虫型 | | | 強大な鎌 |
| 26 | シルドバン | セミ | ウルトラマンネオス | 2000 | 強大な鎌、バッカクーンに寄生される |
| 27 | カオスバグ | 昆虫型 | ウルトラマンコスモス | 2001 | 触角から光線 |
| 28 | バグバズン | 様々な昆虫合体、昆虫型 | ウルトラマンネクサス | 2004 | 翅があり高速で飛ぶ、両腕にかぎ爪あり |
| 29 | セミ女 | セミ女 | ウルトラＱダークネス | 2004 | 長いムチを使う |
| 30 | バグダラス | 甲虫型 | ウルトラマンマックス | | 隕石の中にいた、吸引ビームで人間の生体エネルギーを吸い取る |

表 12)『ウルトラマン』シリーズに登場したセミ型怪獣

| 登場作品（※） | 公開年 | 怪獣名称 |
|---|---|---|
| ウルトラＱ | 1966 | セミ人間 |
| ウルトラマン | 1966 | 宇宙忍者バルタン星人 |
| ウルトラマンエース | 1972 | セミ怪獣ゼミストラー |
| ウルトラマンタロウ | 1973 | セミ怪獣キングゼミラ |
| ウルトラマンネオス | 2000 | 昆虫怪獣シルドバン |
| ウルトラＱダークファンタジー | 2004 | 遊星怪人セミ女 |

（※）『ウルトラＱ』から『ウルトラマンマックス』まで

ゼットンもバルタン星人と同様にとても人気があるウルトラ怪獣であり、4作品に登場している（表14）。ゼットンは、いつも異なった宇宙人に指令を受けて操られているため、宇宙にはゼットンを多数維持管理して派遣する組織があるのかもしれない。

『仮面ライダー』シリーズの昆虫型怪人において圧倒的に高頻度だったモチーフは、カマキリであった。ウルトラ怪獣ではこのカマキリ型の怪獣はまったく登場しなかったのである（対象は『ウルトラQ』から『ウルトラマンマックス』に登場したウルトラ怪獣）。大きな鎌を持ったカマキリは強そうな怪獣のモチーフとしても有力と思われたが、不思議なことだ。

仮面ライダーのモチーフは昆虫（バッタなど）のため、カマキリはその捕食性天敵であり、対決相手としてふさわしかった。しかし、ウルトラマンは宇宙人（エイリアン）なので、地球の生物間に存在する「食物連鎖」の関係がまったく想定できず、カマキリは対決相手として怪獣のモチーフとはならなかったと著者は考えている。

ガ・チョウは、成虫の場合は翅があり飛翔できること、幼虫（イモムシ、ケムシ）の場合は、触るとかぶれるイメージが怪獣のモチーフ

表13）『ウルトラマン』シリーズにおける宇宙忍者バルタン星人の登場作品

| 登場作品（※） | 公開年 | 怪獣名称 |
| --- | --- | --- |
| ウルトラマン | 1966 | 宇宙忍者バルタン星人 |
| ウルトラファイト | 1970 | バルタン |
| 帰ってきたウルトラマン | 1971 | 宇宙忍者バルタン星人ジュニア |
| ウルトラマン80 | 1980 | 宇宙忍者バルタン星人（2体） |
| ウルトラマンパワード | 1993 | 宇宙忍者バルタン星人（2体）、サイコバルタン |
| ウルトラマンコスモス 劇場版 | 2001 | 宇宙忍者バルタン星人 |
| ウルトラマンマックス | 2005 | タイニーバルタン（子供）、バルタン |

（※）『ウルトラQ』から『ウルトラマンマックス』まで

として採用されるポイントである。

たとえば『帰ってきたウルトラマン』に登場した「キングマイマイ」は、幼獣と成獣が存在し、ガの幼虫と成虫に相当した怪獣であった（怪獣名はマイマイガからきているのか？）。ウルトラ怪獣のカラダはどっしりとした獣型が多く、これに翅が付いてもデザインとしては不自然な感じになってしまう場合もある。

カブト・クワガタムシをモチーフとした怪獣としては『ウルトラマン』の「アントラー」、『帰ってきたウルトラマン』の「ノコギリン」、『ウルトラマンレオ』の「サタンビートル」が挙げられ、カブトムシの角やクワガタムシの大顎が特徴である。カブト・クワガタムシの持つイメージである「力強さ」が怪獣に結び付いたものと考えられる。アントラーは『ウルトラマンマックス』で再び登場した。

## 4 蛾がモチーフとなった巨大怪獣『モスラ』

１９６１年、東宝映画株式会社が巨大なガの特撮怪獣映画『モスラ』を公開した。巨大なガの怪獣が妖精（小美人）を救出するという物語は、昆虫を好意

表 14）『ウルトラマン』シリーズにおける宇宙恐竜ゼットンの登場作品

| 登場作品（※） | 公開年 | 怪獣名称 |
|---|---|---|
| ウルトラマン | 1966 | 宇宙恐竜ゼットン |
| 帰ってきたウルトラマン | 1971 | 宇宙恐竜ゼットン |
| ウルトラマンパワード | 1993 | 宇宙恐竜ゼットン |
| ウルトラマンマックス | 2005 | ゼットン |

（※）『ウルトラQ』から『ウルトラマンマックス』まで

的に描いた映画として、世界的にも珍しい事例であった。

ハリウッドでは1950年代後半に、巨大な昆虫やタランチュラを描いた5本の映画（『放射能X』（1954年、巨大アリ）、『タランチュラ』（1955年、巨大タランチュラ）、『滅亡の始まり』（1957年、巨大バッタ）、『恐怖のカマキリ』（1957年、巨大カマキリ）、『吸血原子蜘蛛』（1958年、巨大タランチュラ）が公開されたが、これらの映画は実物の生物を単純に巨大化したような映像に過ぎなかった。

しかし『モスラ』は、蛾をモチーフとした巨大怪獣という架空の生物を創作した点に特徴がある。しかも、卵、幼虫、繭（蛹）、成虫と昆虫類の完全変態をみせながら、巨大昆虫のサイズ感をミニチュアで作り上げた建物（街並み）と対比しながら描いていた。

これは同じ東宝で制作された怪獣映画『ゴジラ』（1954年）の映像と同様であり、当時の日本の特撮技術の粋を集めた作品であった。現在ではCG処理によりビルの破壊場面も描ける技術が開発されているが、当時はミニチュアを使った職人的技術であった。

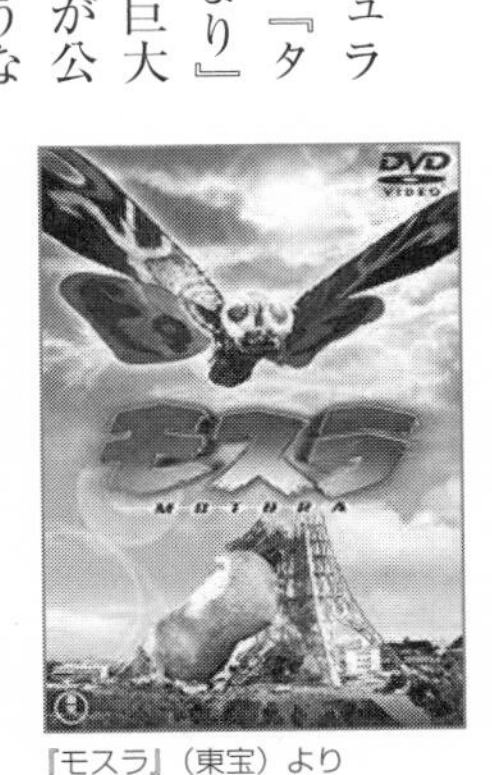
『モスラ』（東宝）より

モスラの姿は、明らかに昆虫分類学上のチョウ目に位置する種類である。その幼虫や繭の形態はカイコガ科のカイコガ（蚕）に似ている。一方、成虫の翅の斑紋をみると、カイコガよりもずっと派手で色彩豊かな目玉模様を持つ点で、ヤママユガ科に近い感じがする。

成虫のカラダの毛が長いモフモフ感は、カイコガ科とヤママユガ科の共通の形態である。巨大な蛾は、一般的には観客に嫌悪感を与えそうであるが、モスラは日本の多くの観客に支持された。その大きな理由は、モスラの姿はカイコガに似ている印象を観客に与えたからではないかと著者は思う（宮ノ下・２００５）。日本人にとって絹産業を支えたカイコガは、昔からもっとも身近な蛾類（制作者にも観客にも）として印象が良く、受け入れやすかったのだ。

モスラのモチーフはカイコガという解釈は、『モスラの精神史』（講談社／小野俊太郎・２００７）でも記されていた。小野氏は映画『モスラ』の原作小説『発光妖精とモスラ』には、幼虫モスラが海を渡って日本に向かっているのを見た船員は、「おい、でっかいカイコが泳いでいるぞ」という記述があることを指摘している。また、発光妖精と呼ばれる小美人たちは、機織りをしているという。原作小説執筆者側にはカイコのイメージがあったと考えられる。

一般的な娯楽映画において昆虫を主役にすることは稀で、その多くは映画の本筋から離れた脇役に過ぎない。しかし、モスラは怪獣映画の主役であり、昆虫らしさは怪獣らしさに繋がる部分として、昆虫に特有な完全変態という現象を見所として生かしている。

モスラ幼虫は巨大な卵から孵化し、海を渡って日本にやってくる。幼虫は渋谷駅付近の建物を破壊しながら徘徊し、東京タワーに繭を作って成虫が羽化するのだ。巨大幼虫が街中を動き回り、巨大な蛾が上空を飛翔する非日常感は特撮の醍醐味である。特に第1作『モスラ』に登場する幼虫は、大きな着ぐるみに大人10名ほどが入ってその動きを映像化しており、その後のモスラが登場する作品の中でもっとも迫力ある幼虫になっていると評判が高い。

幼虫の脱皮は映画では描かれていない。日本に上陸した幼虫は終齢だったということだろう。成虫の形態を見るとカイコガ感を出しながらも、翅の斑紋は色彩感豊かな目玉模様があり、ユニークなデザインとなった。

また、普通、昆虫の脚の先端には2本の爪があるが、モスラはまるで鳥のような3本の指で物を掴むことができる。モスラの卵や脚の形態は、鳥類に近い特徴を持っていることがわかる。このように変態して形が変わっていく昆虫型怪獣の特徴は映像としても見どころである。

『モスラ』のように、昆虫の変態を正面からダイナミックに描いた映画を著者は知らない。2016年に公開されたゴジラ映画の最新作『シン・ゴジラ』では、海から陸に上がったゴジラの形態が複数の形態を経て、最終形態のゴジラの姿に近づいていく。著者はこのゴジラの変化にモスラ映画との類似性を感じた。



表 15）モスラが登場する特撮怪獣映画作品 14 作品

| 公開年 | 映画タイトル | 主な登場怪獣 |
|---|---|---|
| 1961 | モスラ | モスラ |
| 1964 | モスラ vs ゴジラ | モスラ、ゴジラ |
| 1964 | 三大怪獣 地球最大の作戦 | ゴジラ、モスラ、ラドン、キングギドラ |
| 1966 | ゴジラ・エビラ・モスラ 南海の大決闘 | ゴジラ、エビラ、モスラ、大コンドル |
| 1968 | 怪獣総進撃 | ゴジラ、ミニラ、アンギラス、ラドン、モスラ |
| 1992 | ゴジラ vs モスラ | ゴジラ、モスラ、バトラ |
| 1994 | ゴジラ vs スペースゴジラ | ゴジラ、スペースゴジラ、フェアリーモスラ |
| 1996 | モスラ | モスラ、デスギドラ |
| 1997 | モスラ２ 海底の大決戦 | モスラ、フェアリーモスラ、ラダガーラ、ゴーゴ |
| 1998 | モスラ３ キングギドラ来襲 | モスラ、フェアリーモスラ、原始モスラ（幼虫）、キングギドラ |
| 2001 | ゴジラ・モスラ・ギングギドラ 大怪獣総攻撃 | ゴジラ、バラゴン、モスラ、キングギドラ |
| 2003 | ゴジラ×モスラ×ギングギドラ 東京 SOS | ゴジラ、モスラ |
| 2004 | ゴジラ FINAL WARS | ゴジラ、モスラ、ミニラ、ラドン、アンギラス、カイザーギドラ |
| 2019 | ゴジラ キング・オブ・モンスターズ | ゴジラ、モスラ、ラドン、キングギドラ |

モスラが登場した映画は、１９６１年公開の『モスラ』から２０１９年公開のハリウッド映画『ゴジラ キング・オブ・モンスターズ』まで14作品が挙げられる（表15）。具体的には、日本の『モスラ』シリーズに4作品、『ゴジラ』シリーズに9作品、ハリウッド版『ゴジラ』の特撮怪獣映画に1作品に、モスラは登場してきた。世界の怪獣王ゴジラに並び、モスラは昆虫型怪獣としてユニークな存在として有名なのだ。

１９６０年代に公開された『モスラ』『モスラ対ゴジラ』『三大怪獣 地球最大の作戦』『ゴジラ・エビラ・モスラ 南海の大決闘』『怪獣総攻撃』で登場したモスラは、基本的に同じ造形である。『怪獣総攻撃』から14年公開された『ゴジラｖｓモスラ』のモスラは、脚の基節部分に生える毛がフサフサになり、全体的にモフモフ感が高まったデザインに変化した。ここまでのモスラは、あくまでも「南海のインファント島の守り神」としての怪獣という位置づけであった。

１９９６年から１９９８年に公開された『モスラ』『モスラ２ 海底の大決戦』『モスラ３ キングギ

『モスラ』（東宝）より

『モスラ２ 海底の大決戦』（東宝）より

『モスラ３ キングギドラ来襲』（東宝）より

ドラ来襲』は、平成モスラ3部作と呼ばれている。この3部作は必ず3人の子供たちが登場し、小美人（妖精）2人、謎の妖精ベルベラ（小美人とベルベラは『モスラ2』以降では三姉妹という設定に変化）、モスラ、敵役怪獣との物語が展開し、これまでのモスラ作品とは大きく異なり、子供たちをターゲットとした内容になっている。

妖精の2人は、いつもフェアリーと呼ばれる小型モスラ（翼長30センチ）に乗って移動している。モスラの位置づけも「地球の守り神」へと変化した。おそらく、地球環境問題が注目されつつあった社会情勢も物語の設定に影響を与えたと思われる。

怪獣映画にジュブナイル映画としての要素が加わり、子供たちに人気のある怪獣としてのモスラが誕生したといえる。

平成モスラ3部作では、従来の蛾をモチーフとした昆虫型怪獣を基本としながら、モチーフや能力が追加され、新しい形態のモスラが次々と登場したことも注目すべき点である。

『モスラ』（1996年）では、屋久島の縄文杉で繭を作り羽化した新モスラが登場した。このモスラは胴体がハチのメージで、翅は前翅を大きく後翅を小さくしたアゲハチョウタイプ、地色は若草色と緑色となった。また触角も櫛状に変化している。

『モスラ2』では、舞台は沖縄であり、海底から現れたニライ・カナイのピラミッドパワーで、虹色の翅を持った「レインボー・モスラ」になった。さらに、海中で敵と戦うために、水中で活動可能な「水中モード・モスラ（アクアモスラ）」に変身した。「アクアモスラ」は魚類のトビウオがモチーフとしてイメージされ、翅が大きく変化したデザインで、造型物ではなく初めてのフルCGで描かれた。

『モスラ３』では、モスラは過去にタイムワープしてキングギドラと闘うが、平成モスラ３部作の最終形態として「鎧モスラ」に変身する。このモスラの体表面は金属でコートされたように硬くなり、最終的には体当たりでキングギドラを倒した。

モスラの形態については、成虫は体の大きさ、翅の色や形、胴体のモフモフ感を表す毛の状態、触角の形などが作品ごとに異なっていた。一方、幼虫については、そもそもその色や形が地味であまりバリエーションがなかった。それが『ゴジラｖｓモスラ』では、幼虫の尾端にある三つ股の突起の中央が角状に変更された。

『モスラ３』で登場した原始モスラの幼虫は、色は変わらないが全体的にカラダがシワシワになり、大きな変化がみられた。尾端にある角状突起がどうなっていたのかは、映画の映像では確認できなかった。

日本の『ゴジラ』シリーズは、１９５４年に公開された『ゴジラ』から２０１６年の『シン・ゴジラ』まで29作品あり、そのなかで9作品にモスラは登場した。敵役として印象深いキングギドラの登場回数を上回っており、モスラの人気を知ることができる。

２０００年代に公開された『ゴジラ・モスラ・キングギドラ 大怪獣総攻撃』『ゴジラ×モスラ×メカゴジラ 東京ＳＯＳ』『ゴジラ FINAL WARS』のモスラは、一連の『ゴジラ』シリーズに登場するモスラの系統にあり、基本的には１９６０年代のモスラの形態を維持し、前述した平成モスラ３部作とは別の世界である。

『ゴジラ・モスラ・キングギドラ 大怪獣総攻撃』では、モスラはゴジラから日本を守る聖獣（海の神）として描かれた。またその形態も毛が長いタイプではなく、脚は従来の昆虫の脚に似て体節が明瞭で毛が目立たない硬いタイプに変更された。モスラの繭が湖に浮かんでいる光景は意外で印象的であった。『ゴジラ×モスラ×メカゴジラ 東京ＳＯＳ』でのモスラの形態は、毛の長いタイプを復活させており、特に前翅に長い毛が目立ったが、脚の毛は少ないタイプであった。『ゴジラ FINAL WARS』は、東宝ゴジラ映画の怪獣が総登場するお祭りのような映画であり、モスラの出番も少なかったが、その存在感を示している。

２０１９年に公開された『ゴジラ キング・オブ・モンスターズ』は、モスラがハリウッド映画に登場した作品だったが、ハリウッド版モスラの姿は、日本のモスラの形態とは大きく異なっていた。日本のモスラは、頭部は大きく胴体は毛深く、脚は短い。ハリウッドモスラは頭部は小さく、胴体や脚の毛は目立つことはなく、脚や翅は長くて発達していた。特に前脚はカマキリのそれのような鎌状に見え、翅は幅が狭く細長い形にデフォルメされた。

この映画に登場するゴジラ、キングギドラ、ラドンがいずれも日本の怪獣の姿に似せてデザインされたことを考えると、モスラの造形だけが大きく変更された印象がある。日本のモスラは昆虫の蛾をモチーフとしながらも、どこか鳥類の要素が含まれている。それが胴体の毛を長くしたモフモフ感や、卵や脚の形態に表われたデザインとなった。一方、ハリウッドモスラは、本来のモチーフである蛾類（昆虫類）を日本以上に意識したデザインに思える。

本作品の登場怪獣は、地球環境を守護する生態系の一部であると設定された。海底から現れるゴジラは、水、火山の溶岩を砕いて現れる。ラドンは、火、大地から飛翔する。モスラは土を象徴しているという。モスラは「怪獣の女王」と呼ばれ、特別な位置にいると設定されており、ゴジラを助けてキングギドラと闘った。

## 5 日本の特撮作品と昆虫

『仮面ライダー』『ウルトラマン』『モスラ』『ゴジラ』シリーズの各特撮作品は、１９５０年代後半から現在に至るまで制作され続けている人気シリーズであり、日本の特撮を代表する作品ばかりだ。『仮面ライダー』は、ヒーローも怪人も昆虫だらけのイメージであるが、近年のライダーは昆虫をモチーフとしない作品が主流である。しかし、ヒーローのデザインには昆虫の形態的特徴が継承されている。『ウルトラマン』は、昆虫の影響が少ない作品であるが、人気怪獣のバルタン星人やゼットンはいずれも昆虫をモチーフとした怪獣であり、昆虫は存在感を示している。映画『モスラ』『ゴジラ』シリーズに登場する巨大な蛾の怪獣であるモスラは、とてもユニークな存在である。特撮怪獣映画は日本のお家芸であり、世界に向けたインパクトも大きいものだ。

２０１９年に公開されたハリウッド版ゴジラ映画では、ついにモスラも世界デビューした。世界のモンスターを見渡せば、ドラゴンや恐竜をモチーフとした獣系が多く、昆虫系は一部に過ぎない。そのなかで巨大昆虫怪獣のモスラの存在は、ほかに例をみないものだ。

# 第5章 カプセルフィギュアと昆虫

宮ノ下明大

販売機に硬貨を入れてつまみを回せばカプセルが落ちてくる。カプセルの中には様々なものが入っているが、主流はフィギュアである。カプセルトイ（通称・ガチャガチャ）は、１９６５年にアメリカから輸入され55年以上経ち、再び注目されている（石田・２０２１）。１９８３年に『キン肉マン消しゴム』が累計で1億８０００万個を売り上げ、第1次ブームを引き起こした。１９９２年には、フィギュアに多様な色彩が可能となり、『ＨＧシリーズ ウルトラマン』がヒットし、第2次ブームとなった。

２０12年には、コップの縁に様々な姿勢で乗せられる女性のフィギュア『コップのフチ子』の登場により、第3次ブームに。２０２１年現在、第4次ブームが起っているという（福島・２０２１）。

# 1 カプセルトイの現状

日本のガチャガチャ協会の調べでは、その市場規模は２０１９年が３８０億～４００億円、毎月約３００シリーズが登場する。現在、映画館、ショッピングモールなどの様々な場所に販売機が並んでいる。著者がよく行くショッピングモールにも専門店ができ、いつも賑わっている。

このように大規模専門店の登場によって、女性やファミリー層を呼び込み、気軽に楽しめるようになったことは、第４次ブームの大きな特徴だろう。何が出るかは運次第で、欲しいものが出なくとも安価で楽しめることが魅力なのだが、最近は２５００円の高品質の大型フィギュアが登場するなど、その多様性が広がっている。

カプセルの中身は、バッチやシールの場合もあるが、大部分は小型のフィギュアである。昔は質が良くないものもあったが、近年は彩色されその造形の質も高くなっており、女性の購入者も増えている。そのフィギュアにはいくつかのタイプがある。

①実際の物品を精巧に小型化したミニチュア（文房具、家具、キャンプ用具、台所用具、ロッカー、仏像など）
②人気のキャラクター関連グッズ（ティズニー、ウルトラマン、すみっこぐらし、プリキュアなど）
③かわいいポーズの動物グッズ（合掌ポーズ、敬礼ポーズ、キャンプ、丸い寝姿など）
④おもしろグッズ（天ぷら、野菜の妖精など）

このカプセルトイの中から昆虫に関連したフィギュアを探してみよう。



## 2 昆虫カプセルフィギュアの特徴

ここに記したフィギュアの大部分は、2020年から2021年のあいだに著者が購入したものを対象とした。過去に販売された昆虫フィギュアも多数あるが、ここでは取り上げていないことをご承知いただきたい。また、昆虫フィギュア以外の関連フィギュアもその都度紹介する。

まずここでは、昆虫をモチーフにした立体物を「昆虫フィギュア」と呼ぶことにする。ガチャガチャのカプセル内に入るフィギュアの大きさは、一般的に実物のミニチュアとなるが、昆虫の場合は微妙だ。翅を持つチョウやトンボなどは、翅を開いた形で丸ごとフィギュアにするとミニチュアになる。甲虫類も、大型の海外産カブトムシ、クワガタムシは、丸ごとカプセルに入れたらサイズはミニチュアである。

しかし、実際の商品の多くは複数の部品からなる組み立て式のフィギュアとなる場合が多く、結果として実際の昆虫よりも大きめのサイズになっているものが多いのが現状で、昆虫フィギュアは一般的にミニチュアではない。

著者はガチャガチャの昆虫フィギュアを、大きく3つのタイプに分けたいと考えている。

1つ目は「実物をリアルに再現したフィギュア」である。近年、リアルであることはもはや普通仕様になりつつある。商品には、ミニチュア、ほぼ実物大、少し大きめ、大型の様々なフィギュアが混在しており、サイズにはあまりこだわっていないようだ。それより、形態的にリアルなことにプラスして、最近は「色彩」や「可動性」といった別の部分に付加価値を求める傾向がある。

2つ目は「いったいこれは何?」と思わず考えてしまう、「意外性を持ったおもしろフィギュア」である。だじゃれをフィギュアに仕立てた「だじゃれフィギュア」には思わず笑ってしまう。自由な発想はガチャガチャの商品の大きな魅力なのだ。これらは一風変わった商品として「ネタ系」フィギュアと呼ばれるものらしい(福島・2021)。

3つ目は、昆虫フィギュアではあるが、どちらかというとフィギュア以外のものとの組み合わせに特徴があるものだ。どことなく昭和時代のキャラメルに付いていた「おまけ」的な雰囲気がするので、「おまけフィギュア」と呼ぶことにする。

これらの3つのカテゴリーに分けて、昆虫フィギュアを紹介していきたい。

## 3 実物をリアルに再現したフィギュア

クワガタムシは、その大顎の形が様々で、デザイン性に優れた昆虫として人気がある。甲虫の中でも大型の種類が含まれ、カプセルに入るサイズにすればミニチュアになる可能性もある。

しかし、ガシャポン『いきもの大図鑑』（株式会社バンダイ）のクワガタムシフィギュアは、組み立て式の複数のパーツがカプセルに入っており、完成すると全長１５０ミリ、開張１６０ミリくらいの実際の虫より大型のフィギュアである。飛翔するクワガタムシの姿に組み立てて飾れるように、カプセルがその台となる。形態は頭部や大顎が実物よりその比率が大きくデフォルメされ、腹部の体節は可動式になっている。

ノコギリクワガタ（赤茶色）のほかにノコギリクワガタ（黒色）、ギラファノコギリクワガタ、ゼブラノコギリクワガタの計4種が発売されている。このフィギュアは、平均３００円のカプセルトイの中で、５００円であった。精巧で大型のかっこいいクワガタフィギュアの購入者としては、大人も想定されていたと思われる。同様に飛翔する昆虫の大型フィギュアとして、『スズメバチ』（オオスズメバチ、キイロスズメバチ、クロスズメバチ、ヒメスズメバチ、モンスズメバチ、チャイロスズメバチ、ヤドリスズメバチ）、『オオカマキリ』（（緑色型）腹部通常版、（緑色型）腹部膨張版、（褐色型）腹部通常版、（褐色型）腹部膨張版、（羽化直後色））がある。また、『アゲハチョウの幼虫』の大型フィギュア（ナミアゲハ、クロアゲハ、ナガサキアゲハ）は、終齢幼虫であり臭角の出し入れが可能である。

これらのフィギュアの大きな魅力は、クワガタムシ、スズメバチ、オオカマキリは、動きの感じられる飛翔フィギュアにしたことだろう。翅を閉

ノコギリクワガタ（全長 150 ミリ）
『いきもの大図鑑』より

キイロスズメバチ（全長 90 ミリ）
『いきもの大図鑑』より

オオカマキリ 腹部拡張版（全長 150ミリ）
『いきもの大図鑑』より

じた姿よりも動きが生じ、大型にしたことで迫力がより強化され、かっこいいフィギュアとなった。

オニヤンマは大型でトンボの中では人気が高い種類である。フィギュアにするなら成虫が普通と思われるが、『昆虫の森』シリーズ（株式会社タカラトミーアーツ）では、ヤゴと成虫の両方の姿になることが大きな特徴である。成虫の頭部、胸部、腹部が繋がった体を芯にして、ヤゴの体のパーツで外側から包み、頭部もヘルメットを被せるようにヤゴの頭部で覆い、最後に腹側から脚を付けると成虫がヤゴに変身した。ヤゴに組み立てた場合は、成虫の尾端部と翅は取り外すことになる。

著者は、オニヤンマの成虫フィギュアは過去に見たことがあるが、幼虫（ヤゴ）のフィギュアは珍しい。フィギュアとしては、成虫よりもヤゴのほうに希少価値があると思われる。このシリーズには、ほかにヘラクレスオオカブト、オウゴンオニクワガタ、コーカサスオオカブト、ミヤマクワガタの４種類がある。ミヤマクワガタは、前翅が開き背面が表現されていることが特徴のフィギュアであった。

ナミアゲハ 幼虫（全長 120 ミリ）
『いきもの大図鑑』より

ヤゴ（全長 70 ミリ）
『昆虫の森』シリーズより

ミヤマクワガタ（全長 90 ミリ）
『昆虫の森』シリーズより

オニヤンマ成虫（全長 80 ミリ）
『昆虫の森』シリーズより

ミツバチは人間に蜂蜜を提供し、植物の花粉媒介を助ける益虫として知られている。この『ミツバチ』（株式会社ターリン・インターナショナル）は、ミツバチの成虫、さなぎ、幼虫、蜂の巣の各種フィギュアである。著者が持っているのは、幼虫&蜂の巣三穴であり、ほかに女王蜂、雄蜂、働き蜂、さなぎ&蜂の巣二穴の4種類がある。昆虫だけではなく、蜂の巣のフィギュアもあり、集めると蜂の巣が再現できる点が特徴である。

チョウ目の幼虫であるイモムシやケムシは、その形態や色彩が嫌われる原因にもなるが、その多様性には驚かされる。『イモムシストラップコレクション イモコレ！』（KAIYODO）シリーズは、様々なイモムシのフィギュアをストラップにした人気フィギュアである。著者が持っているのは『イモコレ！』第4弾の中のオオムラサキの幼虫である。ほかにナミアゲハ、クロアゲハ、オオミノガ、ヒメジャノメの4種類がある。フィギュアの色彩や形態の精巧さが売りのフィギュアであり、値段も400円であった。

闘う昆虫といえば、やはりカブトムシとクワガタムシの対決が思い浮かぶ。『闘う昆虫のフィギュア～金銀バージョン～』（株式会社ハートワン）は、ネプチューンオオカブト、コーカサスオオカブト、ヘラクレスオオカブト、ゴホンツノカブト、カブトムシ、ミヤマクワガタの6種類で、各種金色と銀色の2種類の色彩型があり、合計12種類のフィギュアがある。

カブトムシが登場するカードゲーム『甲虫王者ムシキング』（セガ／2003年）の人気により、海外産の大型カブトムシの知名度も上がり、このフィギュアにも海外産のカブトムシが目立っている。著者が持っているのは、金色のゴホンツノカブトである。フィギュアの精巧さという点では少し雑な部分があるが、このフィギュアの特徴は、金、銀という豪華な色彩にしたことだろう。値段は200円と手頃であり、ミニチュアのフィギュアであった。著者の感覚では、短時間で売れ切れてしまったので、おそらく子供たちに人気が高かったフィギュアと思われる。

『STC 鱗翅学者の私的標本』アクリルマスコット（株式会社いきもん）は、実物のチョウの裏と表の画像をアクリル樹脂で閉じ込めたものと思われる。著者は、日本の国蝶であるオオムラサキとメタリックブルーが美しいメネラウスモルフォを持っている。

オオムラサキは、縦45ミリ、横（開張）47ミリ、厚さ4ミリ。メネラウスモルフォは、縦50ミリ、横（開張）55ミリ、厚さ4ミリであった。これらは厚さが4ミリしかなく、立体のフィギュアではない。また、前記2種のほかにツマベニチョウ、コノハチョウ、オオゴマダラ、ヤエヤマカラスアゲハ、スジグロカバマダラ、アサギマダラ、ルリタテハ、キアゲハの8種があり、いずれも翅の色彩や模様が美しい種類が選ばれている。

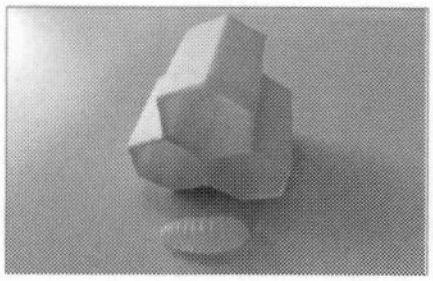

幼虫＆蜂の巣三穴
（幼：20 ミリ 巣の高さ：35 ミリ）
『ミツバチ』より

オオムラサキの幼虫（全長 60 ミリ）
『イモコレ！』より

ゴホンツノカブト（全長 60 ミリ）
『闘う昆虫のフィギュア』より

メネラウスモルフォ
（開張 55 ミリ）
『STC 鱗翅学者の私的標本』より

チョウの翅の模様は、一般に開いたときの表が印象的だが、実は裏面の模様も見事であり、鑑賞の価値がある。この商品は、裏面もしっかりと再現されている点が特徴といえる。類似の方法で昆虫類一般に応用できそうであるが、翅の模様が魅力のチョウが一番映えそうだ。

『スチームパンク昆虫 ギミックマスコット』（株式会社J・ドリーム）は、機械仕掛けの昆虫のミニチュアフィギュアである。著者が持っているのは、金属性で金色の全長45ミリ、開張70ミリのオオスズメバチで、腹部が開いて歯車などがみえる構造になっている。そのほかに、金色と銀色のヘラクレスオオカブト、金色と銀色のコーカサスオオカブトがあり、いずれのカブトムシも翅を開くと腹部の歯車が見える構造である。蒸気が動力源で、イギリスのヴィクトリア朝やエドワード朝の雰囲気がベースとなった世界観を持つスチームパンクの昆虫版フィギュアと思われる。

## 4 意外性を持ったおもしろフィギュア

カブト・クワガタムシの天ぷらフィギュアが『カブトム天』（有限会社シャイニング）である。黄色い衣からコクワガタの大顎が突出したのがコクワガ天（全長60ミリ）、カブトムシの角が突出しているのがカブトム天（全長80ミリ）である。「なぜ天ぷら？」と思わせる意外性が魅力だ。

このシリーズは、カブトムシ、ヘラクレスオオカブト、ピサロタテヅノカブトムシ、ケンタウルスオオカブト、ギラファノコギリクワガタ、コクワガタ、オオクワガタ、ニジイロクワガタの全8種（宮ノ下・2016）あり、クワガタムシの大顎やカブトムシの角の形から、衣に隠された甲虫の種類を推測することは意外と楽しい。その見た目からカニの爪天ぷらを連想したが、「カブトムシの天ぷらはちょっと勘弁」という苦笑い的な感覚になった。

カプセルに入っていた説明書によると、『カブトム天』の正体は妖精である。見た目はカブトムシ、クワガタムシの天ぷらのようだが、関連性は不明。飲食店のような騒がしい場所は好まず、主に人家の食卓でよく目撃されるという。キャッチコピーは「甲虫？ 天ぷら？ いえ、カブトム天です」であった。

このフィギュアの魅力は何なのだろう？ 昆虫そのものの姿は角や顎のごく一部なので、昆虫フィギュアそのものの魅力ではない。やはり天ぷら、それも昆虫を「リアル天ぷら」にしたという組み合わせの面白さなのだろう。「何それ～」と、ひと目でわかる瞬発的な笑いを届けてくれるのだ。

類似のフィギュアとして『サメフライ』（株式会社タカラトミーアーツ）がある。サメを丸ごとフライにしたミニチュアフィギュアで、著者が持っているのは、ネコザメフライだ。その形からフラ

オオスズメバチ（開張70ミリ）
『スチームパンク昆虫 ギミックマスコット』より

カブトムシ（全長80ミリ）
『カブトム天』より

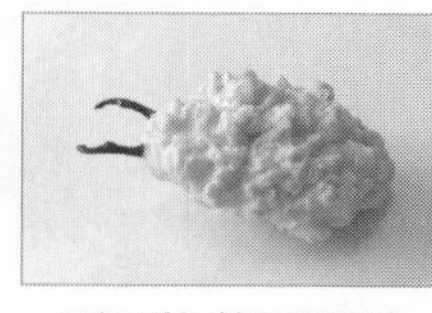
コクワガタ（全長60ミリ）
『コクワガ天』より

ネコザメフライ（全長45ミリ）
『サメフライ』より

イになったサメの種類が予想できる楽しさがあるのは、『カブトム天』と同様だ。切り身だと普通のフライであり、何も面白くないだろう。やはり、天ぷらフィギュアは、「あり得ない組み合わせのフィギュア」なのである。

カブトムシの名前の由来は、甲虫の外骨格の固い角の形から、鎧の兜の形に似ていることから付けられたものであろう。『兜むし』（株式会社タカラトミーアーツ）は、日本のカブトムシの頭部に本当の兜を装着したユニークなフィギュアである。日本の武士の兜を付けた『戦国の兜むし』、古代ローマの兜を付けた『古代ローマの兜むし』、バイキングの兜を付けた『バイキングの兜むし』、中世の兜を付けた『中世の兜むし』、野菜のカブを付けた『カブとむし』の5種類がある。世界の各時代の有名な兜を日本のカブトムシに被せたものだ。『カブとむし』は、「兜」の代わりに「野菜のカブ」を使った「だじゃれフィギュア」であり、「これは一本取られました！」と著者は脱帽であった。類似の「だじゃれフィギュア」には、野菜の妖精『すいか』（株式会社クオリア）がある。これは野菜のスイカと軟体動物のイカが合体した不思議なフィギュアである。身体は緑色で、頭の部分にスイカの縦縞模様があり、吸盤をもった10本の足が生えている。

著者は『ダイオウイカ』を持っているが、ほかにコウイカ、カギイカ、閉じているコウイカ、閉じているコウイカ（黄皮）、閉じているコウイカ（黒皮）の6種類がある。

カナブンは、カブトムシ、クワガタムシに比べると残念な感じの脇役であり、フィギュアに採用されることは珍しいと思う。『のたうつカナブン』（株式会社タカラトミーアーツ）は、文字通りの意味で、ひっくり返ったカナブンが起き上がろうと懸命にのたうつ動くフィギュアである。手動でネジをまくとゼンマイで可動し、ひたすらのたうつだけで起き上がることはできない。「だから何？」という感じだが、本当にそれだけなのだ。異なる色のフィギュア（ふつう、茶色、黒、銀、金）が5種類ある。おそらくこのフィギュアは、のたうつ動きで「カナブンあるある」をみんなで共有して楽しむものなのではと著者は思う。そう、猫好きが「猫あるある」で盛り上がるような感じである。このフィギュアの面白さを上手く説明できないが、コレを商品化した勇気を讃えようと思う。

『ブロック企画 昆虫』（株式会社 斎藤企画）は、複数のブロックのパーツが入っており、それを組み立てて昆虫を作る商品である。18個のブロックを用いて、著者は緑色のバッタを組み立てたが、今ひとつバッタに見えない。思った以上に組み立てに苦労し、ブロック組み立てに向いていないと実感した。ほかに、クワガタ、トンボ、ハチ、アリ、テントウムシの5種類あり、全6種類を集めれば、すべてのブロックを使用して合体昆虫を組み立てることができる。実物の昆虫をリアルに再現はでき

戦国の兜むし（全長60ミリ）
『兜むし』より

カブとむし（全長70ミリ）
『兜むし』より

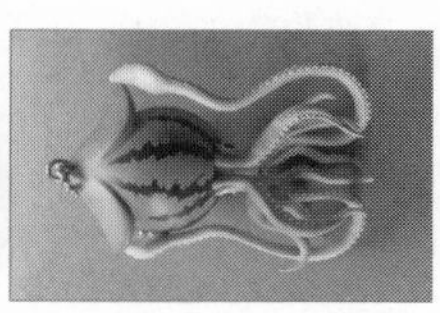
ダイオウイカ（全長70ミリ）
『すいか』より

カナブン（全長60ミリ）
『のたうつカナブン』より

バッタ（全長60ミリ）
『ブロック企画 昆虫』より

ないが、組み立てる楽しみや、その完成品の姿にはブロックならではの味がある。

『THE テントウムシ』（株式会社スタンド・ストーンズ）は、2匹のテントウムシの腹部を合わせた球体のフィギュアとして包装されたものが販売機から出てくる商品で、カプセルには入っていない。それぞれの半球体のテントウムシは、触角と脚を内部に収納した状態だが、その触角と脚を外に出して、普通のテントウムシフィギュアにもなる。著者が持っているのは、ナナホシテントウとキイロテントウの組み合わせで、そのほかに、ナナホシテントウとハイイロテントウ、スティールブルーテントウとヒメカメノコテントウ、フタモンクロホシテントウとアカホシテントウの3種類の組み合わせがある。

説明書には、球体状となったテントウムシをねじって2匹に分離し、それぞれ触角と脚を外に出して完成と記されている。完成形は2匹なのだ。しかし、このフィギュアの特徴は、2匹のフィギュアが球体に組み立てられることがポイントである。なぜならテントウムシは上から見ると円形で、形がちょうど半球体になる昆虫としてもっとも無理がないからだ。たとえばカブトムシの角、クワガタの顎はそれぞれ突出しているし、カラダの形も楕円形にはできても円形にはならないので、2匹を腹部で合わせても球体にならない。やはりテントウムシでなければ球体は成立しないのだ。

昆虫類の幼虫や蛹は、成虫に比べると普通は柔らかい。『リアル！むにゅっと触りたくなる！ありそうでない幼虫・蛹』（アイピーフォー株式会社）は、触感のリアルさを狙ったフィギュアである。手の平に載せると思ったよりも重く、表面は若干「べとつく」感じで、握るとはみ出した部分が「ぷくっ」と膨らむ触感がある。何ともいえないむにゅっとした弾力が特徴だ。

著者が持っているのは茶色のクワガタムシのさなぎで、全長75ミリ、幅30ミリ、厚さ35ミリ、重さ44・4グラムであった。そのほかにカブトムシ幼虫、クワガタ幼虫、オオクワガタ幼虫、カブトムシ蛹、謎の幼虫がある。

これは「おもしろフィギュア」であるが、ドッキリフィギュア的な使い方もできるだろう。目をつぶって手の平に載せられるとかなり気持ち悪いが、実際の幼虫や蛹はこのフィギュアほど弾力があるものではなく、もっと繊細な柔らかさである。握ったりしたらあっさりと潰れてしまうだろう。だから、このフィギュアの触感は実はリアルではなく、「イメージとしてのリアル」と言ったほうがいいと思う。そこを踏まえたうえで、思う存分、握り潰して欲しい。

『セミの抜け殻 ぷにゅぷにゅマスコット』（株式会社トイズスピリット）は、背中を割ったセミの幼虫が成虫に羽化する途中を柔らかい素材で作ったフィギュアである。全長は45ミリほど。大きさは、

ナナホシテントウとキイロテントウ
（全長 50 ミリ）
『THE テントウムシ』より

クワガタ虫のさなぎ（全長 75 ミリ）
『リアル！ むにゅっと触りたくなる！
ありそうでない幼虫・蛹』より

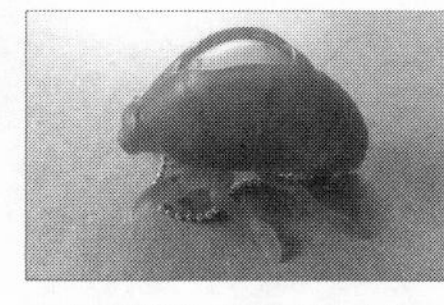

セミの幼虫（全長 45 ミリ）
『セミの抜け殻 ぷにゅぷにゅマスコット』より

ミンミンゼミやアブラゼミの羽化前の幼虫をひとまわり大きくした感じだ。そのままだと茶色いセミの幼虫の割れた背中から白い成虫の背中が見えるだけだが、側面を押し潰すことで白い体が上に飛び出るかたちになっている。

中身の白い成虫の背中の模様には、青、薄い緑、緑、茶、金色の5種類がある。前述のクワガタムシのさなぎフィギュアに比べ重量感やインパクトはないが、幼虫の背中から成虫が羽化する様に注目したところが特徴だ。セミの抜け殻は幼虫の脱皮殻であり、さなぎではない。しかし、さなぎのようにも見えるので、「むにゅ」とした素材が使われたのかもしれない。

クワガタムシ（全長80ミリ）
『ベンザオオクワガタ』より

『ベンザオオクワガタ』（有限会社シャインズ）は、カタカナ表記だと海外産クワガタムシにありそうな名前だが、「ベンザ」は「便座」の意味であり、顎の部分が便座の形に進化した全長80ミリのクワガタムシのフィギュアである。いわゆるクワガタの顎のように先端が分かれているタイプのオフホワイトとピンクのクワガタ、先端が閉じられ穴の開いたタイプのホワイトとブルーのクワガタがある。クワガタムシの顎を丸ごと便座に換えてしまうというシュールな雰囲気の発想は面白い。

説明書には、「トイレに住み着き仰天変化⁉」とあり、「ある日トイレに迷い込み、そのまま住み着いたオオクワガタは代々進化を重ねていき……この姿になった」という設定らしい。どういう選択圧がかかれば便座になってしまうのかまったく理解できないが……ベンザオオクワガタは間違いなく珍種といえる。

# 5 おまけフィギュア

『甲虫採集標本 ～ZOOM～』（株式会社エール）は、ノコギリクワガタ（全長65ミリ）が入った球体の虫籠のフィギュアであり、小さな黒い虫眼鏡も付いている。おそらく夏休みの昆虫採集や昆虫飼育を意識したフィギュアと思われる。虫眼鏡で籠の中の昆虫を観察するということだろう。

このフィギュアの特徴は、通常のプラスチックカプセルではなく、網状のカプセル型の虫籠に甲虫が入ったままで出てくる点だ。虫籠に入っている昆虫にはほかにカブトムシ、ミヤマクワガタ、コーカサスオオカブト、ヒラタクワガタ、ケンタウルスオオカブト、ギラファノコギリクワガタ、ヘラクレスオオカブト、ディディエールシカクワガタ、ネプチューンオオカブト、グラントシロカブト、オオクワガタの12種のミニチュアがある。

『リアル！昆虫入り虫かご』（株式会社J・ドリーム）は、横45ミリ、縦28ミリの四角い「虫籠」のミニチュアフィギュアであり、中にギラファノコギリクワガタ（全長40ミリ）などが入っている。籠や窓が開く構造になっており、虫籠との組み合わせは、マンティブラリスフマタクワガタとオオクワガタもある。また「飼育ケース」との組み合わせでは、金のコーカサスオオカブト、ヘラクレスオオカブト、オニクワガタがある。これらの虫籠と飼育ケースは、もっとも普通に販売されているもので、夏を意識したミニチュアフィギュアである。

『ざ・標本付き 昆虫百科事典 カブトムシ編』（株式会社トイズスピリッツ）は、紙箱（縦45ミリ×横30ミリ×厚さ15ミリ）を昆虫百科事典に見立て、箱の中にはアクティオンゾウカブトのミニチュアフィギュア（全長35ミリ）が入っている。ページは1枚で、表裏にカブトムシの説明がある。ほかにはヤマトカブトムシ、オキナワカブトムシ、アトラスオオカブト、コーカサスオオカブト、エレファスゾウオオカブト、ケンタウルスオオカブト、グラントシロカブト、ネプチューンオオカブト、ヘラクレスオオカブトの9種があり、これまで紹介したカブトムシフィギュアで最小のサイズである。

『カブトムシVSクワガタ ～バトルコレクション～』（株式会社クリエイション・コム）は、黒いクワガタムシ（全長40ミリ）と金色のコーカサスオオカブト（全長50ミリ）のミニチュアフィギュアである。カブトムシとクワガタムシのミニチュアフィギュアが2匹入って１００円と安価であり、カプセルの大きさも小型であった。フィギュアのリアル度は高くないものの2匹を同時に提供することで、カブトVSクワガタの対決をイメージしたと思われる。リアル度の甘さについては、その安価なことを考えれば仕方がないことだろう。そのかわりに片方を金色にして、色彩に特徴を付けたと考えられる。

ヘラクレスオオカブト、コーカサスオオカブト、ネプチューンオオカブト、カブトムシ、クワガタムシについて、それぞれ黒と金色のフィギュアがある。子供たちには人気があると思う。

# 6 カプセルトイにおける昆虫フィギュアと動物フィギュアの違い

昆虫フィギュアには、主に「リアルなフィギュア」と「おもしろフィギュア」があることを紹介してきた。「リアルなフィギュア」は手元に置いて飾り、鑑賞することに適しており、昆虫の大型飛翔フィギュアはその最たるものだろう。昆虫の形態の細かさはリアルさを追求するうえで良い題材であると思う。「おもしろフィギュア」は、意外性や驚きを提供することに適しており、それが「だじゃれフィギュア」としてかたちになることがある。これらの多くは、組み合わせの妙なのだ。

昆虫フィギュアの対象となる種類は、圧倒的に甲虫類（カブトムシ、クワガタムシ、カナブン、テントウムシ）が多い。その理由としては、子供たちに人気が高いことが挙げられるだろう。特にカブトムシ、クワガタムシのフィギュアはバラエティに富んでいる。カプセルトイの購入層は近年、大人や女性にも広がったが、その値段から考えても子供たちからの人気は大事である。１００円の

ノコギリクワガタ
（全長65ミリ／かご直径70ミリ）
『リアル！ 昆虫入り虫かご』より

ギラファノコギリクワガタ
（全長 40 ミリ）
『リアル！ 昆虫入り虫かご』より

アクティオンブゾウカブトムシ
（全長 35 ミリ）
『ざ・標本付き 昆虫百科事典 カブトムシ編』より

カブトムシ＆クワガタムシ
（全長 40 ～ 50 ミリ）
『カブトムシVSクワガタ～バトルコレクション～』より

商品も多数あり、安価な点は魅力である。

昆虫以外の動物では、擬人化することでフィギュアとなる事例がたくさんある。たとえば、お酒を飲むイヌやネコ、休憩するカエル、ネコ、クマ、体重を量るクマ、カバ、パンダ、ペンギン、敬礼する小鳥たちなどであり、人間の仕草を動物に当てはめてその姿を楽しむものだ。何だか見ていて、かわいかったり、癒やされたりする。

一方、昆虫ではこのようなフィギュアは見当たらず、一歩引いたかたちでフィギュア化されている。カブトムシに兜を被せるくらいが限界なのである。いわゆる動物と昆虫では、人間の感情移入できる程度が異なっており、昆虫に対しては明らかに感情移入しにくいからだと著者は思っている。



# 7 昆虫のぬいぐるみ あれこれ

著者は、昆虫をモチーフにした立体物を昆虫フィギュアと呼び、本章では主にカプセルトイとして販売されたものを対象にして紹介してきた。フィギュアという表現は、漫画やアニメのキャラクターを立体化した人形の印象が強く、手に取れる趣味的な対象物に使うことが多いのではないだろうか。そういう意味でカプセルトイは、フィギュアがぴったりな呼び名だと思う。博物館などに展示される大型のフィギュアは、たぶん「模型」と呼ばれるものである。

そのほかに、中に綿などを詰め、包み込むように周りを縫ってて動物や人形をかたどったものを「ぬいぐるみ」と呼んでいる。柔らかい素材で作られることが特徴で、モフモフ系の小動物が対象となることが多い。ぬいぐるみの世界は、背景も歴史も長く愛好家の裾野も広いと思われ、著者の語る範囲にはない。しかし、対象が昆虫であれば話は別である。昆虫は固い外骨格で覆われたイメージがあり、柔らかい素材で作られたぬいぐるみにはなりにくいと思われる。稀に昆虫のぬいぐるみも存在し、著者はその珍しさにつられて購入したものがある。具体的にはハエ、カブトムシ、オオクワガタ、カイコ幼虫である。

「この虫の組み合わせ、意味がわからない」と感じるかもしれないが、ハエ以外には共通することがある。カブトムシ、オオクワガタ、カイコ幼虫は、ミュージアムストアのグッズなのだ。国立科学博物館の企画展にちなんだグッズも含まれている。だた、これらフィギュアが企画展用の商品かどうかは定かではない。いずれもメーカーは異なった会社である。具体的に紹介しよう。

株式会社 栄商より発売された、カブトムシ成虫と幼虫のぬいぐるみ型パスケースである。成虫は角を含めた全長２５０ミリ、腹部の幅１４０ミリ、厚さ１２０ミリ。幼虫は楕円形で、縦１４０ミリ、横１７０ミリであった。成虫は茶色で卵型の胴体に短い角、触角、脚が付いており、手触りは柔らかくふかふかしている。パスケースとしてはかなり大きいが、ぬいぐるみとしては普通サイズだろう。

商品名が『ひっくりかえしてカブトムシ』とあるように、成虫の腹部周りのチャックを開き、ひっくり返すと幼虫になるリバーシブル構造である。成虫と幼虫の両方が楽しめるなんて、なかなか素敵である。国立科学博物館で特別展「昆虫」が開催されたときに購入した。

著者は購入した帰り道、せっかくなので秋葉原駅の改札でこのパスケースを一度だけピッと使ってみた。何の問題もなかったが、コレを使うと周りがビックリするだろう。いや、笑ってしまうと思う。

カロラータ株式会社から発売されている昆虫型ぬいぐるみストラップである。著者のものはオオクワガタ成虫で、サイズは角を含めた全長が150ミリ、腹部の幅60ミリ、厚さ40ミリであった。体色は黒色、体型は顎を除くと、上からみて長方形で、オオクワガタの雰囲気をよく表した姿になっていた。

素材はポリエステル、ポリエチレンで、つや消しの光沢感がある。黒く光沢のある眼、脚先の2本の爪にもリアル感を考慮したことをうかがわせる造形である。これも国立科学博物館で特別展「昆虫」が開催されたときに購入した。実はこのオオクワガタを選んだのは、著者の小学生の娘であった。購入後、しばらくはランドセルに付けて通っていた。素材の肌触りはふわふわした感じではないので、クワガタとしてあまり違和感はなく、十分にかっこいい。

『ちたまっこ』は、TSTアドバンス株式会社から発売されている、ぬいぐるみキーホルダーである。カイコガ幼虫のサイズは、全長10ミリ、腹部の幅40ミリ、高さ50ミリであった。体色は白色で、背面にある目玉模様の斑紋も再現し、カイコガ幼虫の特徴をよく捉えており、ひと目で種類を特定できた。国立科学博物館のミュージアムストアで購入したものだ。カイコガの幼虫がぬいぐるみになった経緯はよくわからないが、日本人にとっては馴染みのある蛾の幼虫であることは確かである。

2005年にオーストラリアへ旅行したとき、ケアンズのおみやげ屋で購入したハエのぬいぐるみ（株式会社ベストエバー）である。ハエの体は、ほぼ球形で、全長120ミリ、高さ80ミリで、片手の平にちょうど乗るサイズである。表面はたくさんの毛でモフモフ感を上手く出しており、ハエの特徴の大きな複眼がデフォルメされ、ぬいぐるみとしてかわいいハエが見事に表現されている。よく見ると、翅は形態学的に正しく2枚（昆虫の翅は本来4枚であるがハエは2枚に退化している）で、支脈まで描かれている。口器には、なめることに適した唇弁のような突起物が確認でき、このリアルさにはこだわりを感じてしまう（深読みし過ぎか？）。

著者は、イメージが悪いと思われるハエがぬいぐるみになったことにまず驚き、購入を即決した。胸部の色彩や模様から考えるとイエバエに見えるが、オーストラリアに牛が持ち込まれて以降、牛糞とともに大幅に数を増やしたブッシュフライ（フタスジイエバエの仲間）がモチーフかもしれない。

さらに、このぬいぐるみのユニークな点は、お腹を押さえるとブーンという羽音（翅を振動させる音）を発することである。この音との組み合わせにも「そこまで、よくやった！」と言いたい。

購入から15年を経た現在、電池切れか、残念なことにもう音はしなくなった。

カブトムシ成虫＆幼虫
（全長250ミリ）
『ひっくり返してカブトムシ』より

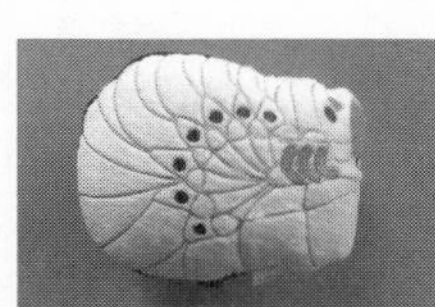
カブトムシ幼虫（全長170ミリ）
『ひっくり返してカブトムシ』より

オオクワガタ（全長150ミリ）
ぬいぐるみストラップ

カイコガ幼虫（全長10ミリ）
『ちたまっこ』より

ハエ（全長120ミリ）
ぬいぐるみ（オーストラリア産）

# 第6章 ゲームと昆虫

保科英人

ボードゲーム、カードゲーム、アーケードゲーム、テレビゲーム、パソコンゲーム、スマホゲームなどなど。この世に「ゲーム」と名が付くものは数多ある。そして、コンピュータの機能を使って動作するゲームを、世間ではコンピュータゲーム（≒電子ゲーム）と総称する。前述6種のゲームのうち、アナログのボードゲームとカードゲームを除く4種がコンピュータゲームに該当する。

１９７２年生まれの筆者が中学1年生の頃、ファミリーコンピュータ（ファミコン）ブームが起きた。よって、筆者はファミコンはもとより、その前のコンピュータゲームであるカセットビジョンやゲームウォッチを直接知る世代である。

その後、高校卒業時にはスーパーファミコン（スーファミ）、大学卒業約数か月前にはプレイステーション（ＰＳ１）とセガサターンが発売された。筆者はこの両テレビゲーム機種を買うと同時に、パソコンのＭＳ-ＤＯＳ（Windowsよりも前のＯＳ）マシンのＰＣ-９８０１もいじりはじめた。そして、大学院修士1年在学時に、Windows95が世に出た。この新しいＯＳによって、パソコンはマニア御用達の代物ではなく、一般家庭に普及したのは周知の通りだ。

その結果、パソコン用ゲームもまた、身近なものとなっていった。筆者個人はさほど熱中しなかったが、学生時代、友人たちとゲーセンのアーケードゲームで遊ぶこともしばしばであった。

こうしてみると、筆者のような70年代前半生まれは、コンピュータゲームの申し子の世代であることがわかる。テレビゲーム機はファミコンやスーファミのカセットと、PS1以降のCD-ROM、そしてパソコンならMS-DOSとWindows、いずれも新旧の機種を両方経験できた稀有な世代だからである（※1）。

さらに、アルバイトで自由に使えるカネを持てる大学生と大学院生時代に、90年代のスーファミとPS1のテレビゲーム隆盛期を迎えられた意義は大きい。その後、社会人になってもPS1→PS5、Windows95→Windows10と、テレビゲーム機種とパソコンOSをアップデートし続け、コントローラーとマウスを握りしめて、今に至ったのが筆者なのだ。

よそ様に自慢できるものではないが、筆者はコンピュータゲーム史の生き字引きである、と自負している。

現在、日本社会を構成する大きなピースと化したコンピュータゲーム。当然、その巨大な文化プラットフォームには、日本人の昆虫観が投影されている作品があるに違いない。

本章では、数々のコンピュータゲームに登場する昆虫たちを紹介することにする。

# 1 昆虫文化論にスマホゲーは使いづらい



筆者は令和2年の末、勤務する福井大学の学生115人に「次の電子ゲーム機器の中で、どの機種でもっとも頻繁に遊びますか?」とのアンケートを行った（複数回答不可）。その結果は次の通りである。

プレイステーション1〜5：27人
ニンテンドースイッチ：28人
ニンテンドー3DSないしはDSシリーズ：10人
プレイステーションVita：0人
マイクロソフトX-BOXシリーズ：0人
そのほかの据え置き型テレビゲーム機：0人
そのほかの携帯型ゲーム専用機：2人
パソコン：3人
スマートフォン：35人
電子ゲームをしない：10人

昨今、若者のテレビゲーム離れを聞くことがある。しかし、筆者が勤務するような地方国立大では、意外とテレビゲーム人気は根強いというべきか、携帯型ゲーム機を合わせると、半数以上はゲーム専用機で遊んでいるとの結果になった。スマホゲーと回答した学生は、3分の1にとどまった。

もちろん、アンケートで問うたのは「どのゲーム機でもっとも遊んでいるか」であって、スマホゲーを楽しんでいる学生は、3分の1だけではないはずだ。そこで、令和3年6月、同じく福井大学生145人に詳細な質問をぶつけてみた。

まず、この1年間に、テレビゲームや携帯ゲーム、パソコンゲーム、スマホゲームなどのコンピュータゲームを遊んだことがあるか、との問いに対し、

遊んだことがある：141人
遊んだことがない：4人

との回答が得られた。

次は、1年以内にプレイステーション・シリーズやニンテンドースイッチ、X-BOXなどのテレビゲーム機で遊んだか、と問いをしてみると、

遊んだことがある：111人
遊んだことがない：33人

との結果になった。

やはり若者のテレビゲーム機離れは嘘であったか。

3番目の問いは「1年以内に、プレイステーションVitaやニンテンドー3DS、DSシリーズなどの携帯ゲームで遊びましたか？」である。

遊んだことがある：71人
遊んだことがない：73人

携帯ゲーム機となると、ほぼ半々に分かれてしまった。

4番目の問いとして「1年以内に、パソコンのゲームで遊びましたか？ ただし、もともとパソコンを買ったときにインストールされているような、簡易なゲームは除きます」をぶつけてみると、

遊んだことがある：65人
遊んだことがない：79人

ここでようやく「遊んでいない派」が「遊んでいる派」を上回った。しかし、筆者の予想に反して、パソコンゲームのユーザーも意外と多い。まさか全員がエロゲを嗜んでいるとも思えないので、オンライン型のゲームをプレイしているのだろうか？

肝心要の最後の質問だが、「この1年以内に、スマートフォンのゲームで遊びましたか？ ただし、もともとスマホを買ったときにインストールされているような、簡易なゲームは除きます」という

問いに対して、

遊んだことがある：１４０人

遊んだことがない：４人

となった（※２）。

じゃんじゃん課金をするヘビーユーザーもいれば、無料プレイだけで満足しているライトユーザーの学生もいるだろう。とにかくスマホゲーの普及率は、本学でも圧倒的である。

今やスマホゲーの市場は大きく、文化面における影響は決して無視できるものではない。しかし本章では、スマホゲーには言及しないこととする。その理由は何か？

もちろん、筆者自身がスマホゲーで遊ばない、というのが最大の理由だが、ほかにもスマホゲーを取り上げたくない事情がある。仮に、とあるスマホゲーには、これそれの昆虫が登場し、このような扱いを受けている云々と、本書で考察したとしよう。しかし、スマホゲーは、配信期間が終了すれば、何人もアクセスできなくなり、第三者によるその考察の是非が検証できない、との致命的な弱点がある。ここがテレビゲームやパソコンゲームとは決定的に違う点である。スマホゲーは文化遺産として、のちの世に伝えにくい作りになっている。

以上のことから、本章で扱うコンピュータゲームはアーケードゲーム、テレビゲーム、パソコンゲームに限定する。

## 2 海外の生物学研究者が着目するポケットモンスター



『Journal of Geek Studies』というオンライン国際雑誌がある。“geek”とは、直訳すれば、変人、奇人、オタクなどの意味だ。2014年創刊の雑誌なので、10年の歴史もない。よって、掲載された論文はそんなに多くないのだが、日本のゲームを材料にした論文が目立つ。

ただ、そこは“geek”である。日本のゲームの研究といっても、CG技術の解析やゲーム市場規模の分析といった真面目な代物ではない。日本のゲームに出てくる昆虫や甲殻類がどうのこうのとの、ふざけた研究ばかりである。仮に「太平洋のマグロ資源の見通しについて」との論文をここに投稿しようものなら、編集部に瞬時に突き返されるはずである。

かくいう筆者も、この雑誌に「秋葉原文化における霊的なチョウについて」との論文を発表したことがある（Hoshina, 2020）。

令和3年5月時点でのこの雑誌の編集長は、ニュージーランドのRodrigo B. Salvador博士で、本職は軟体動物の分類学者である。その一方で、この奇妙奇天烈な雑誌を率いているのだから、やはりただ者ではない。博士自身、この雑誌に「Ancient Egyptian royalty in Fate/Grand Order」（＝Fate Grand Orderにおける古代エジプトの王族）との、わけのわからん論文を発表している（Salvador, 2020）。

『Fate』シリーズは、パソコンやテレビゲーム機用ソフトとして発売されたビジュアルノベルで、テレビアニメや劇場版アニメにもなった、我が国の有名作品である。Salvador 博士は論文中で「an eroge（エロゲ）」（原文ママ）などの日本語を駆使している。筆者は博士と多々メールでやり取りをしたことがあるが、なかなかの日本語能力である。どこで習得されたのであろうか？

地球の裏側で、我が国のゲームが注目されている事実は、日本人の1人としてまこと誇らしい。なかでも、『Journal of Geek Studies』に論文を投稿する学者たちが好んで材料にするのは、ポケットモンスター（ポケモン）である。

ここで、この雑誌に掲載されたポケモン論文にはいかなることが書かれているのか、一論文を例にして紹介してみよう。本章で取り上げるのは Rosa et. al.（2020）である。

彼らはまず、甲殻類のポケモンを列挙していく。そして、それらのポケモンが実際に存在する甲殻類のどの種に似ているかを突き止める。たとえば、Corphish（ヘイガニ）のポケモンは、アメリカザリガニ科アメリカザリガニである、と特定する。そして、単にポケモンと実在甲殻類を結び付けるだけでなく、両者の生態や形態の類似性を長々と解説する。

最後に、Rosa et. al.（２０２０）は、このように結論を述べている。

「ポケットモンスターに出てくるキャラクターは、実際

オンライン国際雑誌『Journal of Geek Studies』

のある動物からインスピレーションを受けたり、複数種類の動物の性質を組み合わせてモチーフにしていたりしている。甲殻類型ポケモンは、見た目だけでなく、攻撃方法や生息場所も、実在の動物と似通っている。ポケモンは人々、特に若い人々が自然界の生物多様性に興味を持つきっかけになるかもしれない」……。そんなわけねーだろ。

ポケモンに熱中すれば、若者は野外の生き物には目もくれず、二次元の世界に没頭するだけである。とにかく「アホだねー」との感想しか浮かんでこない論文だが、関西人の筆者はここでは「アホ」を肯定的な意味で使っている。ともあれ、論文著者らのポケモン愛は凄まじいものがある。

筆者自身はポケモンを一切嗜まないのだが、海外の生物学者にはポケモンに熱中し、論文の材料とする人は少なくない。たとえば、かつて筆者はアキバ系文化に出てくるカブトムシの論文を『American Entomologists』で発表したことがある。ただ、ポケモンに関する知識がゼロだったので、同ゲーム中のカブトムシキャラクターに言及することはなかった。すると、海外のポケモン愛好家の生物学者から「なぜ Dr. Hoshina はポケモンを取り上げないのか!」とお叱りを受けたことがある。そんなことを言われても、ポケモンで遊んでいないのだから仕方ないではないか。

それから、ポケモン論文の著者たちが、研究素材としてのポケモンの有用性を強調していても、真に受けないほうがよい。たとえば、富山大学教育学部の横山泰行教授の『ドラえもん学』という書籍がある。同書の前書きにはこうある。

「(私は)『ドラえもん学』を打ち立てたわけだが、幸いにも大学の研究者という立場にいたので『学問』と呼んでいるが、まあ、いってみれば少々くわしい一ドラえもんファンである」

筆者自身の感覚をもとに、横山教授の文章を意訳してみよう。

「大学教官だから、単なる趣味的なことでも勝手に『〜学』に格上げできる。世間様も文句を言うまい。『学』としとけば、仕事の一環ということで勤務時間中に堂々とドラえもんを読んでもいいのだ」

あまりに意訳が過ぎたか？

なにはともあれ、海外の生物学者がポケモンを盛んに論文にしているからといって、ポケモンが特段研究材料として優れている、というわけではない。そして、それらの生物学者にしても、ポケモンを専門的に分析しているのではなく、あくまでサイドワークとして研究を楽しんでいるのである。彼らはポケモンが好きで好きでしょうがないから、余暇的な論文中で熱く語りたいだけなのだ（褒めてます）。

## 3 シューティングゲームにおける敵キャラとしての昆虫

筆者は、70年代末のインベーダーゲームのブームをぎりぎり経験した世代である。以降、多くのシューティングゲームが世に送り出されてきた。インベーダー以降、星の数ほどのザコの敵たちが、プレイヤーが発射する弾の犠牲になってきた。ザコたちの無念、察するに余りある。

シューティングゲームの敵キャラには、昆虫モチーフのものも多く含まれる。筆者の世代なら、1989年にコナミから登場の『グラディウスⅢ』の1面のボス、ゴライアスが最初に頭に浮かぶ。巨大なアリジゴクのボスキャラである。

また、往年の名作『ファンタジーゾーン』（セガ）だと開始早々、デフォルメされたトンボの敵キャラが編隊を成して、オパオパ（プレイヤー機）に襲いかかってくる。

このほかにも、シューティングゲームにおける昆虫型の敵キャラはゴマンとあるだろう。筆者自身、そんなにシューティングゲームにハマったほうではないが、ほかに思い付くのは『スペースハリアー』『ガンヴァルキリー』『ネクロネシア』などのゲームがある。

これそれというゲームにこんな虫が敵として出ていました、と事例をこれ以上羅列しても仕方がない。ただ、特異な昆虫シューティングゲームとして、2004年にCAVEが世に送り出した『虫姫さま』は外すわけにはいかない。

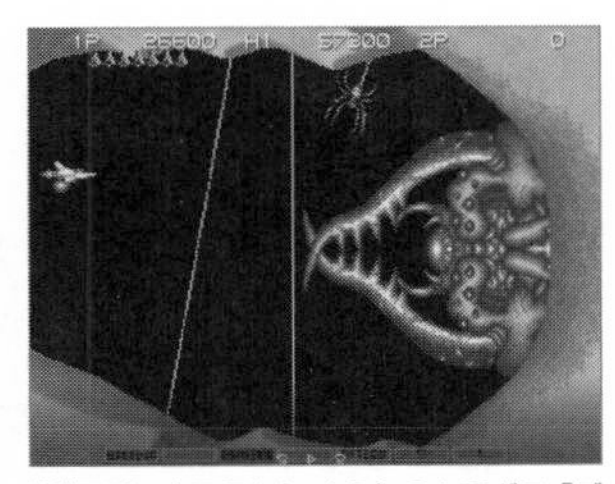

『グラディウスⅢ』（コナミ）の1面ボス「ゴライアス」は、アリジゴクのようなデザイン。

『虫姫さま』は、縦方向に画面がスクロールし、敵味方が発射する膨大な弾が画面上を埋め尽くすことから、「弾幕系縦シュー」と呼ばれるジャンルに属する。そして、ただ敵を撃ち落とすだけの懐かしのインベーダーとは異なり、『虫姫さま』には物語が設定されている。

『虫姫さま』のヒロインは「レコ姫」という。そして、この世界には、甲獣と呼ばれる巨大節足動物が生息している。
ある年、レコ姫が住んでいる「ホシフリの里」に疫病が流行する。レコ姫は、里のみんなの病気を治すため、キンイロという名の友達の甲獣に乗って、神様に会うべく「シンジュが森」の中に入っていく。しかし、レコ姫の行く手を遮らんと、多数の甲獣たちが襲ってくる。それらを蹴散らしつつ、レコ姫とキンイロは森の奥へと進んでいく……というのが、『虫姫さま』のストーリーである。「シンジュが森」とは、「鎮守の杜（森）」をもじったものに違いない。このように『虫姫さま』には、RPG並みのストーリー設定があるのだ。

このキンイロと呼ばれる甲獣の姿形は、カブトムシである。そのフォルムは、実際のカブトムシにかなり近い。ストーリー上は、レコ姫がゲームの主人公で、レコ姫はキンイロの背中に乗っているとの設定になっている。そして、ゲーム中は、レコ姫の「やったぁ～」「待ってましたぁ～」のような音声は時折挿入されるが、姫自身の姿は、画面上ではほとんど表示されない。

つまり、実際のゲームでは、プレイヤーはこのカブトムシを操り、無数の弾を発射して、襲って

『スペースハリアー』（セガ）より

『ガンヴァルキリー』（セガ）より

『虫姫さま』（タイトー）より

くる敵を片っ端から撃ち落としていく感覚である。

ゲーム中に出てくる敵方の甲獣は、アリジゴク、ガ、カメムシ、タガメ、アメンボ、ゾウムシ、ゲンゴロウ、タマムシ、クワガタムシなど、様々な昆虫をモデルにしている。実在の昆虫と比べると、甲獣たちは色彩が派手であるし、弾を撃ち出す大砲を背負っているなどの明確な違いはあるが、体全体の輪郭は、キンイロ同様極めてリアルの虫そのものである。シューティングゲームの中で、ゾウムシ類によく見られる直角に曲がった触角や、ゲンゴロウの上翅側縁の黄色帯までが、忠実に再現されているのは、見事というほかない。

米国の昆虫学専門書『Insect Biodiversity』

シューティングゲームの画面上を昆虫たちが埋め尽くす『虫姫さま』。今や知る人ぞ知るシューティングゲームにすぎないが、異色中の異色作だ。

我が国の誇るべき『虫姫さま』は、米国の昆虫学の専門書『Insect Biodiversity』にも取り上げられているゲームなのである。

## 4 一定のニーズがある嫌悪感をもよおす昆虫

2007年発売のPS2用ソフトに『THE 大量地獄』というゲームがあった。主人公である女子高生は、夜の学校で謎めいたウサギを追っているうちに、巨大化した昆虫が徘徊する森に迷い込むとのストーリーだ。

主人公がさまようこととなる世界では、巨大な昆虫たちが大量に出現する。これらの虫は人を食らい、血を吸うわけではない。単に人の体にまとわり付くだけなのだが、それ故に余計に昆虫の嫌悪感を増幅させるゲームである。

プレイヤーは棒などで虫を叩くことができるが、所詮は女子高生なので弱々しい。このゲームは、虫たちを倒すというより、女子高生をいかに虫から逃げさせるかに重点がある。彼女が長時間虫にまとわり付かれると失神してゲームオーバーとなる。

ゲーム中に登場する昆虫たちは、ゴキブリ、カマキリ、スズメバチ、クモ、ダンゴムシなどである。それらはサイズこそ巨大だが、形態的特徴はかなりリアルに描かれている。

『THE 大量地獄』の昆虫はずばり、嫌悪の対象である。その描写法の流れ上にあるのが、『巨蟲列島』というコミックである。2014年から2019年にかけて『チャンピオンクロス』と『マンガクロス』で配信されていたその後、続編にあたる『大巨蟲列島』が連載されている。内容は、無人島に漂着した学生たちが、巨大化した昆虫に襲われるというもの。筆者自身が観たのは、2019年発表のOVA（オリジナルビデオアニメーション）だけで、コミック版は手にしていない。

次は2020年に放送されたテレビアニメ『ド級編隊エグゼロス』。謎の昆虫型エイリアンであるキセイ蟲が人々を襲い、エロスの源のHネルギーを吸い取り始めた。それを阻止すべく立ち上がったヒーローがエグゼロスという戦士たちで、キセイ蟲たちと死闘を演じることとなる。

『巨蟲列島』と『ド級編隊エグゼロス』はモンスターパニックもの、とまとめることができようが、両者のもう一つの共通点はエログロである。性的な意味でも人間を襲ってくるのである。この2作品の昆虫は、単なる嫌悪対象にすぎない『THE 大量地獄』とは、雰囲気が異なる。

『巨蟲列島』と『ド級編隊エグゼロス』の両アニメのエロは、何とかテレビで放送できる枠内にとどまっている。しかし、そのエロい要素がお茶の間に流せなくなる域に達すると、18禁のパソコンゲーム（エロゲ）を媒体として世に出ることになる。

『MONSTER PARK』（2009年）なるゲームは、その一例だ。このゲームの世界観は中世から近世ヨーロッパのイメージに近い。ゲームのストーリーは、姫とその一行が、とある森に迷い込んだところから始まる。

その森には、ミミズやトカゲ、ワラジムシ、スズメバチ、クモなどの姿をした巨大生物が生息していて、その化け物たちは人間の女性を母体にして繁殖する。モンスターが人の肉体を繁殖のために拝借する、というのはホラー映画『エイリアン』でもお馴染みの設定だ。

このほか、2012年に発売されたエロゲに『昆蟲姦察』がある。「姦察」が「観察」を連想させる同音造語であることは、指摘するまでもなかろう。主人公の椚久隆は、変質的傾向のある生物教師である。彼は学内で昆虫の研究をしており、品種改良によって虫の巨大化に成功していた。しかし、その極秘の研究を生徒の如月かごめに目撃されてしまう。椚は如月の口を封じるため、巨大昆虫を使って……というストーリーだ。

本章4項で挙げた嫌悪対象としての昆虫との描写は、アニメか漫画かゲームかは別にして、少数ながらも存在し続けている。決して二次元世界の大勢を支配するわけではないが、一定のニーズがあり続ける。クリエイター側としては昆虫を用いた安定の演出法の一つなのだろう。

もう一つ付け加えるとすれば、昆虫に対する嫌悪性を強調したい場合、「虫」ではなく「蟲」の旧字体が使われることが多い、との点だ。「學」「榮」「體」などの旧字が世の中からほとんど消えうせるなか、なぜか「蟲」だけは二次元世界で継承されている。

「蟲」という漢字は、たしかに見た目からして気持ち悪くなる。日常生活で「蟲」の漢字を使用していた明治・大正の先人たちは、「エログロ方面からの要望により、今も『蟲』を使っています」とする現代の風潮に、嘆息されるのであろうか？

## 5 ビジュアルノベルゲームのテキストに現れる昆虫

ビジュアルノベルと呼ばれるジャンルのゲームがある。1997年の『To Heart』のヒット以降、

『THE 大量地獄』（D3 パブリッシャー）より

『MONSTER PARK』（Trois）より

『昆蟲姦察』（CYCLET）より

一世を風靡したジャンルである。２０１８年発売のヒット作『Summer Pockets』もビジュアルノベルに分類される。

一般に、ビジュアルノベルは、ゲーム性に乏しい。マウスをクリックするだけで、ゲームは進み、エンディングを見ることができる。ゲームというよりは、絵と音声とＢＧＭが付随する小説である。だからこそ、「ビジュアルノベル」と呼ばれているのだ。

ビジュアルノベルに出てくる昆虫は、テキスト（文章）のみで表現され、絵は伴わないことが多い。そのかわり、ビジュアルノベルはゲーム自体が明確なストーリーを持つので、テキストの中で描かれる昆虫は、なかなか示唆的な存在である。

２０１３年発売の18禁ビジュアルノベルに『僕らの頭上に星空は廻る』との作品がある。お世辞にも有名作品ではない。ただ、主観で誠に申し訳ないが、グラフィックやシナリオ、ＢＧＭなどは手が掛けられており、力作と評してよい。もっとも、これを制作したＰＯＬＡＲＳＴＡＲの作品は、惜しくも処女作の『僕らの頭上に星空は廻る』で打ち止めとなった。そして、令和3年6月時点で、メーカーの公式サイトは閉鎖されている。

『僕らの頭上に星空は廻る』の主人公は、星見原学園に通う男子学生の長森均。1年生の初夏、彼は従姉で同学園の教師の長森櫻によって、強引に天文部に入部させられるところから物語は始まる。均に続いて、幼馴染みや転校生、2人の先輩の少女たちも続々と入部した。そして、均と少女たちとの恋愛ストーリーが紡がれることになる。均と女の子との恋は一進一退で山あり谷あり、均はモテモテでハーレム状態、との軽い物語展開ではない。

恋愛ビジュアルノベルとしては、天文部との舞台設定はさもありなん、といったところで、とくに物珍しさはない。『僕らの頭上に星空は廻る』は、物語自体が初夏から始まり、夏がメインの作品だから、随所に昆虫が出てくる。

たとえば、ミンミンゼミやヒグラシの鳴き声がBGMとして頻繁に使われている。また、夜の公園でメインヒロインの速星すぴかが均に告白する場面では、ツヅレサセコオロギやエンマコオロギの鳴き声が静寂な雰囲気を演出している。また、シナリオ担当者が、昆虫をなにげない描写や比喩表現にやたらと使っているのが、本作品の特徴的である。

たとえば、天文部の夏合宿のとき、女子部員たちはお風呂に行った。均が「別に覗きたいわけじゃない」と独り言を言ったら、網戸に張り付いていたカナブンが飛んでいった、との場面がある。また、均とすぴかが両想いになったあと、天文部員たちは寝転がって、天体観測をしていた。均とすぴかは周囲にバレないよう、互いにこっそりと指を絡ませるのだが、このシーンは「(すぴかの指は)しゃ

瀬戸内海の架空の島が舞台の恋愛アドベンチャー。(『Summer Pockets』より)

夏に繰り広げられる物語だけに、虫が随所に登場する。(『僕らの頭上に星空は廻る』より)

くとり虫のように動いて、俺(均)の指の間にもぐりこんでくる」とのテキストで説明される。さらに、均が図書室で恋人のすぴかに、現国の夏休みの宿題の進捗状況を尋ねると、彼女は「イモムシが行進している程度の進みぐあい」と答えた。すると、均は「自分の世界史の宿題は、テントウムシが飛ばずに歩いている感じ」と返した。

これらのテキストに出てくる昆虫たち。冗長な文章といってしまえばそれまでだ。逐一昆虫を持ち出してくる意図がわからない箇所も少なくない。ただ、恋人同士が指と指を絡める場面で「しゃくとり虫のよう」と比喩するのは、18禁ビジュアルノベルらしく、なかなかエロティックである。『僕らの頭上に星空は廻る』のシナリオ担当が、虫を使いたがる傾向があることは間違いなかろう。一見無意味とも思えるこれらの昆虫描写は、本作品が夏青春物語であることを強調しているといえようか。

## 6 ヒロインと虫……もはやテンプレか?

### ①お嬢様や知的タイプは虫が嫌い

数年前の話と記憶する。SNS上で「メシまず女」なる俗語を知った。文字通り激マズの料理を作る女性のことらしい。古いコミックでいえば『うる星やつら』のラムと『らんま1/2』の天道あかね。90年代~2000年代のアニメ・ゲームでいえば『機動戦艦ナデシコ』のミスマル・ユリカ、『D.C.ダ・カーポ』の朝倉音夢。比較的最近の作品なら『ヤキモチストリーム』の霧島沙那、『かりぐらし恋愛』の荒波杏、『えんどろ～！』のマオ先生といったあたりか。

彼女らが作る料理は、とにかく超ド級にマズい。食えたものではない。現実世界ではスーパーで買ってきた食材を美味く作るよりも、食えないレベルに仕立てるほうがかえって難しいはずである。しかし、二次元世界では料理を食った直後に被験者（？）が卒倒するような喜劇的場面がしばしば見受けられる。

さて、ＳＮＳ上で「メシまず女」が話題になったのは、単に現実社会の料理下手の女子にイチャモンを付けたかったわけではない。ゲームのシナリオ構成に困ったとき、「メシまず女」のショートエピソードを入れておけば安直に逃げられるよね、との皮肉であった。たしかに、ストーリーのどこかにコミカルな展開を手っ取り早く挟みたい場合、「メシまず女」は手軽な存在ではある。

この「メシまず女」と同様、困ったときに便利に使えるのが「虫に狂乱女」である。ビジュアルノベル型式の多くのゲームの世界では、プレイヤーが操る主人公の恋人候補となる、５人程度のヒロインと、それぞれの個別のシナリオが用意されている。そして、この５人の性格は、極端に異なるように作られるのが普通だ。ヒロイン全員が明朗活発なスポーツ少女なら、５人のストーリーは皆同じ展開になってしまうから、キャラクター設定はどうしても対照的になるのである。

ヒロインが５人いれば、１人はたいてい金持ちの家の子女となる。あるいは、金持ちではないにせよ、気位が高かったり知的だったりするお嬢様である。そして、この手のお嬢様タイプは、周囲に対し高圧的に振る舞う少女、というありきたりの設定がある。

ゲーム序盤は、主人公の天敵として振る舞うお嬢様タイプだ。しかし、彼女は昆虫が大の苦手で、ある日、彼女の背中にイモムシがくっ付いてしまい大パニック。そこを偶然通りかかった主人公が助け、その後、お嬢様の主人公を見る目は一変する……。書いているだけでこっぱずかしくなるベタな展開は少なくない。

プライドが高いお嬢様タイプで虫が大の苦手。ゲームの世界から、そのような子を7人ピックアップしてみた。

三ノ宮由佳里『フローラリア』（2002年）
速水伊織『青空の見える丘』（2006年）
渚一葉『ヨスガノソラ』（2008年）
高岡未来『FairlyLife』（2008年）
継花三澄『PriministAr －プライミニスター－』（2013年）
小町まひる『私が好きなら「好き」って言って！』（2015年）
キャロル・メルクリス『夏の魔女のパレード』（2016年）

『青空の見える丘』（feng）より

近年のアニメでいえば『ご注文はうさぎですか？』（2014年）のリゼ、『ぼくたちは勉強ができない』（2019年）の桐須真冬などが該当しよう。

典型的なタカビー（死語）な金持ちヒロインが、「ほほほ。私が育てたクワガタを見てごらんなさい！」と高笑いするゲームの場面に、どうにもこうにも心当たりがない。現実社会はいざ知らず、二次元世界では上級国民の女の子は虫嫌いとの設定は、なぜかテンプレの域に達している（※3）。

## ② 穏やかな虫好き少女

虫嫌いなお嬢様とは対照的に、虫に優しく振る舞うヒロインたちもゲーム界に多数存在する。その愛情が極端に大きくなると、本書第9章で扱う「虫愛ずる姫君」となる。

ここでは、虫愛ずる姫君……とまではいかないが、虫に対してそっと手を差し伸べたエピソードを持つ、ゲーム界の少女たちを7人を集めてみた。

近衛七海『ラムネ』(2004年)
西村春菜『青空の見える丘』(2006年)
前園 Clarissa 皐『HoneyComing』(2007年)
水原小春『さくらビットマップ』(2010年)
一枝苺『そらいろメモワール』(2011年)
安芸かのこ『PriministAr －プライミニスター－』(2013年)
トゥインク『流星キセキ』(2013年)

ここで挙げた7人は、明朗活発か内向的かの違いはあれども、性格はいたって穏やかな方々である。よそ様にマウントを取るような、けしからん少女は1人もいない。

虫に同情するヒロインたちを前面に押し出して、「日本人の昆虫愛はいかにスゴイか」(≒俺たちは虫が苦手な欧米人どもとは違う感性を持っている)と持っていく誘惑に駆られる。しかし、ここは冷静に考える必要があろう。

『ラムネ』(インターチャネル)より)

『さくらビットマップ』の水原小春を例にとると、彼女にはアリの巣に強制連行されるバッタを「ドナドナのよう」と悲しむ場面がある。ただ、小春はいわゆる博愛系ヒロインで、菩薩のような女の子である（※4）。よって、彼女は虫だけでなく、ありとあらゆるものに惜しみない愛を注ぐ。つまるところ、水原小春のようなヒロインの昆虫愛には「犬や猫が好きなのは当たり前。気持ち悪い虫にさえ優しい」と、博愛ぶりを強調したい意図があるように思えてならない。となると、昆虫に親愛を注ぐヒロインたちを並べて、「日本人は虫好きの民族だ！」との結論に持っていくのは、かなり無理がある。

アリに運ばれるバッタを見て悲しむ小春。（『さくらビットマップ』より）

また、虫ケラに同情するヒロインたちは、虫に狂乱するお嬢様と顕著な対照性を示しているとの点も重要だろう。複数の女の子が教室でキャッキャしているゲームの場面で、少女たち全員が、突如現れた昆虫に恐怖していては、話が進まない。1人がみっともなく狼狽する一方で、別の1人が虫を手に取って、そっと窓から逃がしてやって、初めてその場面が円満に終わるのである。

金持ちのお嬢様が虫嫌いなのがテンプレなら、大人しめの子が虫にへっちゃらなのも、テンプレの一つである。

### ③ 幼馴染みとの虫捕り

漫画やアニメでは、幼馴染み同士のキャラクターたちの回想シーンが少なからず挿入される。花火大会、入学式、公園のすべり台などなど、回想シーンのシチュエーションは多々あるが、そのうちの一つが虫捕りである。

ここでビジュアルノベル型式のゲームで、幼馴染みの男女の虫捕りエピソードがある主な事例を列記してみた。

波多野小奈美・海老塚信乃と海津匠『_summer』（２００５年）
遠山泉水と持田千尋『STEP × STEADY』（２００７年）
文倉晃平と悠木かなで・陽菜姉妹『FORTUNE ARTERIAL』（２００８年）
闇野夢子と服部征人『世界征服彼女』（２０１０年）
神ノ木汐と草薙枢『ワンサイド・サマー』（２０１２年）
桜木橋理兎と瀬戸田拓真『かりぐらし恋愛』（２０１８年）

ここで挙げた6作品では、男女の幼馴染みが昔虫捕りをした、との思い出が語られる場面がある。もっとも、実際にキャラクターが捕虫網を振り回す絵が挿入されるわけではなく、文章で思い出が語られるだけである。

日本人は愛鳥民族であって、愛虫民族ではない。そんなものは、近年のコウノトリへの人々のフィーバーを見ていれば一目瞭然である。ちょいとコウノトリがオラが村に飛来すれば、住みついてもらおうと、休耕田に餌場を作るのが昨今の日本人である。

このほか、毎年初夏になれば、人々はカルガモ親子の引っ越し

『ワンサイド・サマー』（ALcot ハニカム）より

を必死に応援する。警察官が出動して、交通整理を行うこともある。その一方で、メガソーラー建設で生息場所を失う希少昆虫のことなんぞ、何にも気にならないのが、現代日本人なのである。

にもかかわらず、ビジュアルノベルに登場する幼馴染みの男女の淡い恋物語の思い出は、虫捕りであってバードウォッチングではない。取り立てて力説するほどのことではないとは思うものの、やはり重たい現実である。虫捕りの思い出もまた、幼馴染み物語のテンプレの一つである。

昨今の若者といえど、幼き頃に虫捕りをまったくしたことがないという人は、ごく少数のはずである。令和3年6月、福井大学の学生141人に「子供の頃、虫を捕って遊んだか」とのアンケートを男女別に採った。結果は以下の通りである。

・虫を捕って遊んだことがある（男100人・女28人）
・虫を捕って遊んだことはない（男5人・女8人）

東京や大阪の都市圏出身の学生がほとんどいない地方国立大学でのアンケート調査であることを加味する必要があるが、高い昆虫採集経験率である。男子学生はもちろん、女子大生も8割近くが、虫を捕って遊んだ経験があるようだ。どれだけ自然環境が破壊されても、セミが身近にある木から姿を消すことはない。虫捕りは子供が気軽に始められる遊びなのだ。

ここで逆説的に、バードウォッチングを考えてみればよい。バードウォッチングを楽しむには、それ相応の知識と用具と技術がいる。指導者がいないと、初心者が簡単に取り組めるものではない。

だから、ビジュアルノベルで幼馴染みとバードウォッチングをしました、との回想シーンはなかなか見当たらない。クリエイター側は、ユーザーの実体験が乏しいバードウォチッィングをシナリオに組み込みにくいとの面はあろう。ビジュアルノベルの主人公は、ユーザーの分身だからである。

何はともあれ、日本人は大人になれば鳥に熱を入れるのに、幼少時にまじまじと観察するのは昆虫である、というのも変な話である。大半の日本人の虫捕りの経験が、そのままビジュアルノベルの幼馴染みたちの思い出にも反映されているだけの話であろうか。

# 7 カブトムシと女の子

昆虫は種数があまりに膨大なので、図鑑に全種を掲載することは不可能である。しかし、国内で発売される昆虫図鑑で、カブトムシが載らないことはありえない。カブトムシは誰しもが知っており、かつ人気がある昆虫だからだ。そして、その知名度故か、カブトムシが出てくるコンピュータゲームは少なからず存在する。

２０００年代前半に社会ブームとなった『ムシキング』は、その代表的事例である。恋愛ものの ビジュアルノベルでも、カブトムシは一夏の淡い恋物語を導く存在として、時々登場する。

以下、そのカブトムシの登場パターンを４つに分けて整理してみた。

## ①恋人たちの出会いを演出するカブトムシ

カブトムシが2人の馴れ初めとなった事例としては、2000年発売の『Air』で、主人公の国崎往人とヒロインの神尾観鈴の出会いを紡いだのが、カブトムシであったのは有名だ（第9章参照）。また、1999年の『とらいあんぐるハート2』にも似たような場面がある。主人公の槙原耕介は女学生が寄宿するさざなみ寮に、管理人兼コックとして赴任する。ゲームは、耕介と寮に住む女の子たちのほのぼのとしたラブストーリーが展開する。耕介は寮のオーナーで、ヒロインの1人である従姉の槙原愛と再会する。愛とのストーリーの中で、幼少の2人が初めて出会ったとき、耕介がカブトムシを捕ってきて見せてくれたことが明らかにされるのである。

2005年の『ひっぱりっこ』でも、主人公の引山公平が大好きな姉、引山穂鳥が「子供の頃、一緒にカブトムシで遊んだよね」と回想するシーンがある。

## ②少女の背中にひっつくカブトムシ

オナモミ（ひっつき虫）の実を友達の服に投げるイタズラは、誰しもがやったことがあると思う。同じように、ほのぼのとしたエピソードを語る際に、カブトムシを女の子の背中に付ける場面がある。『りとるらびっつ ～わがままツインテール～』（2015年）は、牧島あずさ・美菜子・涼太郎の3兄弟の三角関係のラブコメディである。かつて、3兄弟が山に登ったとき、あずさがくたびれた美菜子の背中に、イタズラでカブトムシを付けた。すると美菜子はパニックを起こし、走り去って迷子になった、という思い出話が紹介される。

『さくらにかげつ』（2015年）では、ほんわか系ヒロインの大黒天なゆが夜道を歩いていると、一緒にいた白詰草詩舞から「カブトムシが背中に付いている」と指摘され、「本当⁉ 大きい？」と喜ぶシーンがある。なゆののほほんとした性格をよく表す場面だが、実はよく見るとクワガタムシだった、とのオチである。

### ③ 少女に親しみを持たれるカブトムシ

様々なキャラ設定が施されているヒロインといえども、「ゴキブリが好き」と口にする少女は皆無である。あまりにアクが強すぎる。しかし、ビジュアルノベルの世界では、無邪気さの象徴として、カブトムシへの好意を口にする少女たちは少なからずいる。以下は、その事例である。

綾瀬ナズナ『オレンジポケット』（２００３年）
一枝苺『そらいろメモワール』（２０１１年）
みそら『しあわせ家族部』（２０１２年）

『とらいあんぐるハート2』（JANIS）より

『さくらにかげつ』（オレンジエール）より

『オレンジポケット』（HOOK）より

ここで挙げた3作品は、彼女らのちょっとしたセリフから、カブトムシへの親近感が吐露されるだけだが、好きな男の子と一緒にカブトムシ捕りに励む少女がいる。

2012年発売の『ワンサイド・サマー』では、主人公の草薙枢とその幼馴染みの神ノ木汐が、昔を懐かしんで虫捕りに行く場面がある。小一時間の採集で、神ノ木汐はクワガタムシ7匹とカブトムシ2匹、草薙枢はクワガタムシ7匹を捕った。すると枢は「あちらはカブトムシが捕れているから自分の負けだな」と感想を抱く。カブトムシ捕りを通じて、2人の距離がぐっと縮まる場面なのだ。

では、ビジュアルノベルの世界の少女たちは、捕まえたカブトムシをどうするのか。現実世界の少年だと「家に持って帰って飼おう」となる。しかし、心優しき二次元世界のヒロインたちは、ちゃんと逃がしてやるのである。たとえば『STEP×STEADY』（2007年）のヒロインの1人である世話好きな女の子・遠山泉水は、実家で経営する喫茶店にゴキブリが出てパニックを起こす。しかし、よく見るとそれは、カブトムシだった。すると泉水は「裏山に逃がしてあげようよう。カブトムシが可愛く見える」とのたまってくれるのである。

これは『こんな娘がいたら僕はもう…!!』（2006年）の鈴原志乃も同様で、彼女は貧乏であるにもかかわらず、アパートの前で捕まえたカブトムシを売り飛ばしたりはしない。主人公の黒澤透と一緒に、近くの公園に放しに行くのである。

ヒロインたちは、ただカブトムシを逃がすのではない。同じ逃がすにしても、窓からポイではなく、ちゃんと生活できる場所まで連れて行くのである。さすがはビジュアルノベルの男性ユーザーの心をくすぐる少女たちだ。『こんな娘がいたら僕はもう…!!』の鈴原志乃にいたっては、「仲間がいないと可哀想」と他のカブトムシのいる木を見つけようと公園中を必死に探して、ようやく良い木を見つけるエピソードまで描かれるのである。

④ 儚い命の象徴としてのカブトムシ

『加奈～いもうと』（1999年／2004年のリメイク版『加奈…おかえり!!』）は、『Air』と並び、泣きゲーの代名詞とも呼ぶべき存在だ。『Air』のように各種テレビゲーム機への移植やアニメ化がされていないため、知名度は大きく落ちる。しかし、悲劇的シナリオの秀逸さは、『Air』に匹敵する。『加奈～いもうと』は、主人公の藤堂隆道と不治の病に冒された血の繋がらない妹・藤堂加奈の物語である。この作品の終盤にカブトムシが登場するが、その演出法は前述の①②③とは趣がまったく異なる。

加奈の余命が半年と知らされた、ある秋の日。隆道と加奈はレストランで食事をする。そのレストランに「生と死」という絵画が飾られており、その絵の下にカブトムシがとまっていた（模型のことか？ 筆者は正しく文脈を読み取っている自信がない）。加奈と隆道の2人は季節外れのカブトム

『STEP × STEADY』（LOVER SOUL）より

『こんな娘がいたら僕はもう…!!』（あかべぇそふとつぅ）より

『加奈…おかえり !!』（高屋敷開発）より

シをじっと見つめる。その後、自宅に戻った2人が幼き頃のアルバムを見ると、健康な5歳の隆道がカブトムシを掲げる写真があった……。

これはなかなか一筋縄ではいかない場面である。生と死の象徴、そして秋には短い命を終える儚い存在のカブトムシが描かれている、と筆者は解釈した。カブトムシの使用法としては稀有の事例ではあるまいか。

このように、ビジュアルノベルの世界にも姿を現すカブトムシは、大きな存在感を持つ昆虫である。しかし、日本文化史の中でカブトムシが「昆虫の王」として君臨するのは、意外にも戦後以降だ。つまり、日本人がカブトムシを見て幼き日々の夏休みを懐旧するようになったのは、ごく最近のことなのだ。

平安時代や鎌倉時代の著名歌人たちは、カブトムシを情緒の対象としてみなしていなかった。ただ、そんな文化史の事情は、ゲームのクリエイターやユーザーにとってはどうでもよい。いつのまにか、カブトムシは夏の伝統的なシンボルとして祭り上げられるまでになったのである。

## 8 虫好きに「させられる」ビジュアルノベルのヒロインたち

コンピュータゲームの中で、昆虫の姿形がはっきりと描かれるのは、『ポケットモンスター』に代表されるRPGや『虫姫さま』のようなシューティングゲーム、そして18禁ゲームに登場するエログロ昆虫たちである。これらのゲーム画面に表示される昆虫はたしかにリアルで、ユーザーからすればインパクトがある。ただ、いかんせんストーリー性に欠ける。「これそれのシューティングゲームでは、昆虫は敵キャラですね」「嫌悪の対象ですね」で話が終わってしまう。

これは、昆虫文化論の対象として、いまいち面白くないことを意味する。ゲーム内での昆虫の形態を論じたいのであれば、ポケモンのようなRPGの昆虫型モンスターは好素材だ。ただ、筆者の昆虫文化論は、どのような状況でどのような昆虫が登場するか、昆虫たちはキャラクターの性格をどう修飾するかに本質がある。

本章は、明瞭なストーリーを持つビジュアルノベルに重点をおいて、そのなかの昆虫たちを取り上げてきた。ビジュアルノベルのクリエイターは日本人である以上、その作品には日本人の昆虫観の何かしらが反映されているはずである。では、どのような昆虫観が諸作品に投影されているというのか。

恋愛ストーリーが紡がれるビジュアルノベルの物語の舞台は、たいてい田舎か、せいぜい地方都市である。意外にも東京や大阪のど真ん中ではない。学校帰りに渋谷の繁華街でデートするカップルは現実ではありがちな存在だが、ビジュアルノベルの世界ではなかなか出くわさない。彼らが出没するのは、農耕地や河川敷、小さな公園である。日本人なら誰しもが里山の原風景や小さな港町に大なり小なりノスタルジーを覚えるから、というのもその理由の一つだろう。

男性ユーザーは、普段は大都市の便利さを享受しているくせに、ビジュアルノベルの世界では、なぜか都会を荒んだ地とみなすらしい。よって、男性ユーザーの分身であるビジュアルノベルの主人公は、二次元ヒロインとお手てを繋いで、原宿を散策しないのである。

また、良くも悪くもビジュアルノベルに登場する主要なヒロインたちは、純真、可憐、誠実、温和で、男性プレイヤーから見て都合のいいキャラクター設定だ。そして、正否はともかく、我々は都会の人間は一般的に田舎在住者よりも冷たいとの印象を持ちがちである（渋谷・小野，２００６）。そんなこんなで二次元虚構の世界では、純朴なヒロインを登場させるためにも、田舎や地方都市を模した舞台がせっせと提供されるわけだ。

大型ショッピングモールどころか、まともなコンビニすら存在しないド田舎が舞台のパソコンゲーム『Air』（２０００年）の大ヒットは、筆者の記憶に今なお鮮明である。ビジュアルノベルのファンたちは、仮想世界の田舎に強烈な郷愁を覚えつつ、人込みをすり抜けて都心ど真ん中の秋葉原や日本橋へグッズを買い求めに殺到するわけだから、間抜けといえば間抜けである。

美少女ゲームのヒロインたちは田舎が舞台との設定上、必然的に自然の昆虫との物理的距離が近くなる。そして、昆虫に対し柔和な視線を送る田舎在住のヒロインは珍しくない。もちろん、現実社会では生まれが地方の女性だからといって、生き物好き、虫に平気とは限らない。これは田舎育ちの女子大生と常日頃から接している筆者が言うのだから間違いない。昆虫が好きか否かは生まれ育った場所とは直接関係はなさそうだ。

しかし、現実社会のリアルな女性と比較すると、ビジュアルノベルのヒロインたちは明らかに虫好き方向に誇張されている。どうやら男性ユーザーには、昆虫を含む生き物全般が好きな女性＝慈愛に満ちているとの思い込みがあるようだ。そして、クリエイター側としては「ヒロインの田舎出身の純朴性」を演出するためにも、彼女らに虫好きとの性質を与えておくことは、キャラクターやストーリーの設定上、都合が良いのではなかろうか。

もちろん、このような美少女キャラ設定を実社会の女性がどう評価するかはわからないし、「現実離れしている」と一笑に付すことも可能である。ただし、男性ユーザーの「女性はこうあって欲しい」との勝手な妄想が、ゲームヒロインの性格に反映されているとすれば、あながち虚構世界のお伽話と片付けることもできないだろう。

※１▼70年代前半生まれの筆者は、レコードがCDに、ＶＨＳがＤＶＤに移行した時代を肌で感じたし、ああ懐かしの黒電話、プッシュホン式の固定電話、ガラケー、スマホと、すべての電話機種を使ったことがある。つまり、アナログとデジタルの両時代を知る貴重な世代なのである。平成以降の生まれには、絶対に実感できない体験がある。

※２▼最初の質問は１４５人が回答したが、それ以降の回答者数は１４４人である。１人は、こちらが用意した2問目以降の問いに回答しなかった。

※３▼昆虫学者の筆者の個人的経験で言えば、金持ちの親を持つ女性が虫業界に足を踏み入れている事例はある。

※４▼『さくらビットマップ』を製作したソフトメーカー「ＨＯＯＫ ＳＯＦＴ」の作品では、小春のような博愛系ヒロインが高頻度で登場する。

# 第7章　アニメと昆虫

保科英人

漫画、ゲーム、アニメ。これが、日本が世界に誇るアキバ系文化の三本柱だろう。しかし、漫画と後者2つのあいだには大きな分断がある。それは音である。昆虫文化論の業界では、この音の有無が大きな意味を持つ。作品中での昆虫の鳴き声を用いた演出が、考察対象となりうるのだ。

『万葉集』『古今和歌集』『新古今和歌集』の三大和歌集や平安王朝文学を読むと、登場する動物はウグイス、ホトトギス、シカ、カジカガエル、鳴く虫（直翅目。バッタ・コオロギの仲間）、ホタル、そしてセミが主流であることがわかる。そして、ウグイスからセミまでの動物には一つの特徴が浮かび上がってくる。それは、光るホタルを除くと、すべて音を発する生き物だ、との共通点である。

何はともあれ、日本人は古来虫の鳴き声に耳を傾けてきたことがわかる。そして、その精神の一部は現代アニメ制作にも踏襲されているといってよい。

まずは、アニメに登場する虫たちをみていくことにしよう。

# 1 ちょっとした背景としての昆虫

アニメと前章で取り上げたビジュアルノベルは、ともに明瞭なストーリーとBGMを持つ。ただ、ビジュアルノベルは極論するとテキスト、音声、音楽、効果音からなる「紙芝居」である。紙芝居である以上、どうしても作品中の絵の数は限られる。同じ場面では、同一の背景のもと、キャラクターたちだけが入れ替わり立ち替わり、前面に押し出てくる画面構成が、ビジュアルノベルの基本である。そして、昆虫の姿形が背景の一部として描かれることはあまりない。「このとき、赤とんぼが夕焼け空を飛んだ」の類いのテキストだけで登場するのである。

一方、アニメは1話あたり約30分の動画を垂れ流し続ける。そして、アニメではストーリーの進行が一時的に止まる「間」が生じる。ここでいう「間」とは、たとえば、あるキャラクターが別のキャラクターが走ってくるのをただ待つシーンや、学校の正門のアップ描写など、数秒~10秒単位の時間である。お世辞にも重要なシーンではないが、この中途半端な間を埋めるかのごとく、昆虫が画面を一瞬横切る、葉に止まった姿を背景に映すとの演出をしばしば見かける。

背景の一部として、しばしば描かれるのはテントウムシである。

例として、以下の作品を挙げておく。

『ないしょのつぼみ』(2008年)第1話
『きんいろモザイク』(2013年)第12話

『ハナヤマタ』（２０１４年）第７話
『ハクメイとミコチ』（２０１８年）第１話
『恋する小惑星』（２０２０年）オープニング

同じく背景にそれとなく描かれやすいのは蝶である。キャラクターの背後や周囲をヒラヒラ飛ぶというやつだ。以下が主な作品だ。

『機動戦士ガンダム第０８ＭＳ小隊』（１９９８年）第２話
『シスタープリンセス・リピュア』（２００２年）第６話
『グリーングリーン』（２００３年）第７話
『美鳥の日々』（２００４年）オープニング
『恋姫無双』（２００８年）第11話
『たまこまーけっと』（２０１３年）エンディング
『ニセコイ』（２０１４年）第４話
『この素晴らしい世界に祝福を！２』（２０１７年）第６話
『となりの吸血鬼さん』（２０１８年）第７話
『私に天使が舞い降りた！』（２０１９年）オープニング
『荒ぶる季節の乙女どもよ』（２０１９年）第１話
『ネコぱら』（２０２０年）第１話

『八男って、それはないでしょう！』（2020年）第5話

キリがないので、これくらいにしておこう。

蝶のほうがテントウムシよりも高頻度で背景に登場するとの印象を受ける。テントウムシは小さいので、描くときはどうしてもアップにせざるをえない。一方、蝶は普通に視認できるほどの体サイズがあるので、キャラクターの後ろを自然に飛ばすだけでもよい。さらに、蝶を花に止まらせておけば、それだけでお花畑の絵として成り立つとの理由もあるだろう。

いずれにせよ、背景に短時間姿を現すだけのテントウムシと蝶は、ストーリーには一切無関係だし、キャラクターたちの性格の何かを補強する役割もない。強いていえば、のどかな雰囲気を強調するにとどまっている。ただ、アニメならではの昆虫活用法の一つと称することができる。

『美鳥の日々』（バンダイビジュアル）より

『恋姫無双』（ポニーキャニオン）より

『ニセコイ』（アニプレックス）より

# 2 アニメ世界の昆虫食

いくら日本が少子高齢化絶賛進行中といっても、世界全体からみれば屁の突っ張りにもならない。地球の人口は日に日に増えていっている。さりとて、まさかガンダムではあるまいし、増えすぎた人口を宇宙に移民させるわけにはいかない。当分は、地球の中で食い扶持を確保せねばならない。そんな中、新たな動物性たんぱく質として昆虫が着目されている。ようするに、牛や豚、魚介類に加え、虫も食っちまおうとの発想だ。特にコオロギは養殖のしやすさ、エネルギー効率の高さから、新たな食料資源として期待されている。

日本にはイナゴや蜂の子を食う文化はあるにはあるが、日々の食卓に虫が上がることはない。では、実際のところ、現代日本人は虫を食べることを受け入れられるのだろうか？ためしに、令和2年と3年、筆者が勤務する福井大学生にアンケートを取ってみた。「昆虫を材料とする食い物に対する、あなたの印象を教えてください」との問いを設け、以下の四つの選択肢を提示した。

①まずくなければ、虫の形そのままでお皿に乗って出てきても（例：蜂の子やイナゴの佃煮）、食うことにためらいはない。
②虫の粉末がクッキーに使われるなど、虫の原型をとどめていなければ、食べてもよい。
③養殖マグロの餌として虫が使われるなど、間接的に虫を人間が食べる程度であれば、何とか耐え

られる。
④虫を食うなんぞとんでもない。養殖されている家畜や魚の餌としても、虫を使って欲しくない。

回答の内訳は次の通りである。
令和2年：①が17人、②が65人、③が45人、④が1人（計128人）
令和3年：①が17人、②が64人、③が58人、④が5人（計144人）

昨今の若者は、昆虫食に対して、いまだ強い抵抗があるようだ。両年の調査結果とも、約半数の大学生が「原型をとどめない粉末の状態であっても、虫を食いたくない」と考えているのである。こういった若者の考え方を反映しているのだろうか、アニメ中でキャラクターたちが虫をバクバク食べている場面に、あまり心当たりがない。あるとすれば、ゲテモノ食いのギャグとしての昆虫食の描写である。たとえば『この素晴らしい世界に祝福を！2』の第2話では、主要キャラクターのめぐみんが、かつてセミを捕って食べていたことを暴露されるというギャグシーンがある。

このギャグシーンはともかく、アニメ世界の食虫行為の描写はかなり限られるといってよい。しかし、2020年放送のテレビアニメ『プリンセスコネクト！Re: Dive』は、数少ない昆虫食アニメである。

スマホゲーを原作とする本作は、モンスターが生息する中世ヨーロッパ風RPGの世界観を持つ。ヒロインで食いしんぼのペコリーヌたちが、美味しいものを食べ歩くために立ち上げたギルドが「美食殿」である。このような設定のアニメだから、様々な食材が登場する。

ペコリーヌお気に入りの食堂には裏メニューがあり、カブトムシやトンボの成虫、イモムシ料理などが運ばれてくる（第3話）。さらに、彼女らが拠点とする町の市場には、食用のセミが売っている（第10話）。ただ、この『プリンセスコネクト！Re：Dive』を前面に押し出して、日本社会は食虫文化に寛容、と評するのは無理がある。昨今の大学生が昆虫食に抵抗があるのは前述の通りだ。また、大食らいのペコリーヌはどんな食材にも嬉々として食らいつくが、ギルド「美食殿」のメンバーで、気位が高い女の子のキャルは必死の形相で、昆虫食を拒否するからである。

２０２１年放送の『現実主義勇者の王国再建記』第4話でも、王国の姫君のリーシア・エルフリーデンと「森では何でも食す」と豪語するダーク・エルフ少女のアイーシャ・ウドガルドは、イナゴの佃煮に強烈な拒否感情をあらわにした。やはり、アニメ世界の美少女たちは、昆虫に貪りつかないのである。

それにしても、軟らかい幼虫ならまだしも、カブトムシやトンボの成虫を食べる描写は面白い。昆虫食がふんだんに描かれる『プリンセスコネクト！Re: Dive』は、異色作のアニメといえよう。

## 3　アニメ世界の赤すぎる赤とんぼ

「赤とんぼ」は俗称であって、その名を持つトンボの種はいない。厳密にはトンボ科*Sympetrum*属（アカネ属ないしはアカトンボ属）に含まれるトンボのグループを「赤とんぼ」と呼んでいる。「夏の赤

的には アカトンボの仲間ではない。

とんぼ」と称されるショウジョウトンボは、成熟した雄の体は真っ赤であるにも関わらず、分類学的にはアカトンボの仲間ではない。

日本には約20種のアカネ属のトンボがいる。そのうち、もっとも馴染み深いのはアキアカネである。アキアカネは、ネオニコチノイド系農薬の普及などにより、近年その数を急激に減らしているが、それでも水田やため池に普通にいる。地方都市だと、町中の公園の池でもその姿を見ることができる。当たり前だが、アニメのキャラクターたちは、格別トンボがたくさんいそうな湖沼に、わざわざ出向いていているわけではない。となると、作品中で彼らの背後で飛んでいる赤とんぼは、普通種のアキアカネとするのが妥当な判断である。

以下のアニメが、町中や公園を飛ぶ赤とんぼが描かれている事例である。

セミを捕るめぐみん。(『この素晴らしい世界に祝福を！ 2』より)

昆虫食を拒否するキャル。(『プリンセスコネクト！ Re：Drive』より)

本編に登場したイナゴの佃煮。(『現実主義勇者の王国再建記』より)

『シスタープリンセス』（２００１年）第17話
『のんのんびより』（２０１３年）第６話
『たまこまーけっと』（２０１３年）第８話
『はじめてのギャル』（２０１７年）第10話
『アホガール』（２０１７年）第11話
『ゾンビランドサガ リベンジ』（２０２１年）第７話

アニメの中で描かれる赤とんぼの生息場所に不満はない。気になるのは、そのあまりの「赤さ」である。前述のアニメ作品に出てくる赤とんぼは、胸部と腹部はいうに及ばず、頭部まで真っ赤っかである。『アホガール』第11話の赤とんぼの場合、羽まで赤っぽくなっている。

実は、アキアカネの腹部はたしかに赤いが、頭部と胸部はほとんど赤くならない。ましてや羽は透明である。こうしてみると、アニメで描かれる赤とんぼはアキアカネではなく、ナツアカネだ、ということになる。

ナツアカネは「夏」といいつつ、アキアカネと同じく秋に飛ぶ赤とんぼである（つまり、名前がおかしいのだが、今さら変えられない）。そして、ナツアカネの雄は成熟すると、頭部、胸部、腹部すべてが真っ赤になる。よって、アニメ作品に出てくる赤とんぼはナツアカネだと解釈すればよさそうなものだが、「もっとも普通に見られるのはアキアカネである」との科学的事実と合わなくなってしまう（※１）。つまるところ、日本人は赤とんぼを実物以上に「赤い」と思い込んでいるに違いない。だからこそ、アニメに出てくる赤とんぼは、あまりに赤すぎるのである（※２）。

# 4 アニメ世界のセミのうんちく話

### ▼ミンミンゼミ編

本章1項で「アニメは、ビジュアルノベルとは異なり、短時間だけ背景に姿を現す昆虫を描くことが可能」と述べた。しかし、アニメにおける昆虫の出番の多くは「鳴くこと」である。これならば、画面上に姿を現さなくとも、音でもって存在をアピールすることができる。そして、季節を告げる役割を担う。仮に、アニメの第1話の冒頭で、セミの声をバックに青空が描かれたとしよう。視聴者は即座に「夏の物語が始まる」と理解するのである。

日本の町中や農村、漁村、低山地で見られる主要なセミは、ミンミンゼミ、アブラゼミ、クマゼミ、

春歌の頭に赤とんぼが止まる。(『シスタープリンセス』より)

瑠璃とすれ違う赤とんぼ。11 話に登場する。(『アホガール』より)

穂先に止まる赤とんぼ。(『ゾンビランドサガ リベンジ』より)

ニイニイゼミ、ツクツクボウシ、ヒグラシの6種である。そして、この6種のセミの鳴き声はいずれも特徴的であり、他の5種との区別が容易だ。

また、アニメやビジュアルノベルでのセミの鳴き声は、出来が大層よろしくない人工音も少なくない。それでも、個々のセミの種の鳴き声は、それぞれの特徴が際立っているせいで、何とか種の特定が可能である。その特徴の高さ故にクリエイターは、場面ごとに6種のセミを巧みに使い分けているともいえよう。

まずは、ミンミンゼミから。ミンミンゼミは、その名の通り「ミーンミーン」と鳴く。作中で、その暑苦しい鳴き声で夏を告げるお役目である。その事例はあまりに多い。そこで、2020年と2021年の作品に絞り、作中でミンミンゼミが鳴いたアニメを列挙してみた。

**【2020年度作品】**

『ネコぱら』(第8話、第12話)
『八十亀ちゃんかんさつにっき 2さつめ』(第5話、第11話)
『邪神ちゃんドロップキック・』(第1話、第8話)
『球詠』(第3話)
『ド級編隊エグゼロス』(第9話)
『宇崎ちゃんは遊びたい!』(第5話、第7話)
『トニカクカワイイ』(第4話、第12話)

『神様になった日』（第1話～第3話、第5話～第8話）
『ご注文はうさぎですか？ BLOOM』（第1話）
『月曜日のたわわ』（第7話）
『恋する小惑星』（第4話、第5話、第10話～第12話）

【2021年度作品】
『八十亀ちゃんかんさつにっき 3さつめ』（第5話）
『のんのんびより のんすとっぷ』（第3話～第5話）
『イジらないで、長瀞さん』（第5話、第6話）
『ひげを剃る。そして女子高生を拾う。』（第7話）
『精霊幻想記』（第1話）
『小林さんちのメイドラゴンS』（第10話）
『大正オトメ御伽話』（第4話）

筆者は別に、この両年に放送された全アニメを視聴しているわけではない。にもかかわらず、これだけのミンミンゼミの鳴き声の使用例を確認できた。いかにミンミンゼミがアニメ界で重宝されているかがわかるだろう。

『球詠』（エイベックス・ピクチャーズ）より

さて、このミンミンゼミ。首都圏では、低山地はもちろん都市部にも生息している。しかし、西日本では、町中ではまずその声を聞くことはない。筆者の実家は神戸市のニュータウンで、あちこちに公園があり、木もそれなり植えられているものの、ミンミンゼミはいない。

現在、筆者が居住する福井市でも同様で、町中でその姿を見ることはない。よって、町中でミンミンゼミの鳴き声が響くアニメの舞台は東京である、と解釈しておけばよい。それで問題ない。

不思議なのは、ミンミンゼミとは縁遠い生活を送っているはずの西日本の人間であっても、最初に頭に浮かぶセミの鳴き声は、なぜか「ミーンミーン」である点だ。筆者は令和元年、福井大学生97人に対して「あなたの頭に浮かぶセミの鳴き声を一つだけ書きなさい」と意識調査を行った。そして、生徒が書いた鳴き声からセミの種類を特定した(表1)。

97人中45人が福井県出身である。面白いのは、97人全体もさることながら、福井県人45人のうち、7割がミンミンゼミと答えたのである。摩訶不思議としか言いようがない。

「ミーンミーン」との力強い鳴き声が、人々の印象に残りやすいとの点はあるだろう。さらに、西日本の人間といえども、アニメやドラマの中のミンミンゼミの鳴き声を、子供のころから聞かされ続けた結果ではないか、と筆者は推測している。

| セミの種類 | 全体 | 福井県出身者 |
|---|---|---|
| ミンミンゼミ | 66 | 32 |
| アブラゼミ | 15 | 6 |
| ツクツクボウシ | 9 | 5 |
| クマゼミ | 4 | 0 |
| ヒグラシ | 3 | 2 |
| 計（人数） | 97 | 45 |

表1）福井大学生の頭に浮かぶセミの鳴き声

### ▼アブラゼミ編

首都圏では、ミンミンゼミは町中にもいる、と「ミンミンゼミ編」で述べた。しかし、都市部や農村を問わず、我々日本人にもっとも馴染み深く、そして全国的に数が多いのはアブラゼミである。アブラゼミはところかまわず鳴き、その姿を人に見せつけているといってよい。

当然、アブラゼミはアニメの中でもその鳴き声を響かせる機会は多いのだが、用いられ方にイチャモンを付けたくなることがしばしばある。それは次の作品に見られる、鳴き声と絵に大きな乖離である点だ。

『ないしょのつぼみ』（２００８年）第2話
『マケン姫っ！』（２０１１年）第10話
『ゆるゆり♪♪』（２０１２年）第5話、第9話
『たまごまーけっと』（２０１３年）第6話
『kiss × sis OAD』（２０１４年）第10話
『僕の彼女がマジメ過ぎるしょびっちな件』（２０１７年）第10話
『ガヴリールドロップアウト』（２０１７年）第3話
『からかい上手の高木さん』（２０１８年）第6話
『となりの吸血鬼さん』（２０１８年）第7話
『Cutie Honey Universe』（２０１８年）第6話
『イジらないで、長瀞さん』（２０２１年）第6話

これら11作品中では「鳴き声はミンミンゼミなのに、描かれてい

『僕の彼女がマジメ過ぎるしょびっちな件』（KADOKAWA）より）

るセミの絵は明らかにアブラゼミ」との場面がある。アブラゼミの羽は茶色で胸部は黒色、ミンミンゼミの羽は透明で胸部は緑色なので、いくらアニメ用にデフォルメされたセミといえども、外見による区別は容易である。

一方、次の作品のように、鳴き声と姿がともにアブラゼミとの作品もある。

『ゆるゆり なちゅやちゅみ！ぷらす』（２０１５年）第１話
『ハロー!! きんいろモザイク』（２０１５年）第９話
『八月のシンデレラナイン』（２０１９年）第９話
『のんのんびより のんすとっぷ』（２０２１年）第４話

すべてのアニメ作品で、セミの鳴き声と外見との間の齟齬が生じているわけではない。特に『のんのんびより のんすとっぷ』は、ド田舎の４人の少女たちによる生き物との触れ合いに重点を置いたアニメだから、制作スタッフは生き物の姿形には相当気を使って描写しているように思える。

反対に、「鳴き声はアブラゼミなのに、描かれているセミはミンミンゼミ」との逆のパターンは極めて稀である。筆者寡聞にして、『かなめも』（２００９年）第８話ぐらいしか事例が思いつかない。「鳴き声はミンミンゼミなのに、描かれているセミはアブラゼミ」との矛盾をどう考えればよいか。矛盾とは言いすぎか。アブラゼミの姿で出てくる場面では、よそで鳴いているミンミンゼミの声をBGMとして用いているだけだ、と解釈すれば、そう目くじらを立てる必要はないのか。両者が同じ場所にいることはありえるのだから。それにアニメ制作スタッフは、セミの声と外見を一致させる義務を背負っていないのである。

ただ、都市部であってもアブラゼミが人々の視界にもっとも入りやすいセミであることと、ミンミンゼミの印象に残る鳴き声が結びついて、「鳴き声はミンミンゼミなのに、描かれているセミはアブラゼミ」との場面が氾濫する一要因となっている、と言えそうである。

最後に、2020年放送の『安達としまむら』では、アブラゼミの特異な使用法が見られる。『安達としまむら』は授業をサボりがちな2人の女子高生の安達桜と島村抱月が主人公である。2人の百合っぽい話展開もあるが、キャッキャウフフの明るいアニメではなく、重ためのストーリーである。

第1話の回想シーン。まだ友達ではなかった2人は、微妙な距離のもと、体育館で休んでいた。するとアブラゼミが窓のすぐ外で鳴きだした。2人はうるさいと感じ、窓をおもいっきり叩いた。ショックを受けたアブラゼミは下に落ちてしまう。2人はアブラゼミが心配になり、拾いに行った。

アブラゼミなのに、なぜか鳴き声はミンミンゼミ。(『となりの吸血鬼さん』より)

こちらは見た目も鳴き声もアブラゼミ。(『八月のシンデレラナイン』より)

2人の出会いをアブラゼミを通して描いている。(『安達としまむら』より)

島村はセミを近くの木に止まらせてやった。今度は2人のあいだで「このセミが何日生きられるか?」との話題になる。安達は「何日生きて欲しい?」と問うと、島村は「15日」と答えた。これ以降、安達と島村は仲良くなっていく。

一筋縄ではいかない、やや観念的な場面である。アブラゼミに対する2人の視点は、同情一辺倒でもなければ、騒音発生源との扱いでもない。アブラゼミが、2人が親しくなるきっかけを作ったことはたしかだ。ただ、友達が多い島村に対し、安達のほうは親しい友達は島村にほぼ限られる。作中では、そんな安達の葛藤が随所に描かれる。どこか重苦しい2人の関係の始まりをアブラゼミが暗示している、との解釈も可能なところである。

### ▼ニイニイゼミ編

梅雨真っ只中の6月下旬に羽化し始め、9月中旬には姿を消すのがニイニイゼミだ。「チー」と甲高い声で鳴く。アブラゼミやミンミンゼミ、ヒグラシはおおよそ7月中旬以降に成虫が出始めるから、夏のセミのトップバッターは、このニイニイゼミである。農村部はもとより、都市部でも普通に見られる。

しかし、梅雨の季節の象徴とも呼ぶべきニイニイゼミは、なぜかアニメの中でその鳴き声が使われない。とにかく出番がない(※3)。

たとえば、2019年放送で、男子高生、女子高生、女性教師の三角関係を描いた『ドメスティックな彼女』の第7話。学期末の定期試験終了後、夏休み突入との場面でミンミンゼミとアブラゼミの声が流される。しかし、実際には、彼らが必死に試験勉強をしているあいだ、ニイニイゼミは背後で盛んに鳴いていたはずだが、町や学校はなぜか静まり返っているのである。

ニイニイゼミは町中にも生息しているのに、なぜアニメの中で用いられないのだろうか。

一つは、ニイニイゼミは盛夏中も鳴いているのだが、声量との点で後発組のアブラゼミに劣る。ニイニイゼミの鳴き声はアブラゼミの大音量にかき消され、我々の印象に残りにくいことが考えられよう。そして、一般人はニイニイゼミの甲高くて小さ目な鳴き声を、セミの声としてあまり認識していない可能性がある。

令和2年7月9日、筆者は127人の福井大学生に対して、「あなたは今年すでにセミの声を聞いたか?」とのアンケート調査を行った。すると、「聞いた」と答えた学生は3分の1の44人にとどまった。次に同年8月1日、再度同じアンケートを128人に行った。「聞いた」と答えたのは126人にのぼったので、ほぼ100パーセントである。

このアンケート結果の意味するところは明白である。「ニイニイゼミは鳴いているが、アブラゼミは出現していない」7月9日時点では、3分の2の学生は「セミの声を聞いていない」と答えたのである。ようするに彼らは、ニイニイゼミの鳴き声をセミの音として聞き取れていないのだ。一方、7月下旬以降に町中でがなり立てるアブラゼミは、彼らにとって疑いなくセミなのである。

人々の意識がこうである以上、クリエイター陣はアニメの中でニイニイゼミの声を使いづらいに違いない。クリエイター自身がニイニイゼミを意識していない可能性に加え、梅雨のストーリーの中でニイニイゼミ

無愛想な女子高生・瑠衣。本編のヒロインの1人。(『ドメスティックな彼女』より)

の声を流そうものなら、ユーザーから「なんで夏前なのに、セミが鳴いているの？」との疑問を持たれてしまう。そんな危険を冒してまで、ニイニイゼミをアニメに登場させる意義はないのである。

## ▼クマゼミ編

近年勢力を増しているのがクマゼミである。筆者の故郷の神戸市では、クマゼミはかつて海沿いにしか見られなかった。しかし、海から遠く離れている筆者の実家周辺も、今や盛夏になるとクマゼミの巣窟になってしまった。

この状況は東京も似たようなものである。戦前の昆虫学雑誌『昆蟲世界』には、「東京でクマゼミを捕ったぞ！」との自慢気な短報が掲載されている。つまり、当時の東京ではクマゼミは珍品だったことがわかる。しかし、令和の現在、昆虫学の雑誌に「東京でクマゼミを捕りました」なんて投稿しようものなら、鼻で笑われるだけだ。クマゼミは東京都市部の普通のセミになってしまったからである。

昆虫学雑誌『インセクタリウム』の1996年3月号によると、当時の東京都区内のクマゼミの発生地は代々木公園だけだったという。筆者が関心を持っているのは、「日本アニメ史上最初にクマゼミの声が使われたのはいつか」である。

筆者が知る限りでは、1998年放送の『アキハバラ電脳組』と1999年『劇場版　アキハバラ電脳組』で、クマゼミの声が流れる場面がある。つまり、遅くとも90年代終わりには、アニメの中でクマゼミは登場している。

2001年『魔法少女たると』、2005年『ラムネ』、2005年『Air』、2007年『キミキス』

などでも、クマゼミの鳴き声は使われている。２０００年代半ばには、クマゼミは夏の演出法として珍しくなくなったことがわかる（※４）。

２０１０年『生徒会役員共』や同年の『れでぃ×ばと！』、２０１２年『中二病でも恋がしたい！』では、繰り返しクマゼミの鳴き声が使われた。近年の作品でいうと、２０１９年『可愛ければ変態でも好きになってくれますか？』、２０２０年『神様になった日』、２０２１年『イジらないで、長瀞さん』などなど、クマゼミはアニメ世界で完全に定着した感がある。

クリエイター陣の着想のきっかけは、本人と神のみぞ知る。よって、彼らがなぜクマゼミの鳴き声をアニメで使ったのかは、第三者にはわからない。クリエイターの方の出身地が作品中に使うセミの種類の選択に影響を及ぼすこともあるだろう。

アニメ作品におけるミンミンゼミの鳴き声の多用は、東京中心の発想といってよい。ならばクマゼミの場合も、首都圏における近年の個体数増加とともに、アニメ世界にも進出拡大していったと

『ラムネ』（インターチャネル）より

『キミキス』（バンダイビジュアル）より

『神様になった日』（アニプレックス）より

の仮説も成り立つ。そういった意味で、70年代〜80年代のアニメにクマゼミが登場しているか否かについて、筆者は大いに興味がある。今後、調べてみたいテーマである。

### ▼ヒグラシ編

日本人の身近なセミは、ミンミンゼミ、アブラゼミ、クマゼミ、ニイニイゼミ、ツクツクボウシ、ヒグラシの6種である、と前述した。このうち、アブラゼミとミンミンゼミは登場頻度の違いはあれ、ともに暑い夏の象徴の一言に尽きるので、その用いられ方に大差はない。

一方、ヒグラシは夕方にだけ鳴く（※5）。つまり、アブラゼミやミンミンゼミが原則、夏という季節しか表さないのに対して、ヒグラシの鳴き声は夕方との時間をも合わせて表現できる。さらに、ヒグラシの「カナカナカナ」との涼しげかつ哀しげな独特の鳴き声は、キャラクター同士のシリアスな会話や懐旧を呼び起こす場面との相性が抜群に良い。とにかく、ヒグラシは他の5種のセミとは一線を画した特徴を持つので、アニメの世界では重宝される存在である。同人ゲーム『ひぐらしのなく頃に』にいたっては、タイトルに「ヒグラシ」が入るほどである。

2020年と2021年のアニメから、ヒグラシの登場作品を列記してみた。

**【2020年度作品】**

『ネコぱら』（第8話）

『恋する小惑星』（第4話、第5話、第12話）

『地縛少年花子くん』（第6話、第9話）

『放課後ていぼう日誌』（第12話）
『ド級編隊エグゼロス』（第1話、第9話）
『宇崎ちゃんは遊びたい！』（第6話、第8話）
『神様になった日』（第1話、第5話～第7話）

**【2021年度作品】**

『ゆるキャン△ Season2』（第1話）
『のんのんびより のんすとっぷ』（第3話、第6話、第11話）
『イジらないで、長瀞さん』（第5話、第6話）
『ゾンビランドサガリベンジ』（第6話、第8話）
『ジャヒー様はくじけない！』（第2話）
『女神寮の寮母くん。』（第6話）
『プラレオ！』（第1話）

『イジらないで、長瀞さん』（キングレコード）より

ヒグラシが登場する作品は、ミンミンゼミが用いられた作品と多くが被っている。夏の日々が描かれる中、昼間の場面ではミンミンゼミ、夕方はヒグラシの鳴き声が使われるのは、当然の流れである。つまりヒグラシは、昼間から夕方へと時間が経過する演出にも採用できる。ヒグラシの鳴き声は便利なツールなのである。

真っ昼間のシーンなのに、ヒグラシが鳴くアニメはあるにはある。これに該当するものには、以下の作品がある。

『グリーングリーン』（2003年）
『_summer』（2006年）
『中二病でも恋がしたい！』（2012年）
『ハロー‼ きんいろモザイク』（2015年）

しかし、これらは例外といってよい。些細なものである。むしろアニメの中のヒグラシと、実際の野外におけるヒグラシの生態の食い違いでもっとも目立つのは、「鳴く場所」である。アニメの中では、ヒグラシは夕方との時間設定でさえあれば，町だろうが山だろうが、ところ構わず鳴いている。これが実物のヒグラシの生態と合わない点なのである。

ヒグラシは原則森の中でしか鳴かない。大都市圏はいうに及ばず、筆者が居住する地方都市の福井市でさえ，町中でヒグラシの鳴き声を聞くことはまずない。ヒグラシがよく鳴くのは、スギ林である。いくら地方都市でも町中にスギ林はそうそうないから、鳴き声を聞きたければ山のほうへ行くしかないのだ。

『のんのんびより』（2013年）のような、山々に囲まれた農村を舞台にしたアニメであれば問題ない。しかし、アニメの中のヒグラシは、町中でも平気で鳴いている。筆者が「この場所で、ヒグラシの声が聞こえてくるのはありえんやろ」と感じたアニメ作品は、以下の通りである。

『劇場版 アキガバラ電脳組』（1999年）
『魔法少女たると』（2001年）第3話
『月は東に日は西に』（2004年）第8話
『かなめも』（2009年）第1話、第3話
『kiss × sis』（2010年）第7話、第8話
『生徒会役員共』（2010年）第8話
『れでぃ×ばと！』（2010年）第9話
『アマガミSS』（2010年）第9話
『ゆるゆり♪♪』（2012年）第5話～第7話
『たまこまーけっと』（2013年）第6話、第7話
『きんいろモザイク』（2013年）第6話
『ももくり』（2014年）第14話
『中二病でも恋がしたい！戀』（2014年）第10話、第11話
『異能バトルは日常系のなかで』（2014年）第10話
『ゆるゆり なちゅやちゅみ！ぷらす』（2015年）第2話
『ハロー!! きんいろモザイク』（2015年）第9話
『はじめてのギャル』（2017年）第7話
『となりの吸血鬼さん』（2018年）第8話
『すのはら荘の管理人さん』（2018年）第5話、第8話

『れでぃ×ばと！』（ジェネオン・ユニバーサル・エンターテイメント）より

『月は東に日は西に』（フロンティアワークス）より

『ウマ娘 プリティーダービー』（2018年）第9話
『私に天使が舞い降りた！』（2019年）第4話、第5話
『ドメスティックな彼女』（2019年）第8話、第9話
『ひとりぼっちの○○生活』（2019年）第7話、第8話
『ネコぱら』（2020年）第8話
『宇崎ちゃんは遊びたい！』（2020年）第8話
『イジらないで、長瀞さん』（2021年）第5話、第6話

かなりの数にのぼってしまった。多少、昆虫学の心得がある人間が真剣にアラ探しをすれば、これだけの事例を挙げることができるのである。

では、アニメの中のヒグラシは、なぜ本来の生息場所ではない町中で、さかんに鳴くのであろうか？

一つには、黄昏時のヒグラシの鳴き声が、日本人の意識に強く埋め込まれていることが考えられよう。少し冷静になって思い出せば、ヒグラシが町のド真ん中にいないことは簡単に気付くはずなのだが、人々はそこまで思いが及ばないということか。また、「夕方を告げる」との役回りはほかに代替できるセミがいない以上、たとえ町中であったとしてもヒグラシを起用せざるを得ないとの事情が、クリエイター側にあるのかもしれない。

### ▼ツクツクボウシ編

「ツクツクボーシ、ツクツクボーシ」との鳴き声がそのまま名前となっているツクツクボウシ。このセミも、アニメ界でその独特な鳴き声を響かせている。筆者が知る限りの登場事例を挙げてみた。

『劇場版 アキガバラ電脳組』（1999年）
『魔法少女たると』（2001年）第5話
『グリーングリーン』（2003年）第10話、第11話
『月詠』（2004年）第19話
『Air』（2005年）第1話、第2話、第6話、第10話、第11話
『ラムネ』（2005年）第11話、第12話
『キミキス』（2007年）第16話
『かなめも』（2009年）第1話、第9話
『ソ・ラ・ノ・オ・ト』（2010年）第8話
『生徒会役員共』（2010年）第8話
『れでぃ×ばと！』（2010年）第6話、第7話
『四月は君の嘘』（2014年）第14話
『生徒会役員共＊』（2014年）第7話
『生徒会役員共番外編』（2014年）第1話、第2話、第6話、第7話
『中二病でも恋がしたい！戀』（2014年）第11話

『グリーングリーン』（ポニーキャニオン）より

『のんのんびより りぴーと』（2015年）第6話〜第8話
『ゆるゆり さん☆ハイ！』（2015年）第1話
『ネトゲの嫁は女の子じゃないと思った？』（2016年）第6話、第7話、第9話
『劇場版 生徒会役員共』（2017年）
『アホガール』（2017年）第8話
『からかい上手の高木さん』（2018年）第7話、第8話
『すのはら荘の管理人さん』（2018年）第7話、第8話
『ウマ娘プリティーダービー』（2018年）第9話
『ドメスティックな彼女』（2019年）第9話
『ダンベル何キロ持てる？』（2019年）第4話
『からかい上手の高木さん2』（2019年）第8話、第9話、第11話
『俺を好きなのはお前だけかよ』（2019年）第8話
『恋する小惑星』（2020年）第5話
『ド級編隊エグゼロス』（2020年）第8話
『神様になった日』（2020年）第8話
『ゆるキャン△ Season2』（2021年）第1話
『のんのんびより のんすとっぷ』（2021年）第3話、第4話、第6話、第11話
『ひげを剃る。そして女子高生を拾う。』（2021年）第7話
『結城友奈は勇者である 大満開の章』（2021年）第2話

『大正オトメ御伽噺』（2021年）第4話

随分と事例は多いじゃないか、と思われる方もおられるだろうが、そんなことはない。ミンミンゼミと比較すると、ツクツクボウシの登場回数はぐっと減る。

夏の最初に鳴き始めるセミは、ニイニイゼミである。逆に、もっとも遅くまで鳴いているのは、このツクツクボウシである。7月下旬に出現する成虫も少しはいるが、個体数が増え、やかましい声で町や山が覆われるのは8月の盆から9月中旬である。つまり、ツクツクボウシは秋のセミと呼ぶこともできる。

2014年『中二病でも恋がしたい！戀』第11話。ツクツクボウシの声が聞こえる部屋で、ヒロインの小鳥遊六花は、夏休みの宿題が全然できていないことを自白した。

2020年『恋する小惑星』第5話では、夏休み明けの新学期、通学する女子高生たちが「まだ

『すのはら荘の管理人さん』(DMM pictures) より

『からかい上手な高木さん2』（東宝）より

『のんのんびより のんすとっぷ』（KADOKAWA）より

まだ暑いね〜」と会話する中、ツクツクボウシの声が流れた。

２０２１年『のんのんびより のんすとっぷ』第6話では、ツクツクボウシの鳴き声をＢＧＭにして、越谷夏海と宮内ひかげが夏休みの宿題に追われた。夏休みも残りわずかなのに、宿題が終わっていない。新学期が始まったが、残暑は厳しい。または宿題に追われる夏休みの終わり。３作品のこのシーンこそ、ツクツクボウシの季節的特徴を生かし切った、王道中の王道の描写のはずなのである（クリエイター陣がそこまで考えて制作したかどうかは知らないが）。にもかかわらず、アニメ世界の大半のツクツクボウシは、なぜかミンミンゼミやアブラゼミと同様、盛夏のセミとして扱われている。不思議な話である。

自然界とアニメ界で、ツクツクボウシが鳴く季節のあいだに乖離がみられるのは、「セミは夏だけに出現する昆虫である」との人々の意識があまりに強固である、との点が考えられよう。視聴者のこの認識が非常に強すぎると、アニメの演出上、秋の運動会や遠足の場面を、ツクツクボウシの鳴き声で飾るわけにはいかない。実際の昆虫学上の知見なんぞに構ってはおれないという理屈になる。

そもそもクリエイター陣が、ツクツクボウシを盛夏のセミと勘違いしている可能性も大きかろう。一度、人々に染み付いた認識を変えるのは容易ではない。そして、アニメ監督は正しい科学知識を普及し、人々の常識に誤りがあれば是正する責任を負っているわけでもない。アニメの演出は、あくまで大多数の視聴者の科学リテラシーのレベルに合わせなくてはならない。

これからもアニメ世界のツクツクボウシは、ミンミンゼミやアブラゼミとともに、夏の到来を告げていくのだろう。

### ▼ご当地アニメ編

昭和47年生まれの筆者が、幼少時から大学院生の頃に観ていたアニメの大半は、特定の都道府県や市町村を舞台にした作品ではなかった。作品中の地名は、架空のものも多かったし、そもそも視聴者も、キャラクターたちが躍動している住所や地名に関心を持つことはなかった。

しかし、今や実在する地域を描いた「ご当地アニメ」がブームである。たとえば、名古屋を舞台とし、同市の自虐ネタを連発した『八十亀ちゃんかんさつにっき』は、2019年から2021年にかけて3期制作されたほどである。地方自治体としても「聖地巡礼」と称して、ファンが遠路はるばるやってきて、カネを落としてくれるのだからありがたい存在だ。

狭い日本といえども、普通にみられるセミの種類は地域によって異なる、と前述した。ミンミンゼミは東京の都心部にはいるが、大阪駅の近くにはいないのである。では、ご当地アニメは、舞台となった地域のセミ事情を反映した作りになっているのだろうか？

ご当地のセミの特徴を生かしたとおぼしき作品は、いくつかある。たとえば、熊本県芦北町をモデルとした女子高生たちの釣りアニメ『放課後ていぼう日誌』（2020年）では、クマゼミが鳴くシーンがある。

次に、佐賀愛を熱く語るゾンビのアイドルグループ・フランシュシュが活躍する『ゾンビランドサガ』（2018年）と『ゾンビランドサガ リベンジ』（2021年）。夕方にヒグラシが鳴く場面はあるが、作品中で鳴くセミはクマゼミ一色である。九州を代表するセミは、何と言ってもクマゼミだ。『ゾンビランドサガ』の中で、がなり立てるクマゼミの描写は、九州北部のセミ事情を忠実に再現している。

『放課後ていぼう日誌』『ゾンビランドサガ』のクリエイター陣が、意図的にクマゼミを選んで、その鳴き声を用いたかどうかまではわからない（筆者は、両作品の設定資料集や監督のインタビュー記事等は未読である）。しかし、雪国を舞台とした名作パソコンゲームを原作とする、２００６年のテレビアニメ『Kanon』（ＴＢＳ・京都アニメーション版）には、確実に北国のセミの種類にこだわったと断定できる場面がある。

主人公の男子高生の相沢祐一が居候をする家に、沢渡真琴と名乗る記憶喪失の少女が転がり込んできた。この真琴なる子の正体は、実は子供だった祐一が世話をしたことがある子ぎつねである。祐一と子ぎつねが遊んだ第９話の回想シーンで、鳴いていたセミは、なんとエゾゼミである。そして、作品中ではその姿もばっちり描かれた。

このエゾゼミなるもの、本州や四国、九州にも分布しているが、標高が高いところにしか生息していない。しかし、北海道であれば、平地でも見られる。ようするに、エゾゼミは寒冷地のセミである。

雪国が舞台の『Kanon』のクリエイター陣は、エゾゼミを意図的に選択したと断言できよう。ただ、そのこだわりが、東京や大阪の視聴者に伝わったかどうかは、かなり微妙である。エゾゼミなんぞ、相応の昆虫学の知識がないと、わからない代物だからだ。

北海道とは真逆に位置する琉球列島。ここに分布するセミは、本土とは種類がまったく違うし、その鳴き声も異なる。ただ、琉球のセミが、沖縄が舞台のアニメに出てくるかと問われても、筆者寡聞にして心当たりがほとんどない。

たとえば、沖縄のご当地アニメで、ビーチバレーに情熱をささげる少女たちを描いた『はるかなレシーブ』（2018年）。残念ながら、その夕方の場面で鳴くのは、沖縄にはいないはずの本土のヒグラシである。このほか、現代のスパイ少女が活躍する『Release The Spyce』（2018年）や、天体観測に青春をかけた地学部少女たちの『恋する小惑星』（2020年）では、キャラクターたちが石垣島に飛ぶ場面がある。しかし、そこで鳴いているのは、本土のミンミンゼミやヒグラシであって、石垣島に生息するタイワンヒグラシではないのである……。

ただ、石垣島の場面で、本土のヒグラシの声を流した『Release The Spyce』と『恋する小惑星』の監督さんや音響担当の判断は正しかったと思う。こだわり抜いてタイワンヒグラシの鳴き声を採用したところで、大半の視聴者はその熱意に気づくはずもないからである（※6）。

熊本県が舞台だけに、クマゼミが鳴くシーンも。（『放課後ていぼう日誌』より）

北国が舞台の本作には、エゾゼミが登場する。（『Kanon』より）

石垣島で生息するタイワンヒグラシではなく、本土のヒグラシの鳴き声を使っている。（『恋する小惑星』より）

春人の回想シーンで、ミンミンゼミの声が鳴り響く。（『精霊幻想記』より）

## ▼回想シーンで多用されるセミの鳴き声

２０２１年７月放送開始の『精霊幻想記』の第1話冒頭。主人公の大学生の天川春人が、子供の頃、ミンミンゼミの声が鳴り響く中、幼なじみの綾瀬美春と結婚の約束をする、との回想シーンから始まる。春人は交通事故で死亡し、リオの名で異世界に生まれ変わる、との転生ストーリーだ。

このようにドラマやアニメでは、しばしば回想シーンが挿入される。残念ながら筆者は現役サラリーマンなので、朝から晩までアニメを観ているわけにはいかない。よって、全アニメを視聴したうえでの統計データは出せないのだが、回想シーンは夏の季節が多いとの印象がある。そして、その場面でミンミンゼミなりヒグラシなりの声が流されるのである。

ここで、回想シーンでセミが鳴いた作品を挙げてみよう。

『アキハバラ電脳組』（１９９８年）第16話
『シスター・プリンセス』（２００１年）第13話
『シスタープリンセス・リピュア』（２００２年）第11話
『ラムネ』（２００５年）第3話、第4話、第7話、第10話
『Kanon』（ＴＢＳ・京都アニメーション版／２００６年）第14話
『れでぃ×ばと！』（２０１０年）第6話、第9話
『アマガミＳＳ』（２０１０年）第19話
『魔乳秘剣帖』（２０１１年）第10話
『たまこまーけっと』（２０１３年）第9話

『ニセコイ』（２０１４年）第15話
『あそびあそばせ』（２０１８年）第1話
『荒ぶる季節の乙女どもよ。』（２０１９年）第1話
『可愛ければ変態でも好きになってくれますか？』（２０１９年）第5話、第6話、第11話
『俺を好きなのはお前だけかよ』（２０１９年）第8話
『ぼくたちは勉強ができない（第1期）』（２０１９年）第12話
『八月のシンデレラナイン』（２０１９年）第4話
『地縛少年花子くん』（２０２０年）第6話
『邪神ちゃんドロップキック』（２０２０年）第6話
『球詠』（２０２０年）第3話
『ド級編隊エグゼロス』（２０２０年）第10話
『トニカクカワイイ』（２０２０年）第4話

『たまこまーけっと』（ポニーキャニオン）より

『ぼくたちは勉強ができない』（アニプレックス）より

『ゆるきゃん△ Season2』（フリュー）より

『神様になった日』（2020年）第5話
『ゆるキャン△ Season2』（2021年）第1話
『のんのんびより のんすとっぷ』（2021年）第3話

キャラクターたちの昔の虫捕りや海水浴の記憶を語る場面なら、その回想シーンは必然的に夏になる。当然、セミの鳴き声を伴うだろう。しかし、ここで挙げた作品の回想シーンの多くは、別に夏である必要がないケースである。なぜ、人は幼き頃の思い出とくれば、夏をイメージしてしまうのだろうか？

夏に郷愁を覚えるのが日本人の性なのか。

令和2年6月、筆者は福井大学生123人に「あなたはセミの鳴き声に対して、どのような印象を持っていますか？ 次の選択肢からもっとも近いものをお選びください」との質問をした。筆者が用意した回答とその人数は、以下の通りである。

①夏という季節を感じ、「遊ぶぞ～」「海に行くぞ～」などのように、ワクワクした気分になる（39人）
②暑い季節が来たな、嫌だな、早く秋にならないかな、とウンザリする（21人）
③「今年も夏が来たなァ」としみじみとした感傷に浸る。ワクワクというよりはセンチメンタルな気分になる（45人）
④「少しは黙ってろ。電話の声が聞き取れないぞ！」とセミに文句を言いたくなる。鳴き声はウル

サイと感じる雑音である（9人）

⑤まったくもってどうでもよい。鳴こうが鳴くまいが知ったことではない。セミの鳴き声は自分の感情に、正負両方の意味で影響を与える代物ではない（9人）

年寄りの「最近の若い者は情緒を理解していない」みたいな愚痴を聞くことがある。しかし、なかなかどうして、セミに対して「感傷に浸る」と答えた学生がもっとも多かったのである。解答①の「ワクワクする」も含めると、昨今の若者はセミに対して、それなりに好意的なのである。アニメの中のセミの鳴き声が、どこかしら懐旧の色を帯びていても、視聴者は素直に受け取れるような気がする。

1人の視聴者にすぎない筆者としては、クリエイター陣の意図の深読みは避けたい。ただ、回想シーンに入る際には、現代のキャラクターたちの状況や服装が、コロッと変わったほうが、視聴者にはわかりやすいとの見方もできるか。そういった意味では、春なり秋の場面で、いきなりセミの声が流れれば、ストーリーが別の時間に飛んだとすぐに理解できる、との側面はあるのかもしれない。

では、セミがガなり立てている現在の夏から、かつての夏の回想シーンに飛ぶ場合はどうすればよいのか。心配ご無用、鳴いているセミの種類を変えればよいのである。

ド田舎の舞台の『のんのんびより のんすとっぷ』の第3話は夏の回。アブラゼミ、ツクツクボウシ、ミンミンゼミの声が鳴り響く中、越谷夏

幼少期の夏海とひかげ。（『のんのんびより のんすとっぷ』より）

海と宮内ひかげがちょっとしたいさかいを起こした。そして、幼少時の夏の2人の喧嘩の回想シーンとなるのだが、ここで鳴いているセミの声がクマゼミに切り替わるのである。
なるほど、そういうクマゼミの使い道もあるのか、と筆者は妙に感心した。



## 5 ―異世界にもコオロギはいる

灼熱の夏を表現するのがセミならば、秋の夜長を表すのはコオロギやスズムシ、マツムシなどの鳴く虫である（※7）。

アニメやゲームを問わず、晩夏や秋の夜の場面では、鳴く虫の声がよく使われている。ただ、惜しいことにコオロギ類は、セミほど種ごとの鳴き声が鮮明に区別できない。一視聴者の立場だと、アニメの中の生き物の鳴き声の音源が自然生物由来なのか、人工合成されたものなのかもわからない。とにかく、アニメの草むらの中で「リリリリ」と鳴かれても、それがツヅレサセコオロギなのかエンマコオロギなのか、昆虫学者であっても判定できない場合が多い。

クリエイター陣も、そもそも特定の種類のコオロギを念頭に置いて、虫の鳴き声を作成していない場合も多いだろう。だから、アニメ世界の鳴く虫に対して、当方がうんちくを語る機会はどうしても限られてしまう。何はともあれ、夜のシーンで鳴く虫の声が流れるアニメは少なくない。極々一部の事例であるが、ここで列挙しておこう。

『機動戦士ガンダム 第08MS小隊』（1996年）
『シスタープリンセス・リピュア』（2002年）
『月詠』（2004年）
『School Days』（2007年）
『あかね色に染まる坂』（2008年）
『魔乳秘剣帖』（2011年）
『ももくり』（2016年）
『ぼくたちは勉強ができない』（2019年）

この8作品は、内容がSFやファンタジーであったとしても、一応、日本や外国が物語の舞台となっている。しかし、我々が生活している空間とはまったく違う異世界であるにもかかわらず、日本に生息していそうなコオロギ類が鳴いているアニメは少なくない。

コオロギが生息する異世界アニメとして、次の近年のアニメを事例の一部として挙げておく。

『この素晴らしい世界に祝福を！』（2016年）第2話と第4話
『この素晴らしい世界に祝福を！2』（2017年）第8話
『異種族レビュアーズ』（2020年）第4話
『八男って，それはないでしょう！』（2020年）第10話

『あかね色に染まる坂』（マーベラスエンターテイメント）より

『プリンセスコネクト！ Re:Dive』（2020年）第6話
『ピーター・グリルと賢者の時間』（2020年）第4話
『スライム倒して300年、知らないうちにレベルMAXになってました』（2021年）第5話
『真の仲間じゃないと勇者のパーティーを追い出されたので、辺境でスローライフすることにしました』（2021年）第1話と第2話
『迷宮ブラックカンパニー』（2021年）第10話
『チート薬師のスローライフ』（2021年）第7話

アニメなんぞ架空世界の話なのだから、日本だろうがファンタジーの世界だろうが、コオロギが鳴くことに何の文句もない。筆者が興味深く思えるのは、アニメやゲームの異世界でセミが鳴く作品にあまり心当たりがない、という点だ。かろうじて思い付くのは、魔法世界ランドロークを舞台とするパソコンゲーム『プリミティブリンク』（2007年）、悪魔界から召喚された邪神ちゃんが主人公のテレビアニメ『邪神ちゃんドロップキック』（2020年）、『チート薬師のスローライフ』（2021年）で、ミンミンゼミの声が少しばかり流れた程度である。

なぜ異世界にセミはいないのに、コオロギはうじゃうじゃいるのか。難しい命題であり、その回答はクリエイターと神のみぞ知る、といったところである。憶測を述べるのが許されるのであれば、監督さんや音響担当の方は、相応の演出意図があって、ミンミンゼミやヒグラシの特徴的な声を採用する。

セミの鳴き声に多少なりとも懐旧の念を抱くのが、平均的日本人である。だから空想作品といえども、中世ヨーロッパやファンタジーの世界で、日本のセミを鳴かせるのは抵抗がある。しかし、

コオロギの鳴き声に対しては、そこまでのこだわりがない。鳴き声による種ごとの特徴もセミほどは鮮明でない。だからクリエイター陣も視聴者も、異世界で鳴くコオロギをすんなりと受け入れられる。そんなところか?(※8)

## 6 なぜか町にもいるアニメ世界のマツムシ

本章5項で「コオロギ類は鳴き声による種の区別が難しい」と書いた。しかし、同じ鳴く虫でもマツムシとカンタンは別である。この両者の鳴き声は人工音であっても、「これはマツムシの声だ」「そっちはカンタンだ」との判別が可能な虫である。

まずは「チンチロリン」との特徴的な声で鳴くマツムシから。その鳴き声が使われた作品を次に示す。ほかにもマツムシが登場するアニメ作品はあるはずだが、筆者が知るのはこれだけである。

『魔法使いTai!』(1999年)第6話
『劇場版 アキハバラ電脳組』(1999年)
『魔法少女たると』(2001年)第5話
『シスタープリンセス・リピュア』(2002年)第9話
『Air』(2005年)第1話

『魔乳秘剣帖』（２０１１年）第３話
『中二病でも恋がしたい！』（２０１２年）第７話
『ハナヤマタ』（２０１４年）第11話
『ひげを剃る。そして女子高生を拾う。』（２０２１年）第10話
『バトルアスリーテス大運動会ReSTART!』（２０２１年）第３話

『魔法使いTai！』『劇場版 アキハバラ電脳組』『ひげを剃る。そして女子高生を拾う。』では、マツムシは、町のど真ん中で鳴いている。しかし、実際のマツムシは背丈の高い草むらに生息する。筆者が住む地方都市の福井市であっても、町中にマツムシはいない。大都市圏ならなおさらのはずである。（※９）

筆者はマツムシの声が聞きたいときは、草が生い茂った河川敷に行く。町中の公園は草刈りの管理がされているので、そこに住めるのはエンマコオロギであって、マツムシではないのだ。

文部省唱歌で日本の歌百選の一つでもある『虫のこえ』で、最初に出てくる鳴く虫はマツムシである。それだけに知名度は抜群に高い。よって、その知名度故にアニメの中にも時々登場するのだろう。しかし、その描かれ方に異議があるため、住んでいる場所がおかしいと、昆虫学者にイチャモンを付けられるのである。

マツムシを像として登場させた特異なアニメが『ハクメイとミコチ』（２０１８年）である。

物語の舞台は、身長９センチの人のほかに、哺乳類、鳥類、両生類、爬虫類、そして昆虫たちが

同等に暮らすファンタジー世界である。同アニメの主人公はタイトル通り、ハクメイとミコチとの名の2人の少女。第13話で、2人は訪れた町で「マツムシ噴水」と呼ばれる広場に行きついた。投げたコインが噴水の頂上にあるマツムシ型の像の触角に当たると、金銭運が訪れるとの言い伝えがあるとのこと。不思議な設定である。

生きた昆虫としてのマツムシが登場するわけではない。コインが当たったら「チリン」と音がするからマツムシ、と着想されたのであろうか。

広場の噴水に取り付けられたマツムシのオブジェ。(『ハクメイとミコチ』より)

# 7 カンタンとマツムシ。『中二病でも恋がしたい!』はアオマツムシの特徴を生かし切ったか?

カンタンは、鳴く虫の女王とも呼ばれる。スズムシにせよマツムシにせよカンタンにせよ、鳴くのはオスであってメスではない。よって、女王との呼称は、本来はおかしい。しかし、大半の鳴く虫が甲高い声で鳴くのに対して、カンタンは「ルルルルル」と低めの声で、そして哀しげに鳴く。カンタンは玄人好みの鳴く虫であり、それ故に「女王」と敬意を払われるのである。

筆者が知るカンタンが登場するアニメは、次のごとくである。

『劇場版 アキハバラ電脳組』（1999年）
『魔法少女猫たると』（2001年）第4話
『シスタープリンセス・リピュア』（2002年）第6話
『グリーングリーン』（2003年）第4話
『フルメタル・パニック？ ふもっふ』（2003年）第15話
『Air』（2005年）第1話
『kiss × sis』（2010年）第8話
『生徒会役員共』（2010年）第8話
『れでぃ×ばとる』（2010年）第8話
『魔乳秘剣帖』（2011年）第11話
『マケン姫っ！』（2011年）第4話、第10話
『のんのんびより』（2013年）第6話
『中二病でも恋がしたい！戀』（2014年）第11話
『マケン姫っ！通』（2014年）第0話
『この素晴らしい世界に祝福を！』（2016年）第1話
『はじめてのギャル』（2017年）第8話
『ゆらぎ荘の幽奈さん』（2018年）第7話
『のんのんびより のんすとっぷ』（2021年）第6話

『Air』（ポニーキャニオン）より

筆者が居住する福井市では、カンタンは河川敷のセイタカアワダチソウ群落や耕作地近くのクズ群落などで見られる。つまり、本章6項のマツムシと同じく、カンタンがいるのは背丈が高い草が生えている環境であって、住宅地や都市公園ではない。よって『劇場版 アキハバラ電脳組』『魔法少女猫たると』『生徒会役員共』などの作品中で「カンタンが町中で鳴くのはおかしい！」とのツッコミは可能である。

さて、カンタンの知名度はマツムシよりも格段に落ちる。そもそも、その名を知らない人も多いはずだ。文部省唱歌『虫のこえ』には出てこないし、令和の日本では、玄人御用達の専門店でなければ生体を買うこともできない。にもかかわらず、カンタンのアニメへの登場頻度は意外と高いように思える。

もっとも、「アニメのクリエイター陣はカンタンの鳴き声を好んで使う」と言い切ってよいのかどうかは一考を要する。前述のマツムシの場合は「チンチロリン」との極めて特徴的な声で鳴く。よって、作り手が「チンチロリンとの音を流したい」と強く意識しなければ、アニメの中で声が流れることはない。しかし、カンタンの場合は、監督さんや音響担当の「とりあえず『リリリリリ』とのコオロギっぽい音を流しとけ」との指示のもと、放送された虫の声がたまたまカンタンに似てしまった、との可能性を否定できないからである。

次はアオマツムシ。街中の街路樹によく見られる鳴く虫だが、アニメの世界での出番は多くない。しかし、クリエイター陣がどこまで意識していたかはわからないが、アオマツムシらしき鳴き声が、シチュエーションに見事に合致した作品がある。

2012年放送の『中二病でも恋がしたい！』の主人公・小鳥遊六花は、普通の女子高生である。にもかかわらず、彼女は中二病を患っており、「私は邪王真眼の使い手」などと自称する、なかなか痛い子だ。

物語の中盤、六花が中二病となったきっかけは父親の死であることが明らかになっていく。第7話で、六花はかつて父と住んでいた家があり、現在は売地となっている故郷を訪れた。今は草むらと化した思い出の地で、アオマツムシの鳴き声が響く中、姉の十花から「いいかげん父の死を受け入れろ」と迫られるシリアスシーンである。

一視聴者の筆者には、哀しくも涼しげなアオマツムシらしき声が、六花の戸惑いや葛藤、そして出発と様々な感情を表現しているように思えた。

六花の思い出の地で、アオマツムシの鳴き声が響く。（『中二病でも恋がしたい！』より）

## 8　アニメの昆虫文化論は虫の鳴き声を中心とすべし

昨今のテレビアニメは1期12話が基本である。筆者の幼少時の70年代後半の『ヤッターマン』と『ゼンダマン』、大学院生だった90年代半ばの『魔法騎士レイアース』（1994年）や『ふしぎ遊戯』（1995年）など、これら諸作品の長大なストーリーを年単位の放送で堪能した世代からすれば、たった3カ月12話で終わってしまう昨今のアニメは、隔世の感がある。

また、2014年以降、3期が制作された『ご注文はうさぎですか?』は、強大な敵が出てくることもなければ、色恋沙汰もない。7人の少女たちを中心とした、ほのぼのとした日常が描かれるだけだ。この手のアニメだと、第12話は文字通り12番目の話にすぎず、何らかの結末がある最終話とは言い難い作品も少なくない。

良いか悪いかは別にして、近年のアニメはストーリーが薄っぺらい。どうしても昆虫がストーリーの中核に食い込んでくるアニメ作品は少なくなってしまう。昆虫が物語に本質的に絡んでくるのは、第6章で取り上げたビジュアルノベルのほうに事例が多い。

『ボクの手の中の楽園』(2009年)
『フローライトメモリーズ』(2011年)
『ここから夏のイノセンス!』(2015年)
『アマツツミ』(2016年):ホタル
『Summer Pockets』(2018年)
『喫茶ステラと死神の蝶』(2019年):蝶

これらのビジュアルノベルは、蝶とホタル抜きでは絶対に語ることができない筋立てとなっている。

第6章で述べたように、モンスターのモチーフとしての昆虫は、ビジュアルノベルやアニメに事例が多い。ただし、モンスター昆虫は論点がないのである。アニメ『巨蟲列島』と『ド級編隊エグゼロス』には昆虫モチーフのモンスターが多々出てくるものの、「虫は気持ち悪く描かれてますね」で話が終わってしまうのである。

最近のアニメを材料として昆虫文化論を扱う場合は、本章でやったがごとく、セミやコオロギの鳴き声でうんちくを語るにかぎるのである。

---

※1▼ナツアカネは、そう珍しいトンボではない。農村部はもとより、都市近郊の水田や湖沼にも生息する。ただ、本文中で述べたように、最普通種の赤とんぼはアキアカネである。筆者が勤務する福井大学のキャンパス内で見られる赤とんぼは、ほぼアキアカネに限られる。ショウジョウトンボもナツアカネのように、頭部・胸部・腹部すべてが赤くなる。ただ、アニメの中の赤とんぼは、秋の夕焼け空を飛ぶとの描写が多く、それらをショウジョウトンボと解釈するのはやはり厳しい。

※2▼日本人の名誉のために申し上げておくと、赤とんぼは体全身が赤いと勘違いしているのは日本人だけではない。たとえば、明治初期に来日したお雇い米国人のグリフィスは、帰国後に日本の民話をアレンジしたお伽話を執筆した。その一つ『The fire-fly's lovers』（蛍の求婚者）の中で、グリフィスは「She found a roasted Dragon-Fly, whose scarlet wings were all burned off」（注：she とは人間の主婦のこと）と記している。「赤とんぼの燃え尽きた茜色の羽」と書いているところから、グリフィスもまた「赤とんぼの羽は赤い」と思い込んでいたことがわかる。

※3▼２００４年放送のテレビアニメ『月は東に日は西に』第6話。夏間近に、ニイニイゼミらしき声が聞こえる場面がある。時期設定との点で見れば、ニイニイゼミの季節にうまく合致する。ただ、アニメ中のあまりできがよくないセミの人工音が、偶然ニイニイゼミに似てしまっただけであろう。

※4▼『魔法少女たると』『ラムネ』『Air』『キミキス』でクマゼミが鳴くシーンは、すべて海沿いの町との設定である。もともとクマゼミは海岸近くに多いセミなので、クリエイター陣がその点を考慮してクマゼミを用いたとすれば、話はまた違ってくる。なお、２００５年のパソコンゲーム『智代アフター』には、山の中でクマゼミが

鳴く演出がある。

※5▼ヒグラシは「夕方にだけ鳴く」というのは厳密には間違い。早朝にも鳴くし、天気が曇りであれば昼間でも鳴く。

※6▼2021年7月放送開始のテレビアニメで、沖縄を舞台とする『白い砂のアクアトープ』は、セミの鳴き声との観点でいえば、なかなかの異色作である。クマゼミに加えて、オキナワヒメハルゼミらしき声までが作中に流れている。アニメにおけるヒメハルゼミ類の鳴き声の使用事例は稀有である。ただ、本土の視聴者が「自分らの町中にはいないセミの鳴き声が、このアニメでは使われている」と理解できているかは、甚だ怪しい。

※7▼鳴く虫とは、分類学的に直翅目（バッタ目）に属するキリギリスやコオロギ類を指すのが一般的である。セミは大声を上げて鳴くものの、鳴く虫の仲間には普通含めない。

※8▼異世界ファンタジーであるにもかかわらず、現実の自然界の昆虫が描かれているのは、鳴く虫以外ではモンシロチョウが例として挙げられる。該当作品は『ゴブリンスレイヤー』（2018年）、『通常攻撃が全体攻撃で1回攻撃のお母さんは好きですか？』（2019年）、『精霊幻想記』（2021年）、『ピーチボーイリバーサイド』（2021年）など。

※9▼2021年9月、筆者はJR大阪駅御堂筋改札口を出たすぐの植え込みで、マツムシを観察した。大都会にマツムシはいないとは言いすぎか。

# 第8章

# 漫画と昆虫

福富宏和

漫画の中に昆虫たちが出てくることは、非常に多い。皆さんも過去に読んだことがある漫画で、昆虫が出てきた記憶があることだと思う。まずは、その印象を思い出して欲しい。良い印象でも悪い印象でもイメージが浮かべは、何らかの印象を昆虫から受け取っていたことになる。

筆者も子供の頃に読んだ後述する『昆虫物語ピースケの冒険』と『二軍（ファーム）昆虫記』について、とても衝撃を受けた思い出がある。もちろん、小さいコマや記憶にない昆虫の登場シーンにも多く出会っていることだと思う。

昆虫の役割については、素晴らしいものや小さな命、機械的な構造美と称賛することもあれば、敵役や汚いもの、忌み嫌われるもの、驚かせるものとして登場することもある。昆虫採集からいろいろなものを集め、最後には人間までも集めて標本にするといった、虫好きにはとても寂しくなるような内容のものまで様々である。まさに、昆虫の役割は多岐を極める。

本章では、筆者個人で気づいたものを紹介するため、不備や欠落などもあると思うが、ご容赦いただきたい。仕事や趣味として昆虫に関わっているため、作品中に昆虫が出てきてしまうと、その虫に関わる余計な詮索や実際の行動との比較などをしてしまい、純粋に作品を楽しめなくなってしまうことが多々ある。まさに職業病という状態になってしまっている。

しかしながら、そのような中からも、いくつかの発見があったため、今回まとめてみたいと考えた。

# 1 手塚治虫の漫画に登場する昆虫たち

漫画の神様として知られる手塚治虫（以下、手塚）は、生涯で700以上もの作品を残している。しかも、幼少期から昆虫採集が趣味で、中学生時代に昆虫図鑑を模写した作品が『昆蟲つれづれ草』で紹介されている。

さらに、自らのペンネームには、本名の「治」に虫を付けることで「治虫」としているほどの熱の入れようである。晩年には「オオムラサキを守る会」の理事や、「日本昆虫倶楽部」の初代会長も務めている。それだけ昆虫や生き物に深く関わっているため、昆虫に対して正確な描写が見られ、ときに幻想的に、ときに写実的にと、手塚の解釈を加えた昆虫たちが登場することは、周知の事

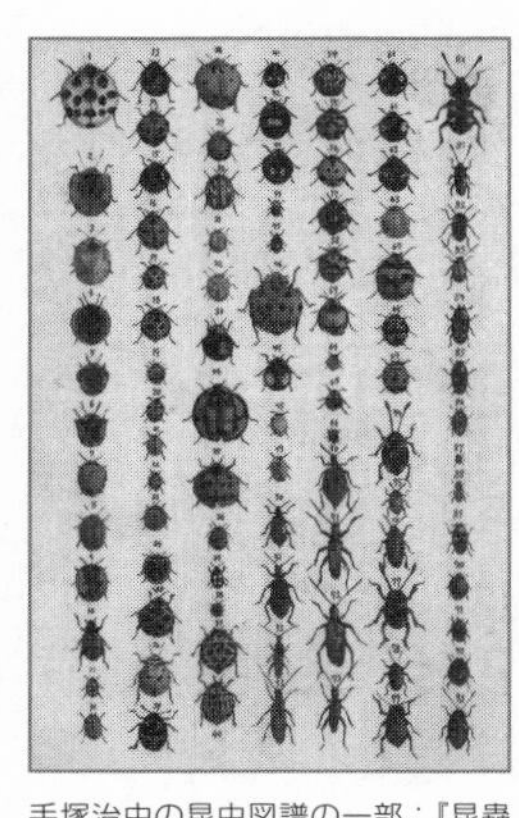

手塚治虫の昆虫図譜の一部：『昆蟲つれづれ草』（小学館）より

実である。

手塚作品の昆虫についての紹介は、『手塚治虫 昆虫図鑑』(小林・2010)に詳しい。この本では、昆虫の目(大きな意味での昆虫の仲間分けの基準:例 カブトムシ・クワガタムシ=コウチュウ目、チョウ・ガ=チョウ目)に注目して、登場昆虫について紹介している。11目の昆虫について章ごとに紹介され、昆虫の分類群からの作品への影響について議論がなされており、大変興味深い。ぜひ、ご一読いただきたい。

このような中で、手塚作品において、昆虫たちがどのような役割で登場しているのかが知りたくなった。手塚治虫ファンとして後発であり、残念ながら雑誌発表当時のリアルタイムでの読者ではないが、自らのコレクションである手塚治虫漫画全集における400冊を中心に、昆虫の登場するページを抜き出し、どのような役割で登場したのかを考察してみたいと思う。

改めて手塚の漫画作品を確認すると、昆虫が登場するコマは1500以上を確認することができた。種まで同定できるような昆虫から擬人化されたキャラクター、昆虫の一部が誇張されている表現など、非常に多岐にわたる手法が見てとれた。これだけ多くの昆虫が登場する漫画家の作品群は、今後も現れないであろう。そのなかで、昆虫がどのような役割を担うかを分類した。

筆者の個人的な感覚による独断と偏見による分類であるが、同一作品群からの抽出のため、ある程度の基準として捉えることができると考えている。

## ① 原風景の象徴

昆虫が風景の一部として登場する。原風景は、人それぞれの心の中の故郷であり、のどかな里山だったり、林の中のセミやバッタ類の鳴き声だったり、葉に止まるトンボであったりする。

昆虫の作画に関しては、種が同定できるような緻密な作画、目まで同定できるようなシルエット、セミやバッタでは種の特徴を捉えた鳴き声の表現など、比較的現実的な昆虫の描写で表現されている。物語の導入、場面転換、登場人物の移動など、作品を大きくとらえる場面で使われることが多いと感じている。

『罪と罰』『火の鳥 黎明編』『タイガーランド』『シュマリ』などに登場する。

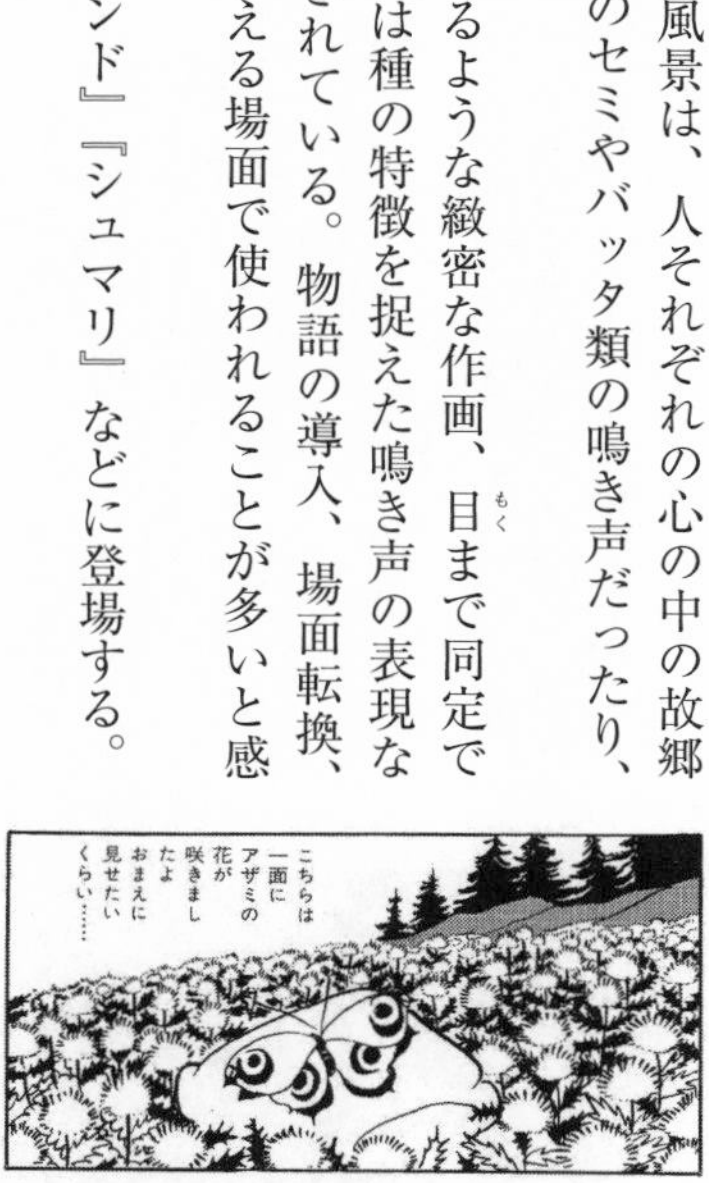

原風景の象徴：手塚治虫漫画全集 10『罪と罰』（講談社）より

## ② 特殊能力の紹介

昆虫たちは、人間にはない特殊な能力を発揮する。その特殊能力を紹介する際に、具体的な昆虫を例に挙げて紹介している。

木の葉そっくりに擬態するコノハチョウ、渡りをするオオカバマダラ、動物のフンの分解者、食料を腹部に貯蔵するミツボアリ、人が近づくと前方に飛んでいくハンミョウなどが登場する。

昆虫の作画に関しては、実在の種が登場し、種が同定できるような緻密な描写で描かれている。能力の紹介とともに、特殊な事例でも自然界ではありうる実例を挙げ、説得力を付加する役割で使われている場面が多い。

『ジャングル大帝』『バンパイヤ 第2部』『ころすけの橋』『魔神ガロン』などに登場する。

### ③ 能力付加

昆虫の能力を、登場人物やロボット、乗り物などに付加するかたちで昆虫が登場する。主人公が昆虫に変身してその能力を発揮したり、とても強く機能的な乗り物として活躍したり、昆虫がモデルになったものが登場する。

昆虫の作画に関しては、擬人化されたり、昆虫の一部だけが強調されたりして描かれ、一見すると昆虫ではないような描写もみられる。しかしながら昆虫の特徴を上手く捉えた表現が多く、読む側の想像力をかき立てられる。『ぼくの孫悟空』『白いパイロット』『ミクロイドS』『やじうまマーチ』などに登場する。

### ④ 比喩的表現

昆虫の特徴を例えとして活用している。イメージが変化していく様子を蝶の羽化に例えたり、人間を空間に閉じ込めて危機を回避し、その後、復活させるイメージとしてカイコの繭を用いたり、光に引き寄せられるガを擬人化して表現していたりする。

特殊能力の紹介：手塚治虫漫画全集 320『バンパイヤ第２部』（講談社）より

能力付加：手塚治虫漫画全集 13『ぼくの孫悟空』（講談社）より

また、反対に昆虫の行動が人間に似ていることも表現している。昆虫の作画については、多くの作品で、擬人化することで表現しているが、擬人化の程度は作品より大きく異なり、体の一部が昆虫に変わっているようなものから、ほぼ昆虫の形でありながら頭部のみ人間の顔になっているようなものまである。

擬人化することで、感情表現を付加することができるようになり、昆虫の特徴についてより人間味溢れる表現へと変化させている。

『インセクター』『人間昆虫記』『どろろ』『ゼフィルス』などに登場する。

### ⑤ 弱者強調

昆虫たちは、体が小さくすぐに死んでしまったり、寿命が短かったり、存在の希薄さなどから嘲笑の対象になってしまうことがある。残忍な性格や自己中心的な考え方、自己の優位性などを強調する際に、その引き合いとして昆虫が登場している。生き物を嘲笑した登場人物は、その後の展開で痛いしっぺ返しを食らうことになり、手塚の生き物への敬意を逆説的に表している。

昆虫の作画については、具体的な事例として紹介する際

比喩的表現：手塚治虫漫画全集 271『人間昆虫記』（講談社）より

弱者強調：手塚治虫漫画全集 268『やけっぱちのマリヤ』（講談社）より

は写実的に描かれ、登場人物と意思疎通を行う際は擬人化されている。『やけっぱちのマリア』『ブラック・ジャック』『火の鳥』『荒野の七ひき』などに登場する。

## ⑥ 嫌われもの

ハエやカ、ノミ、シロアリなどといった衛生害虫は、やはり作中でも嫌われ者として登場している。死体の周りを飛ぶハエや修行の邪魔をするカ、ノミやナンキンムシが出てきて登場人物が非常に痒がるなど、おじゃまむしのような扱いをされている。

昆虫の作画については、デフォルメされたデザインであったり、動きがコミカルであったりと、どこか憎めない表現も見受けられる。

作品が作られた当時と比べ、現在は衛生状態が格段に良くなっているため、今の若い方はノミやナンキンムシに悩まされた経験が少ないと思う。だが、私は海外の宿舎で就寝中に複数のナンキンムシに吸血され、赤い発疹が現れてとても痒く往生した苦い思い出がある。

嫌われもの：手塚治虫漫画全集 43『38ド線上の怪物』（講談社）より

作品中にはノミが出てくる物語が多く、わざわざあまり目立たない昆虫を登場させていることから、もしかしたら手塚も吸血されるなどして、思い入れが強い昆虫なのかもしれない。『38度線上の怪物』『ドン・ドラキュラ』『ブッダ』『るんは風の中』などに登場する。

## ⑦ 自然の驚異

昆虫の関わる災害では、天災として恐れられている飛蝗（ひこう）が知られている。飛蝗とは、トノサマバッタやサバクトビバッタなどが大量に発生し、その密度を引き金として飛行能力を強化して旅をするように移動しながら農作物を食い荒らし、飢饉の原因にもなりうる現象である。多くの作品で、人間を脅かす脅威として登場する。

また、グンタイアリ（シングンアリ）もたびたび登場する。グンタイアリは、大きな牙を持ったアリが行列をなして進み、その道上にいる生物、ときには鳥や哺乳類までも捕食しながら生活する肉食の昆虫である。このような昆虫の生活が、人間や他の生物に与える影響について、ある意味残酷なまでも表現している。

昆虫の作画については、バッタやアリといったグループがわかるような描写ではあるが、無数の点やシルエットによる表現で、膨大な数によって脅威を与える昆虫として描かれている。『旋風Z』『ブッダ』『シュマリ』『ジャングル大帝』などに登場する。

## ⑧ 輪廻転生

昆虫たちの生涯は短いが、しっかりと世代交代を繰り返している。命を繋ぐ様子が表現されており、死んでしまったキャラと世代を繰り返す昆虫とを同時に描くことで、命の繋がりを表現している。

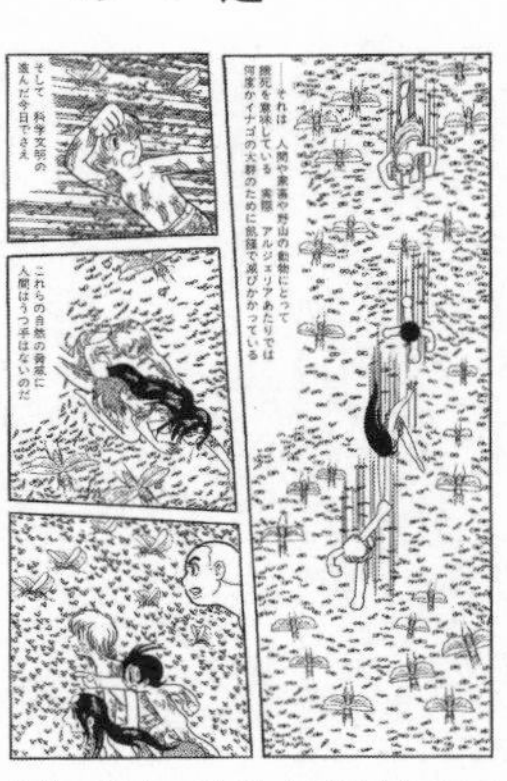

自然の驚異：手塚治虫漫画全集 287
『ブッダ』（講談社）より

弱肉強食や共食いなどの自然の摂理も昆虫を使って描いている。単純に生きることへの執着として昆虫を用いている場面もある。現実的な昆虫を描いたり、擬人化やデフォルメをして心理描写を表現したりして、難しい情報を漫画に導入している。

また、命の繋がりは、手塚作品を通してのテーマの一つと感じているため、非常に重要な描写であろう。

『火の鳥』『ブッダ』『夏草物語』『おふくろの河』などに登場する。

## ⑨ 昆虫標本

手塚が幼少時より興味を持っていた昆虫採集や昆虫標本につても数多く登場する。昆虫採集や標本作成で使う道具類は専門的なものが多く、網を横から振り手首を返して捕獲したり、アゲハチョウの仲間が同じコースを飛ぶ「蝶道」で待ち伏せをしたり、情報を頼りに採集地に向かったりと、虫好きが実際に行っている昆虫採集方法をしっかりと踏襲している。

標本についても、いつどこで採集したかのラベルも付けられ、ガラス箱に入れて管理しているなど、標本の管理方法として正確に描写されている。

昆虫標本の怪しいオークションについて、猟奇的な視点や否定的な表現はみられない。虫好きとして大変うれしい！

『ゼフィルス』『アリと巨人』『漫画生物学』『インセクター』などで登

輪廻転生：手塚治虫漫画全集 50『夏草物語』（講談社）より

昆虫標本：手塚治虫漫画全集 72『アリと巨人』（講談社）より

場する。

## ⑩ 空想の昆虫

手塚作品では、ヒョウタンツギなどをはじめ、いくつかのオリジナルのキャラクターが登場する。頻繁に登場する空想の昆虫から、明らかに昆虫の特徴を持った何の仲間かわからない種まで描かれている。意味のないものだったり、場面を落ち着かせたり、ダジャレを組み合わせたりしており、くすっと笑わされるものも多い。他の漫画ではあまり見られない表現であるので、紹介したい。『インセクター』『ブラック・ジャック』『ボクのまんが記』などに登場する。

本項では、手塚作品において10項目の役割について分類を試みた。やはり、登場場面は多岐にわたり、昆虫の種についても非常に多かった。そのなかでも写実的な昆虫が登場する際は、できるだけ自然に近いものであったり、細かな視点で見て欲しいものだったりすることが多いように感じた。

反対に、デフォルメされたり擬人化されているものは、人間目線であったり、巨大化したり、感情豊かになっているようである。このことから写実的に描くことと、幻想的に描くことと使い分けることで、読者の視点を変更することができるのではないかと考えられ

空想の昆虫：手塚治虫漫画全集 152『ブラックジャック』（講談社）より

た。これは、手塚が意図して行ったものか、もしくは作品を制作するうちに形成されたものかはわからないが、大切な視点になるものだと感じる。

また、膨大な手塚作品を分類するにあたり、再度読み返したところ、まだまだ新しい発見があった。今回の筆者が行った分類についても、今後も新しい発見があり更新されていくこともあると思う。別の人の視点で、否定されたり強化されたりもしてくであろう。手塚ファンとして本項が、昆虫に注目して作品を読んでいただく機会になったら幸いである。

## 2 手塚作品以外の昆虫が登場する事例

先にも書いたが、漫画の中に昆虫が出てくるものは、どうしても敏感に反応してしまう。そのなかで、筆者が好感を持っている手塚漫画以外の作品を取り上げ、事例を挙げて紹介したい。漫画が少し古いのは、筆者が1980年生まれであり、一番多感で漫画を読み漁っていた小学生～大学生頃（1985年から2005年頃）の印象が強いため、どうしても偏ってしまった。ご了承願いたい。

### ▼『昆虫物語 ピースケの冒険』田中圭一

『Gのサムライ』『うつヌケ』などでお馴染みのイタコ漫画、田中氏の初期の作品。おケラのピースケが主人公の冒険活劇で、田中圭一氏お得意の下品で少しエッチなギャグ漫画。いろいろな着ぐるみのような昆虫たちが出てきて、おバカな戦いを繰り広げる。決め台詞は「すげぇぜ！」。

この漫画で育った同志は、今話題のEテレ『香川照之の昆虫すごいぜ！』は、この作品の実写版に見えてしまうことであろう。ちなみに、ヒロインであるタマムシの少女お玉は、今思えば、初恋の相手であり、この出会いが後日、拙著の『日本産タマムシ大図鑑』に繋がった。

### ▼『二軍（ファーム）昆虫記』森徒利

ほのぼのファンタジー学園系の物語。ゴキブリが主人公の漫画（ごきちゃ、天然戦士Gなどがあるが、一番のおすすめ）。特徴を捉えた人型の昆虫がメインキャラであり、単純な擬人化ではなく、衣装やシルエットを上手く虫に寄せたデザインである。昆虫が成虫になる前に「人型」の時期があるという設定で、人間と虫たちの掛け合いが絶妙。あまりのデザインの良さに、単行本をジャケ買いしてしまったほど。物語もなかだるみせず、切なくなる終わり方がとても良い。

### ▼『蜻蛉』（『碧奇魂ブルーシード』第2巻）高田裕三

『3×3EYES』で知られる高田氏が同時期に執筆してい

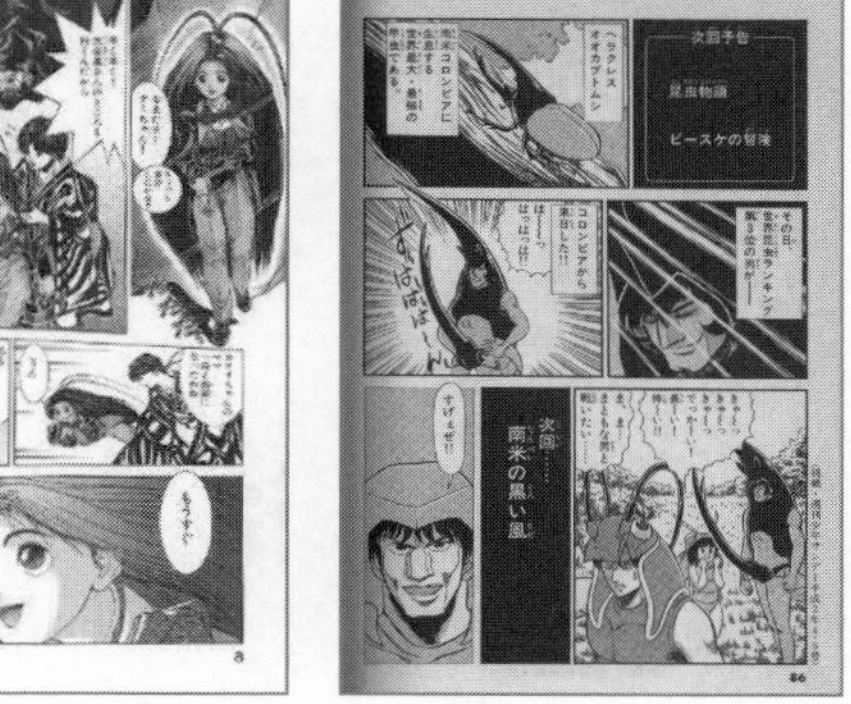


『昆虫物語 ピースケの大冒険』（小学館）より

『二軍（ファーム）昆虫記』（講談社）より

た『碧奇魂ブルーシード』の第2巻の巻末に、読み切りのトンボの漫画が掲載されている。物語は、父親が見つけた珍しいトンボを探す少女が、少年と仲良くなりながら再発見するというもの。このトンボが見事に描かれており、ウチワヤンマ（と言ってもヤンマではなくサナエトンボの仲間）の近縁種とわかる精度で登場する。

池のほとりに止まるシーンや飛翔シーンは、虫好きでないと書けない完成度の描写で、凄く感動した。物語の内容は、虫好きとして超うらやましい内容である。

### ▼『ロン先生の虫眼鏡』作：光瀬龍／画：加藤唯史

SF小説『百億の昼と千億の夜』の光瀬が原作の漫画。内容は、小学生男子の虫採りや生き物探しをロン先生（光瀬龍本人？）が渋く解説しながら虫の面白さを紹介していく。

昆虫や生き物について、本気の解説ページがあり、非常に正確。昭和52～53年の作品ではあるが、既にアメリカザリガニについて昆虫を含めた生態系への危険性について言及しており、情報の正確性と先見の明はさすがである。

私事であるが、このロン先生の解説が、小学生来の昆虫先生である故・名和英雄先生（名和昆虫

『蜻蛉』（講談社）より

『ロン先生の虫眼鏡』（秋田書店）より

博物館前館長）に似ており、とても好感を持っている。光瀬氏自身、かなり生き物好きだったそうである。

### ▼『ハケンの麻生さん』仲川麻子

ほのぼの日常系の漫画で、普通のＯＬが虫好きで、周りから少しずれている感じで進行する物語。初回のカラーページからアオタマムシがいきなり登場して驚いた。正確なアオタマムシが描かれただけで感無量であった。昆虫が嫌われるものでも、賛美されるわけでもなく描かれ、普通に虫が出てくる漫画であり、ほかにあまりみられない表現である。

### ▼『へんなものみっけ』早良朋

博物館を題材にした漫画。主人公が博物館に配属になり、個性豊かな学芸員や同好者たちと奮闘する。昆虫だけではなく、博物館の裏側を紹介しており、たまに登場する博物館の収蔵庫が見事に整理されているので見習いたい。

筆者が採りたい昆虫であるオオヒラタトックリゴミムシが登場する唯一の漫画。しかも崖堀というマニアックな状況で採集されており、いつか実現させたい。昆虫に限らず、生き

『へんなもんみっけ』（小学館）より

『ハケンの麻生さん』（講談社）より

物の描写が丁寧で作者の愛情を感じる。

### ▼『こんちゅう稼業』秋山あゆ子

伝説の漫画雑誌『ガロ』で活躍していた作家の作品集。昆虫やクモについて、緻密な描写で綴るファンタジー作品である。漫画の最大の利点である「絵」に関して、詳細な観察に裏打ちされた描き込みが独特の世界観を醸し出している。

作者の視点で解釈された昆虫たちが動き出し、いくつもの物語を作り出す。セリフのない作品や擬人化、1枚の大きなカットへの様々な状況の書き込みなど、多様な手法で昆虫が表現されている。作風は好みが分かれると思うが、筆者は大変好みである。

### ▼『麻衣の虫ぐらし』雨がっぱ少女群

女性が畑を手伝いに行き、共同生活の中で虫たちに出会っていく物語。虫たちの行動が淡々と紹介され、種同定ができるぐらい正確に描かれている。ムネアカナガタマムシが登場し、大変嬉しかった。

害虫や益虫を紹介したり、昆虫をきっかけに騒動に巻き込まれたりと、虫たちが随所に登場する。各ストーリの題名がほぼ虫の名前で、その虫についてのエピソードが繰り広げられる。かわいい女

『こんちゅう稼業』（青林工藝舎）より

『麻衣の虫ぐらし』（竹書房）より

の子と虫と一緒の生活は、良い意味で幻想であり、この物語の世界に入ってみたい。

▼『テラフォーマーズ』作：貴家悠／画：橘賢一

人間に昆虫の特殊能力を導入し、火星で進化した人間のような体格のゴキブリと戦うファンタジー。昆虫の能力をできるだけ単純化して紹介し、その能力を最大限に引き出すかたちで特殊能力化している。敵も味方も、昆虫の能力を活用して戦闘を行う。たとえば、クロカタゾウムシ（コウチュウの仲間）が登場し、ただ堅いことが特殊能力として紹介され、強敵となっている。クロカタゾウムシに焦点を当てた漫画は、本作のみであろう。

前半では、昆虫の能力について誤解も見受けられたが、中盤以降では昆虫学者である九州大学総合研究博物館の丸山宗利博士が監修して、正確な表現になっている。

『テラフォーマーズ』（集英社）より

# 3 虫好きとして残念に感じてしまう事例

漫画作品は、基本的にフィクションであり物語の製作は自由である。しかしながら、どうしても引っ掛かってしまい、納得できない内容もある。

筆者の独断と偏見ではあるが、例を挙げたい。



### ▼『サイボーグ009 幻の蝶編』石ノ森章太郎

現在は混入（故意の混入の可能性あり）とされている、北海道のアカボシウスバシロチョウをめぐる物語。少年が北海道で採れたアカボシウスバシロチョウの標本を壊してしまい、それを山に探しに行くが採れない。それを002（主人公の仲間：素早く動けるという特殊能力を持つサイボーグ）がロシアに生息するアカボシウスバシロチョウを持ってきて、その子の網の中にそっと入れる……。これは、やってはいけない産地偽装である。

そもそもこの北海道の個体には、別亜種が付けてあり（現在では使われていない！）、この物語の副題にもなっている（この副題でも学名がイタリックなっていないという分類学のお作法的にも間違っており、引っかかってしまう）。もし北海道に分布し、さらに別亜種で記載されているならロシア産とは違う特徴ということになるため、大発見になるはずである。

石ノ森の師匠である手塚治虫なら、絶対にやらない明らかに間違った行動であろう。『サイボーグ009』はとても好きな作品なだけに、残念である。

『サイボーグ009 幻の蝶編』（講談社）より

## ▼『め組の大吾』曽田正人

物語の最終盤、ヒロインの落合先生が昆虫の記載をするシーンで、致命的な間違いを犯している。主人公の朝比奈大吾（消防士：レスキュー）にちなんだコガネムシ「ダイゴコガネ」を記載する際、学名の付け方が違っているのだ。

昆虫好きの落合先生というヒロインが登場し、しかも落合先生は、昆虫学者になるために最後には博士号まで取得する。そのため、この間違いは残念でならない。この論文なら、リジェクト（※１）以前に勉強不足である。漫画にそれを求めるかという議論はあるが、虫好きとしては、とても残念に思ったのは事実である。

昆虫の学名は、国際動物命名規約という国際ルールに則って付けられている。簡単に説明すると昆虫の学名は、属名というその昆虫の仲間を表す文字列と、種小名というその種を表す文字列の２つで構成され、その後に記載者名（名付け親）の順で現わされ、二名法と呼ばれる方法がとられる。

このルールに従うと、このコマ（下記参照）での虫の学名は「*Phyllopertha diversa*」（学名はイタリックで表示することが推奨されている）となり、命名者が「Daigo」にとなってしまうのだ（※２）。これだと、過去に新種として記録された昆虫で、記載者名の間違いとなってしまう。

もし「*Phyllopertha*」属の新種について、落合先生が大吾に献名し記載する場合は、「*Phyllopertha daigoi* Ochiai」となる。こ

『め組の大吾』（講談社）より

の場合は「*daigoi*」（学名に使用する際は、daigoをラテン語化するので、語尾に「i」を加える）とすることは命名者の自由であるので、まったくもって問題ない。

当時、学名について少し勉強していたため、この間違いに衝撃を受けたことを覚えている。普通の方には、それぐらいと感じてしまうかもしれないが、作品が好きで、しかもヒロインが虫好きのため、とても期待していただけに、どうしても引っ掛かってしまった。

ちなみに、この本の編著者である保科博士と筆者と同僚の3人で、ホサカヒメコケムシ（*Euconnus hosakae*）を命名（記載）したことがある（保科ら・2020）。この「*hosakae*」とは、採集地点が金沢だったことにちなみ、『センチメンタルグラフティ』というゲームのヒロインである同じく金沢出身の保坂美由紀嬢に献名した。種小名の選定自体は自由である！

また、余談ではあるが、この種小名に自分の名前を付けることは通常は行われない。人命に由来する場合は、お世話になった方や標本の採集者に件名されることが多い。

▼『金田一少年の事件簿 黒死蝶殺人事件』作：天樹征丸・金成陽三郎／画：さとうふみや

この事件のトリックでは、コノハチョウが使われる。もともと蝶好きの家庭で殺人事件が起き、コノハチョウを眠らせ死体にかぶせ、蝶が飛び立つことで死体を発見させ、アリバイを作るという犯人の仕業が描かれている。

本作は、比較的緻密なトリックや心情の描写があり、楽しく読んでいたのだが、あまりの展開と、トリックを紹介する際に昆虫写真家の海野和男氏のコノハチョウの生態写真を使うなど、虫好きの筆者の心が抉られた。

実際には、虫好きならすぐに気づくし、そもそも大量にコノハチョウを準備するのは非常に難しい。さらにコノハチョウの飼育について、この物語の舞台は石川県金沢市であるが、隣接する白山市の石川県ふれあい昆虫館（現在の筆者の職場）で試みることごとく病気になり、大量飼育が非常に難しいとは体験済みである。そのため、このトリックは成立しないのである。

ほかにも絶対にありえない設定があるのだが、筆者が一番腑に落ちなかったのは、このトリックについてである。漫画の内容にそこまで求めるかとの議論があると思うが、とても残念に感じた。

『金田一少年の事件簿』（講談社）より

## 4 『鬼滅の刃』に出てくる昆虫たち

ジャンプ系の人気漫画にも昆虫が出てくる。尾田栄一郎の『ワンピース』では、ヘラクレスオオカブトにルフィーとチョッパーが目を輝かすシーンやカブト相撲に興じる扉絵、冨樫義博の『ハンターハンター』でも木を叩いてオオクワガタを採集するシーンが登場する。昆虫たちが少年の心を掴んでおり、かっこいい生き物や欲しい生き物の代名詞となっていることだと考えている。

さらに、現在人気の吾峠呼世晴の『鬼滅の刃』においても、昆虫たちが登場するので、その紹介と昆虫の意味について迫りたい。

『鬼滅の刃』とは、妹を鬼（敵）に変えられた少年が、強大な敵に立ち向かいながら、多くの個性的な仲間とともに成長して鬼と戦い、妹を人間に戻すことと鬼を殲滅するまでの物語である。

本作品に関する論評では、『「鬼滅の刃学会」に行ってみた！マンガ／アニメ研究の最前線が奥深すぎる』（須川亜紀子・２０２１）などにより登場人物や時代背景、ジェンダー論などについて議論がなされている。しかしながら、登場する昆虫について詳しく議論されたことはないものと感じている。本作では、カラス・スズメ・クモなどの生き物たちが重要な役割を持って登場している。

この項では、筆者の専門である昆虫について、感じたことを述べたいと思う。

## ①昆虫の登場

最初に昆虫が登場するのは、２巻において少女（栗花落カナヲ：ここでは名前は出ない）の指に止まるデザイン化された蝶（同定不能）の描写である。のちのアニメ版では、このときの蝶は見事なアサギマダラのオスであり、４本足で静止するなど、非常に細かく描写されているが、漫画ではそこまで詳しく触れられていない。

『鬼滅の刃』より、栗花落カナヲ。左：漫画／右：アニメ

このデザイン化された蝶は、次項で触れる登場人物である胡蝶しのぶや、その姉である胡蝶カナ

エの髪飾りとしても登場する。

## ② 蟲柱・胡蝶しのぶ（2巻以降登場）

胡蝶しのぶは、物語の中でも重要な役割をなす強力な味方の登場人物である。戦闘能力が非常に高い人物で「柱」と称され、特殊な能力を発揮している。そのなかで胡蝶しのぶは、移動能力が高く、毒を使って鬼を倒すという特技を持っており、「蟲柱」を名乗っている。

先に登場した栗花落カナヲは胡蝶しのぶの弟子であるため、毒の手ほどきを受けている。そのため、上記のチョウが毒を持っているアサギマダラということは合点がいく。アサギマダラは、幼虫時代に毒がある草を食べ、成虫になったあともヒヨドリバナやフジバカマといったピロリジンアルカロイド（ＰＡ）という毒を含んだ花の蜜を摂取することで、体内に毒を蓄えることが知られている（本田・１９９８）。

また、このＰＡはオスの性フェロモン（オスがメスを誘引する際に使用するにおいの一種）の分泌にも寄与している。このため、アサギマダラと毒を操るキャラとは、大変相性が良い。

この昆虫類と毒との関わりについては、古くから議論されている。先に紹介したＰＡのみならず、カンタリジンという黄色い毒液（人間の皮膚に触れると炎症を起こす物質）を体内に溜め込み身を守ったり、婚姻贈呈としたり、その物質の毒性を利用しあう様々な種の存在も知られている（橋本・２０１８）。

『鬼滅の刃』（集英社）胡蝶しのぶ

彼女が付けている髪飾りのデザインも、蝶をイメージしている。このチョウの髪飾りには尾状突起があり、この特徴を持つチョウは、アゲハチョウ科もしくはシジミチョウ科の仲間であると推察できる。そのなかで毒を持つことで知られている国産の種は、ジャコウアゲハである。ジャコウアゲハは、幼虫時代に有毒なアリストロキア酸を含むウマノスズクサを食べて育ち、成虫もその成分を保持している。このアリストロキア酸は、人間が大量に摂取することで末期腎不全になり生命の危機にまで至ることが知られている（藤村ら・2005）。

また、本作中において胡蝶しのぶは、毒成分の配合比率を変化させることで、毒の効果を高めるという独自の調合を行っている。昆虫では、先にも述べた性フェロモンにおいて、成分の配合比率を変化させることで特定の種に効果が顕われるようにする事例が知られている（中・2014）。虫に特化した胡蝶しのぶの存在は、単純に虫＝毒という繋がりだけなく、昆虫の実態に即している事例が多い設定であり、非常に驚いたのと同時に、昆虫の専門家でも楽しめる内容となっている。

『鬼滅の刃』（集英社）昆虫の死

### ③ 儚い生き物・輪廻転生としての昆虫

この物語では、思いの伝承と肉体の不変との対比が描かれていると考えている。そのなかで、生物は例外なく死ぬ例として昆虫が登場する（23巻）。

ここでは、ヒメヤママユと思われるガが死んだあとに、列をなしたアリに利用されるというシーンである。物語を通して、死なないもの（鬼）と死んでしまうが思いを伝えるもの（人間）との対比を表すなか、人間よりも寿命が短く、死んだあとも利用される具体例として昆虫が使われているのであろう。

また、セリフの中にも相手をあざける場合に「虫けらども」というように虫が出てくる。主に、敵である鬼の感情が昂り思わず発する汚い言葉として用いられている。

## ④『鬼滅の刃』における虫の使われ方

前述のように、本作の中には昆虫たちが登場している。大まかにまとめると、以下のように考えることができると感じている。

・毒を利用することから、毒の象徴として「蟲」が登場
・儚い生き物として「昆虫」の登場
・忌み嫌われるもの、蔑まされるものとして「ムシ」が登場

物語の本筋は、人間の成長や冒険活劇、勧善懲悪で進行する作品である。しかしながら、画一的に進行する際のアクセントとして昆虫が登場している。抽象的なデザイン化された昆虫、生態的な特徴を意味づけした昆虫、言葉の中で悪意をにじませる昆虫、リアルに表現された昆虫と使い分けられている。昆虫が特別多く登場する作品ではないが、筆者個人としては、好きな作品である。

## 5 漫画に登場する昆虫の科学性



なぜ、筆者は漫画を読むときに、昆虫に注目してしまうのだろうか?

今回、筆者の知っている昆虫が出てくる漫画についてまとめてみた。各作品に出てくる昆虫について、私見を述べてはいるが、作品から受け取るものは読者それぞれの感覚だと考えている。

本項をまとめるにあたり、漫画に出てくる昆虫について、何かしらまとまりや傾向があるかと考えてみたが、登場の条件も昆虫の種についても多岐を極め、まとまりを見出すことができなった。

手塚作品においては、いくつかの役割についてまとめてみたが、他の作品について同様に分類するまでには至らなかった。また、『鬼滅の刃』では、昆虫の生態や能力と登場人物や事例の比較を試み、いくつか述べることができた。

科学的に知られた事象が作品内に登場する場面が何度もあり、思わず嬉しくなることがあった。しかしながら、これらは自己満足の世界でもあり、実のところ、登場した昆虫たちの意味は作者のみ知るところだろう。もしかすると、登場する昆虫たちには意味がないのかもしれない。

今回紹介した事例は、まさに氷山の一角であり、選出についても独断と偏見の寄せ集めにすぎない。筆者の一意見で、少しでも興味を持ってもらえた事例があれば幸いである。

昆虫が登場する漫画を紹介するにあたり、いつくか否定的な意見も述べたが、実のところ、そのような事例のほうがよく考え、調べ、ことあるごとに思い出しており、本文での文字数も多くなっている。否定的なことを書いても、やはり嫌いになれていないのだろう。

現在、雑誌・単行本・ネット配信・ダイレクトメールなど、様々な媒体で漫画を見かけることが多くなっている。昆虫をはじめとする生き物についても記述される機会も増えてきている。インターネットなどによる情報収集や現在のコンプライアンス重視の観点から、正確な描写や倫理観の落ち着いた表現が多くなっている。そのため、好意的に受け取る内容が多くなっているように感じている。その反面、過去の作品のように突っ込みどころは満載であるが、心に突き刺さるような作品が少なくなっているようにも感じる。

筆者が漫画を読むうえで気づかされたことがある。

「漫画ぐらいは、なにがあってもいいいじゃないか。」

今後とも、いろいろな漫画を読みつつ、そこに出てくる昆虫たちについて考えていきたいと思う。やっぱり、昆虫も漫画も好きなのである。

※1▼学術誌に論文を投稿しても、ふさわしくないとして載せてもらえない対応のこと。
※2▼この学名は、日本に分布するウスチャコガネそのものである。

# 第9章

# 現代版「虫愛ずる姫君」列伝

保科英人

本章では、アニメやゲーム界で、虫に親愛の情を示したり、虫にやたらと詳しかったりするヒロイン、つまり現代の「虫愛ずる姫君」を列伝形式で紹介していく。この「虫愛ずる姫君」なる文言は普通名詞ではなく、ある古典のタイトル名である。タイトルから類推できるように、虫が好きな姫が主人公となっている。

11世紀中頃から12世紀にかけて書かれた十編の物語があり、『虫愛ずる姫君』はその十編の一つである。そして、この十編を集めて短編物語集にしたものが『堤中納言物語』と呼ばれる。よって、一般には『堤中納言物語』収録の『虫愛ずる姫君』と呼称する。

ただ、この十編の物語は1人の著者によって書かれたものではなく、また編者がいかなる意図で十編から成る短編物語集『堤中納言物語』を編纂したのかなど、不明な点が多いという。

まずは、二次元世界における現代版「虫愛ずる姫君」を取り上げる前に、本家本元の姫君の人物像を紹介することとする。

# 1 元祖・虫愛ずる姫君

短編『虫愛ずる姫君』は、「蝶めづる姫君の住みたまふかたはらに」といきなりぶちかましてくれる冒頭で、物語は始まる。舞台は古典ではお馴染みの平安貴族の家庭である。物語中、主人公の女性は一貫して「姫君」と書かれており、最後まで名前は出てこない。この姫君サマは、様々な虫を集めては飼育して観察する。特に毛虫がお好みの虫で、手のひらの上に乗せては愛撫して、飽かずに見守っていた。

姫君はこの自慢のペット昆虫を男童に見せた。女性使用人は恐れをなして、途方にくれたからである。姫は虫籠の中の虫を男童に取り出させて、「この虫の名は何か？」と問うた。名前がわからない虫には、自分で考え出した新しい名前を付けた。

これだけでも十分奇行だが、「人間たるもの、自然のままが良い」と、眉毛のお手入れもせず、お歯黒も付けずと、貴族の家の姫君としての身だしなみをまったく守らない。だから、姫君が笑うと白い歯が現れてしまう（＝「いと白らかに笑みつつ」）。「白い歯のほうがアイドルっぽくて、よほど可愛いではないか」などと、現代人の感覚でツッコミを入れてはならない。

姫君とは違って、常識人である両親は困り果てた。世間の慣習に従わない子を持つ親の苦悩は、平安時代も令和も同じである。親は「化粧もせず、気持ち悪い虫を飼うなんぞ世間体がよろしくない。お前の悪い噂が流れてしまうではないか」と姫君に苦言するが、本人は「噂なんか放っておけばよい」とケロッとしている。

さらに「万事の現象を研究し、その流転の成り行きを確認するからこそ、個々の事象が意味を持ってくる。噂を流す連中は、そんなこともわからない幼稚な人々なのだ」と、現代語訳してもイマイチ意味がわからない哲学的なことを仰る。そして、「毛虫が蝶に変化するのは、こんなにすごいことなのだ」と、虫の変態の様子を親に見せつける始末である。

こんな姫君であったが、虫を捕まえてくる童には、気前よく褒美をくれた。そこで童たちは一層はりきって、気持ち悪い虫を姫に献上するようになった。また、カマキリやカタツムリなどを集めて、これに関連した詩歌を童たちに大声で歌わせた。姫君も負けじと声を張り上げて吟唱するから、ますます奇観である。さらに姫君は、童たちを普通に呼ぶのは面白くないと、「けらを」（＝ケラ男）、「いなごまろ」（＝イナゴ麿）などと虫のような綽名を付けた。現代なら児童虐待ないしはパワハラで訴えられかねない所業だ。

ある上達部の御曹司（右馬佐）が噂を聞きつけて、姫に興味を持った。恋したとか、ひと目惚れしたとかではなく、単なる好奇心である。帯の端でヘビの形に似せたものを作って、姫に送るイタズラもした。

ある日、右馬佐は友人の中将と示し合わせて、身分の低い女性に変装し、姫の館にしれっとやってきた。姫は相変わらず毛虫を眺めて楽しんでいる。右馬佐がこっそり覗き見たところ、姫は髪の手入れをしていないせいかボサボサである。口元はかわいらしいのだが、いかんせんお歯黒を付けていないので色気がない。その後、右馬佐と中将が女装して姫を観察していることが、邸宅の童にバレてしまい、姫は奥に引っ込んでしまった。

右馬佐は「この姫君は、気品はあるのに虫を好むなどと、女としてはもったいない。化粧をすればいい女になるのに」と考えた。そこで、とっさに次の歌を詠み、童を呼んで姫君に届けさせた。

「烏毛虫の毛深きさまを見つるよりとりもちてのみ守るべきかな」

毛虫の毛深い様子を見てからは、その姿が心から離れません。手元において愛玩したい気持ちです、との意だ。もちろん、右馬佐は毛虫を愛でたいのではない。ここは「烏毛虫」を姫に置き換えて解釈するのである。ようするに姫に軽い恋文を送ったのだ。そして、右馬佐はその場で、返事を待つことにした。

一方、館では姫君の顔が男に見られてしまった、と騒ぎになってしまった。当時、貴族の姫君は、家族以外の人間には滅多に顔を見せない風習があったからである。肝心の姫君は「顔を見られたところで、どうでもいい」とあまり意に介していない。ただ、家の女房たちは、まがりなりにも歌をくれた男を待たせるのも悪いと思い、姫に代わって返歌を届けた。

「人に似ぬ心のうちは烏毛虫の名をとひてこそ言はまほしけれ」

姫君とお付きの女房たちは、外で返事を待っている男が右馬佐であることを知らない。お前はいったい誰やねん、まずは名乗りやがれ、話はそれからじゃ、との意である。

右馬佐はこの返歌を読み、さらに返す。

「烏毛虫にまぎるるまつの毛の末にあたるばかりの人はなきかな」

文学研究の世界では、この歌の解釈はいくつかあるらしい。一説には、眉の手入れもろくにしないあなたの相手になれる男はいないだろう、とのこと。右馬佐は笑って、姫の館をあとにした。これで話はあっけなく終わる。文章末は「二の巻あるべし」、ようするに著者は「続きは二の巻にあるはずです」と無責任に締めくくっているのだ。実際のところ、そんな続編はこの世に存在しないのである。

## 2 虫業界は元祖・虫愛ずる姫君をどう評すべきか

『虫愛ずる姫君』は特異な物語であるが故に、多くの文学者の研究対象となってきた。たとえば、宮城教育大学の小島雪子教授は、『虫愛ずる姫君』が生まれた平安後期から鎌倉初期は、社会と仏教との相互浸透が加速した時代であることに着目した。物語は明るくにぎやかな笑いの中に、姫君の過剰でちぐはぐな様子を語りつつ、世間の人々の仏教とのかかわり方がどのようなものであるかを気づかせる側面があるという。昆虫分類学者の筆者からすれば、小島教授の指摘は「へ～、ほ～、ふ～ん」との感想しか持ちえない難しい話である。

奥本大三郎氏や小西正泰氏などなど、虫業界に所属する人々にとっても、『虫愛ずる姫君』は重要古典らしい。これらの先人たちが古よりの日本人と虫との関係と問う場面で、高頻度で引用するのが『虫愛ずる姫君』なのだ。先人たちによる度重なる引用にウンザリしている筆者としては、この物語の解説をしたくなかった。しかし、本章を書くにあたり、そうも言っておれないので、やむなく最低限のあらすじを紹介しておいた。では、なぜ虫業界は『虫愛ずる姫君』をありがたがるのか？

ざっくばらんに言うと『虫愛ずる姫君』を引き合いに出して、「日本人は古来こんなに虫を愛する民族である」との典拠にしたいからである。虫を愛好する有識者の方々は、とかく日本人の昆虫愛を強調したがる傾向がある。筆者としても、日本には独特な昆虫観が存在し、昆虫への親近感の強さは世界の諸民族でもトップレベルであるとは思う。しかし、さも日本の昆虫文化を世界で唯一無比のものと持ち上げるのは抵抗がある。日本人の昆虫愛、そして虫業界の『虫愛ずる姫君』への過剰な評価は、経済大国の地位を失いつつある現代人にとって、耳触りが良い「日本ヨイショ論」に繋がりかねないので、注意が必要だ。

ここで、改めて虫業界人の視点で『虫愛ずる姫君』を見てみよう。主人公の姫君は、平安時代後期に太政大臣にまで昇りつめた藤原宗輔（１０７７－１１６２）の娘がモデルとの説がある。しかし、あくまで一説にとどまるらしい。

物語を読んでいくと、姫君が毛虫を飼育して蝶への変態を楽しんでいた点に、関心が引かれる。現代人の感覚で、「数ある昆虫の中で、綺麗な蝶がお気に入りなのは当たり前ではないか」などと言うなかれ。今でこそ、昆虫愛好家のあいだで抜群の人気を誇る蝶だが、奈良時代や平安時代はそうではなかった。

まず、8世紀に成立し、日本最古の歌集の『万葉集』には、蝶が詠まれた歌はない。平安時代前期成立の『古今和歌集』には、「散りぬればのちはあくたになる花を思ひ知らずも迷う蝶かな」「をる花をむなしくなさむ名を惜しな蝶にもなして強ひやとめまし」との和歌が収録されているが、これらは観念的な蝶である。『古今和歌集』には、生物としての蝶を題材としたと断定できる和歌はないとされている（大川「蝶の位相」）。

ようするに、蝶は平安貴族のあいだではイマイチ人気がなかったのだ。ネットオークションでは、海外産の綺麗な蝶が多く出品されている現代からすれば、この点はかなり意外である。

そのような不人気の蝶に強い関心を持った時点で、姫君は十分普通ではない。さらに、文学者の坪井暢子氏が指摘するように、姫君が虫籠に入れたのが、鳴く虫でなかった点が興味深い。『古今和歌集』以降の勅撰和歌集には、鳴く虫が詠まれた和歌が多数収録されている。また、平安時代後期の右大臣の藤原宗忠の日記『中右記』によれば、堀河天皇の命により、役人が鳴く虫採集のために嵯峨野に派遣されている。鎌倉時代成立の『古今著聞集』にも、堀河天皇在世時に鳴く虫を籠に入れて、和歌を付けた云々との記事がある。

鳴く虫は、平安貴族のいわば寵児である。にもかかわらず、姫君は飼育容器に入れたのは毛虫であって、鳴く虫ではなかったのだ。

現代の虫業界の人間が『虫愛ずる姫君』を誉めそやすのは、姫が単に虫を愛でていたにとどまらず、毛虫から蝶への変態を観察していたこと、そして虫に独自の名前を与えたことに驚嘆するからである。前者の行為は実験昆虫学者、後者は昆虫分類学者の域に達しているではないか、と評価するのである。筆者もその見解に賛成だ。

次に、世間の常識を屁とも思わない、姫君の意思の強さにも感嘆する。ジェンダーの観点から言っても、『虫愛ずる姫君』は特筆すべき作品である。

今なお『虫愛ずる姫君』を研究対象としているプロの文学者の見解は、十二分に尊重したい。ただ、一介の虫屋視点で述べさせていただくなら、『虫愛ずる姫君』に登場する虫の種類が非常に限られている点は気になる。

「こゑせみ声に」などの比喩を除くと、物語中に実際の生物として名前が出てくる虫は、実は「蝶」「毛虫」「カマキリ」「かたつむり」だけなのである。姫君はありとあらゆる虫を集めるのだが、文中では「よろづの虫の、恐ろしげなるを取り集めて」とあるだけで、具体的にどんな虫を集めていたかの記述が一切ない。姫君の虫への命名行為についても、いかなる形を持つ虫に、どんな名前を与えたかについても明らかにされていない。昆虫分類学者の筆者がもっとも関心を持つこの点において、『虫愛ずる姫君』の作者は完全スルーしているのである。

短編の『虫愛ずる姫君』と長編随筆の『枕草子』との直接比較は無理があるのは重々承知だが、蚊、蝶、ノミ、ミノムシ、クモの巣、スズムシ、ヒグラシ、ホタルなど、多くの虫が取り上げられている『枕草子』とは、この点で対照的である。『虫愛ずる姫君』の作者は、当時の平均程度の昆虫への関心しか持ち合わせていなかったのではないかと思えてくる。この点については、文学者の見解を知りたいところだ。

『虫愛ずる姫君』は特異な古典である。日本人と昆虫との関係史を語るうえで、外せない重要文学である。ただし、そのあまりの特異さ故に、『虫愛ずる姫君』を前面に押し出して、「日本人の昆虫愛はすごい」に持っていく論法には賛成できない。文学研究の場ではいざ知らず、虫業界は『虫愛ずる姫君』を必ずしも絶対視する必要はないだろう。



## 3 現代サブカルチャーの「虫愛ずる姫君」たち

では、この項より、現代サブカルチャーに登場する10人の「虫愛ずる姫君」を西暦順に、列伝形式で取り上げていこう。

### ▼神尾観鈴（かみお・みすず）

1人目はパソコンゲーム『Air』の神尾観鈴である。感動的なシナリオで「泣きゲー」（感動のあまり、泣きを誘うシナリオを持つゲームとの意味）の代名詞とも呼ぶべきこの『Air』。2000年にソフトメーカー「Key」より発売されたゲームなので、はや20年以上も前の作品になってしまった。

昨今、秋葉原のゲーム売り場をうろつくオタクのあいだでは、タイトル名を知る人はあっても、実際にプレイ経験がある人間は相当少数派になってしまったのではないか（※1）。

物語は法術を駆使し、人形芸で食いつないでいる国崎往人が、真夏の海沿いの町に到着するところから始まる。町のガキどものいたずらにより商売道具の人形をなくした往人は、必死に人形を探していた。すると、初対面であるはずの神尾観鈴が、往人に馴れ馴れしく付きまとう。往人は観鈴を冷たくあしらうが、興味津々の観鈴は探し物が何かも知らないまま、往人の手伝いを始めた。そして、観鈴が「探し物はこれですね」と言って差し出したのは、なんと雄のカブトムシだった。呆れ果てた往人は、渋々探し物が人形であることの説明を始める。しかし、観鈴は往人の話をまったく聞かない。今度は雌のカブトムシを見つけて、キャッキャッとはしゃぐ始末だ。

2人は汗だくになりながらも人形を探しあてた。観鈴が往人を手伝ったのは、遊んで欲しかったからということが判明する。面倒くさい往人は「遊びたければ、さっきのカブトムシと友達になれ」と無理難題を言い放つが、観鈴は「さっきのカブトムシは、つがいになって飛んで行ってしまった。残念」と答えた。

結局、極貧の往人は飯と寝床を求めて、観鈴の家にしばらく居候することになる。もっとも、一つ屋根の下で暮らすうちに、往人と観鈴はカップルになってイチャラブ展開からハッピーエンドになりました……との展開にはならない。そこは泣きゲーの代名詞たる『Air』である。そんな甘っちょろい物語ではないが、ゲーム本編のあらすじは本章とは関係がないので割愛しよう。

神尾観鈴（『Air』より）

カブトムシが観鈴の天真爛漫さ、そして幼すぎる性格を強調していることは明らかである。メンヘラとの単語は作品中には出てこないけれど（そもそも2000年当時、「メンヘラ」との用語はあったっけ?)、ゲームを進めるにつれ、観鈴はメンタル面で問題を抱えていることが、徐々に明らかになる。

さらに、往人と観鈴の初対面の場で登場するのが、カブトムシである点が肝である。カブトムシが男女の出会いを繋ぐ物語展開は、かなり稀有のはずだ。

カブトムシが出てくる『Air』のこの名場面。残念ながらカブトムシは文章で表示されるのみで、画像としては出てこない。しかし、このカブトムシが特異な感性を持つ観鈴を形容している点は、特筆に値する。

### ▼芹沢明希(せりざわ・あき)

2003年にソフトメーカー「PULLTOP」よりパソコン用ゲームとして発売され、翌2004年にPS2に移植されたのが、『夏少女』である。タイトルの通り、夏を舞台とした物語が展開する。主人公は瀬川真人という大学生である。真人は所属する天文学部の夏合宿のため、友人の故郷である田舎町へとやってきた。彼はその町で、芹沢明希、結城京、東絢水の年下の少女らと出会う。これら3人のヒロインは、それぞれ「活発」「おしとやか」「寡黙」との対照的なキャラクター設定がされている。このわかりやすい三つの性格に対応した作品中の役割分担は、この手の恋愛ストーリーでは王道である。

真人が最初に出会うメインヒロイン格が、芹沢明希である。明希はギンヤンマを採ろうと狙っていたが、そのギンヤンマは高く舞い上がり、目を見張るような速さで飛んで行ってしまう。そんなとき、風に飛ばされた明希の麦藁帽子を取ってあげたのが真人だった。これが2人の馴れ初めとなる。

このときは、お互い名前も知らない。明希は真人にお礼も言わないまま、目の前に現れた大きなバッタを追いかけ始め、会話はここで終わってしまう。

やがて真人は､明希の家が経営する喫茶店で彼女と再会を果たし､親交を深めていく。彼女は｢川で、アメンボ、タガメ、ゲンゴロウを捕りたい」と言うし、彼女の母親が「虫なら、この前たくさん捕ったでしょ」とたしなめる場面もあることから、明希はかなりの虫好き少女であることがわかる。

『夏少女』はひと夏の物語ではない。瀬川真人は翌年以降も夏がくるたびに、この田舎町を訪れ、成長していく3人のヒロインのいずれかと恋仲になるストーリーだ。真人と明希が出会って3年目の夏。初デート中に2人が休んでいると、トンボが近づいてきた。しかし、明希は「今日はトンボを捕らない」とつぶやき、2人はトンボが飛び去るのを見送った。

『夏少女』におけるトンボは、明希の成長を現す役割が与えられていることがわかる。出会った当初は、明希は無邪気に捕虫網を振り回していた。しかし､恋する乙女となり大人びた明希は、トンボをただ見守るようになったのである。

ギンヤンマが、明希シナリオの重要な一場面となっていることはいうまでもない。唯一惜しむらくは、ゲーム画面に描かれたトンボが、色彩からしてギンヤンマには見えない点だ。そして、ギンヤンマが草の穂の先に静止している場面なんぞには、滅多に出くわすものではない。『夏少女』で描かれたトンボは、どう見てもシオカラトンボなのである。

芹沢明希（『夏少女』より）

## ▼天女目瑛（あまつめ・あきら）

天女目瑛が登場する『ヨスガノソラ』は、２００８年にソフトメーカー「Spher」から発売されたパソコン用18禁美少女ゲームである。２０１０年にテレビアニメ化されたが、全年齢を対象としたテレビゲーム版は、結局発売されなかった。したがって、良い子の皆さんはゲーム原作を知らないはずである。

主人公は、春日野悠（男子学生）。双子の妹に、穹がいる。事故で両親を亡くした兄妹は、住んでいた都会から逃げるように、亡き祖父母の家がある田舎に引っ越してきた。そして、その田舎の少女たちと悠とのあいだで恋愛ストーリーが紡がれる。

『ヨスガノソラ』は『Air』のような泣きゲーではないが、ラブコメディに終始する作品ではない。そもそもメインヒロイン格の春日野穹からして、引きこもり、ぶっきらぼうとの暗い性格で、純真乙女とは対極の位置にある少女である。

悠は幼少時、祖父母が住んでいたこの田舎に来訪したことがあった。そのときに既に出会っていたヒロインの1人が天女目瑛である。両親がいない瑛はただ1人、神社に住み込んで巫女をしている。だからこそというべきか、村のご老人を助け回る日々を送っている。

彼女は明朗活発を具現化したような少女で、常にニコニコ。穹とは似ても似つかぬ、愛されキャラである。ただし、その笑顔は、出生にまつわる暗い過去を覆い隠そうとする仮面であることが、明らかになっていく。最終的には悠によって、瑛は真の笑顔を取り戻し、ストーリーはハッピーエ

天女目瑛（『ヨスガノソラ』より）

ンドとなる。

悠と瑛は子供の頃、一緒にセミ捕りをした仲との設定である。その回想シーンで、瑛は「クマゼミはお腹に橙色の肉球みたいなものがあれば雄」と雌雄の区別法を悠に教えた。この「肉球みたいなもの」とは、昆虫学の用語では「腹弁」と呼ばれる部分を指す。クマゼミの雄はオレンジ色の大きな腹弁を持つので、瑛はセミの形態を正しく指摘している。

このほか、瑛は近所の子供を連れて、カブトムシとクワガタムシを捕りにいく。そこで、ストッキングを使ったバナナトラップの解説までしている。このストッキングを活用したカブトムシの捕獲法は、虫業界ではよく知られた方法であり、これまた瑛の並々ならぬ昆虫知識を示している。瑛の幼馴染みで、兄貴分にあたる中里亮平は「カブトキャプチャー瑛」などと呼ぶほどである。

ただ惜しい。とにかく惜しい。クリエイター側の昆虫知見の下調べの甘さが、せっかくの「虫好き瑛」の魅力を失わせている箇所がいくつか散見される。

まず、幼少時の真夏の回想シーンで、瑛は悠に「ツクツクボウシは8月の終わりに出てくる。だから今はいない」と教えていた。瑛は昆虫学的に極めて正しいことを言っている。しかし、この場面、背景では「ツクツクボーシ、ツクツクボーシ」とこのセミの声が流れているのである……。間抜けだ。

また、「5月にもセミはいる。春でも暑い日が続けば、間違えて早く出てくる」と瑛は言うが、これもオカシイ。5月に鳴くセミとは、おそらくは春から初夏に羽化するハルゼミのことを思い浮かべているのではあるまいか。ハルゼミはその名前の通り、もともと春のセミであって、別に「季節を間違えて」春に出てくるセミではない。

最後に、さかんに虫を捕っている瑛が悠に「虫を見るのは好きだが、触るのは少し苦手。カエルは平気」と、多彩な虫捕り遍歴に矛盾する告白をしてしまったことが挙げられる。もちろん、シナリオ担当の方にはちゃんとした理由があって、瑛にこのセリフを吐かせたのであろうが、この期に及んで「虫を触るのは嫌」などと女の子らしさをアピールさせる必要はあったのか？

1人の無責任ユーザーとしては、瑛は徹頭徹尾、虫好きの野生児で押し通せばよかったのではないか、と思わずにはいられない。

### ▼柳瀬さつき（やなせ・さつき）

2011年にソフトメーカー「SMEE」から発売された美少女ゲームが『ラブラブル ～lover able～』である。主人公の愛沢晴樹が妹の花穂とともに、海辺の町に引っ越してきたところからゲームは始まる。ヒロインは、花穂を含めて5人。プレイヤーは晴樹となって、この5人のいずれかの子と恋愛ストーリーを進めていく。

ゲーム自体は簡単なコマンド選択式なので、ゲーム性はほぼない。プレイヤーはマウスをクリックするだけで、お目当ての少女のシナリオを楽しむことができる。作風はラブコメディで、ストーリーに山場はない。良くも悪くも平坦なシナリオで、ヒロインと両想いになったあとはイチャラブ展開となり、そのままエンディングとなる。

5人のヒロインの1人が、柳瀬さつきである。さつきは転校してきた晴樹のクラスメイトであり、さらに隣の席だったことから、すぐに親密になる。彼女の一人称は「ボク」で、業界用語でいうところの「ボクっ子」である。口数は多くなく、感情を表に出さないことが多いが、決して性格が冷たい子ではない。「とんかつ」との名前を持つブタをペットにしている、動物好きの子である。

このさつきサンは一応、虫好きとの設定である。極め付けは晴樹に、トゲアリトゲナシトゲトゲの絵を描いた、とアピールしたことである。では、トゲアリトゲナシトゲトゲとは一体何物か？

ゲーム中ではその解説が一切なされないので、筆者が補足しておこう。甲虫目ハムシ科にトゲハムシとの名を持つ亜科がある。文字通り、棘が生えるハムシだ。しかし、そのトゲハムシ亜科の仲間であるにもかかわらず、変わり者がいて、棘がないグループがいる。それをトゲナシトゲトゲと呼ぶことがある。さらに、トゲナシトゲトゲの中にもっと変わり者がいて、棘を持つものがいて、それが「トゲアリトゲナシトゲトゲ」となったわけだ。

このトゲアリトゲナシトゲトゲは、その名前の奇抜さから、結構な知名度を持つにいたった。それ故に、『ラブラブル』のシナリオ担当の方の頭に浮かんだのであろうが、トゲアリトゲナシトゲトゲは、昆虫学上の正式な種名ではない。俗称というやつだ。筆者のウンチクはともかく、そんなマニアックな虫の絵を描けたことが、柳瀬さつきの昆虫愛の真髄なのである。

ただ、さつきの水着にアリが侵入したとき、彼女は猛烈に嫌がったので、そのあたりは普通の女の子の反応といえようか。また、「カマキリやコオロギを食べたくない」と、食虫行為に抵抗を示す場面もある。さつきが「虫は好き」と口にする描写はあるものの、肝心の虫好きエピソードが作中にあまり登場しないのが残念である。

柳瀬さつき（『ラブラブル 〜 lover able 〜』より）

### ▼淡路なつみ（あわじ・なつみ）

5人目に取り上げるのは、淡路なつみ。2013年発売のライトノベル、そしてのちにコミック化された『クワガタにチョップしたらタイムスリップした』の主人公である。

なつみは、17歳の女子高生。通う高校は普通の公立高校で、校内における成績は中の下。運動神経はよくない。所属部活動ナシ。ここまではどこにでもよくいる女子高生だが、趣味がクワガタ飼育という点が異色である。ただし、昆虫学に精通した理系少女ではなく、単にクワガタを可愛がっているだけだ。彼女はヘリウムと名付けたヒラタクワガタを飼っていて、ヘリウムにリボンを付けてやるほどの溺愛ぶりである。このあたりの性癖は、女子高生らしいところか。

ある日、ドジを重ねたなつみは、朝に戻って今日一日をやり直したいと考え、なんとなくヘリウムにチョップした。すると、なぜか50年後にタイムスリップしてしまうところから物語は始まる。

未来の世界では、ヒラタクワガタがタイムスリップ能力を持っていることが明らかにされていて、その力を求めた連中によって乱獲され、絶滅していた。もとの時代に戻るため、なつみは紆余曲折を経て、50年後の自分に会う。未来の自分は余命1カ月の病状で入院していた。結局、なつみはヘリウムの能力によって、もとの時代に戻ることができたが、そこで初めてヘリウムの思いを知ることとなる。

なつみは、最初は過去に戻りたいと願ってヘリウムにチョップしたのに、未来にタイムスリップ

淡路なつみ（『クワガタにチョップしたらタイムスリップした』より）

させられたことを不審に思っていた。だが、ヘリウムは「失敗は安易にやり直す」のではなく、「失敗してもそれを受け止めて戦い続ける」ことを教えたいがために、自分を未来に連れて行ったのだと、なつみは理解するのである。

小説及び漫画のあらすじはこんなところだ。やや難解で、不思議な話だが大変面白い。クワガタにチョップしてタイムトラベルする、との発想が突拍子もない。また、本作は明らかにファンタジー作品だが、ヘリウムは喋れないので、飼い主のなつみと意思疎通はできない。なつみができるのは、ヘリウムの意思を察することだけである。

なにより本作が異質なのは、ヘリウムがクワガタでなければならない設定上の理由が、読者には最後までわからない点である。クワガタならではの特徴が、物語にほとんど反映されていないのである。別にハムスターやインコであっても、ストーリー展開に影響はないのだ。

ここは一読者の立場で「なぜなつみのパートナーはクワガタに設定されたのか」を勝手に推測してみよう。

この疑問に答えるのは難しいが、「なぜカブトムシではなくクワガタムシなのか?」との問いならば、もっともらしい説明ができる。「カブト」なる日本語を聞かされたとき、我々は伝統武具の「兜」なのか、虫の「カブトムシ」なのかの判別がつきづらい。タイトルが『カブトにチョップしたらタイムスリップした』の場合、主人公は部屋に飾ってある五月人形にチョップしてタイムスリップするのか、との第一印象を抱く読者が必ず出てくる。かと言って、カブトムシとのフル表記は長ったらしい。

一方、現代日本で「クワガタ」と言えば、まずクワガタムシのことを指す。兜の装飾部分である「鍬形」を思い浮かべる人間はいたって少数派のはずである。となると、タイトルに入るのはカブトよりはクワガタのほうが好ましい……。

以上が筆者の憶測である。どこまで妥当な解釈かどうかは自信がない。というのも、コミック版第3巻のあとがきで、原作者のタカハシヨウ氏自身が「なぜクワガタなのかは、ついぞわかりませんでしたね。僕もわかりません」と率直に告白しているからである。

原作者がわからない以上、正解はないのである。

### ▼越谷夏海（こしがや・なつみ）

2009年にコミック連載開始。2013年、2015年、そして2021年の3期にわたってテレビアニメ化されたのが『のんのんびより』である。

本作の物語の舞台は、ド田舎の農村にある旭丘分校。ここは全校生徒わずか5人で、複式学級1クラスしかない小中併設校である。主人公は小学1年の宮内れんげ、小学5年で都会出身の一条蛍、中学1年の越谷夏海、中学2年で夏海の姉・越谷小鞠の4人の少女で、アニメでは彼女らを中心とした、ゆったりとした田舎の日常が描かれる。

年長者は中2の小鞠だが、彼女は大人しすぎて、個性に乏しい。4人で遊ぶ場合は、活発な夏海が必然的にリーダー役となる。この夏海は勉強嫌いのイタズラ好きで、しょっちゅう母親に怒られている。アニメや

越谷夏海（『のんのんびより りぴーと』より）

マンガの主人公の王道的キャラクターだ。

彼女は勉強はさっぱりできないが、自然を生かした遊びテクニックに非常に長けており、年少のれんげや、もともとは都会っ子の蛍に、昆虫の捕まえ方をレクチャーする場面がしばしばある。たとえば、夏海は玉ねぎでキリギリスを釣る採集法を知っているし、セミ穴（幼虫が潜んでいる穴のこと）に水を注ぎ、慌てて出てくるセミの幼虫を捕まえることもできる。また、カブトエビの卵の孵化のさせ方も把握している。このほか、庭に砂糖を置いて、集まってきたアリを眺めて楽しむシーンも描かれていた。

夏海には、体系的な昆虫学の知識はない。また、他の生き物と比較して、昆虫だけを特別に愛しているわけではなさそうだ。彼女にとって、昆虫は身近にいる数多の生き物の一つでしかない。ただ、小中学生の世界では、生き物で遊ぶ＝捕まえるが中心となるので、作品中ではどうしても昆虫の出番が増える。彼女の昆虫採集の技術は、すべてド田舎で育った実体験で培われており、それだけに都会の現代っ子とはかけ離れた域に達しているのである。

### ▼如月のえ（きさらぎ・のえ）

２０１６年に「ＳＭＥＥ」が世に贈り出した、知る人ぞ知る名作美少女ゲームが『カノジョステップ』である。もともとは18禁のパソコン用ゲームだが、２０１８年に全年齢対象のプレイステーションＶｉｔａ版が発売された。

主人公は小早川秋という男子学生で、４人のヒロインとの恋愛が描かれる。秋は都会から田舎に引っ越してきて、そこで彼女らと出会う。作風は「ＳＥＥＭ」お得意のラブコメディで、極端な山場や修羅場はない。淡々とストーリーは進み、１人のヒロインと恋仲になったあとはイチャラブ展開となる。その後は特に２人のあいだに大きな障害も発生せず、ゲームはそのままエンディングとなる。

４人のヒロインの１人が如月のえで、彼女は現代サブカルチャー史上屈指の虫好き少女である。彼女はとにかく凄い。のえは沖縄本島産のアリ科の種数まで承知しているし、ニセコルリクワガタの採集法まで知っている。このほか、ハチの生態にも通じており、彼女の昆虫学知見は生半可なものではない。また、スマホのアドレスＩＤは「Stag beetle」（＝クワガタムシ）とするお茶目さも持ち合わせている。このように、のえは虫好きと言っても、現実世界によくいるカブトムシやスズムシの単なる飼育好きではなく、昆虫学に造詣があることがわかる。この点で、のえはアキバ系文化における規格外のヒロインと言って良い。ただ、のえは常日頃から野山を走り回るワイルド系ではなく、文学少女としての一面も持ち合わせている。アニメやゲームでは珍しくない理系少女とはまた違う。そして、のえはその知識の特異さとは裏腹に、性格は基本穏やかで、アクの強さは見られない。昆虫知識と文学好きとの一見相反する特徴は、１人の少女の中で両立するものなのかと疑問が湧く。しかし、シナリオライターの腕が良いせいか、のえのキャラクター設定に違和感を持たせない作りとなっている。

如月のえ（『カノジョステップ』より）

さて、異例づくめの『カノジョステップ』、そして超絶虫好きの如月のえ。筆者が所属する虫業界で『カノジョステップ』は大絶賛作品か……といえばそうでもない。筆者はともかくとして、周囲では意外と評判が悪いゲームである。その理由は、主人公の小早川秋が極端な虫嫌いだからである。『カノジョステップ』のような恋愛ゲームでは、ユーザーは主人公を自分の分身とみなしてプレイを楽しむ。よって、秋が虫に対して大げさに怯える描写を見せ付けられると、昆虫業界のユーザーは興ざめしてしまうのである。なにはともあれ、虫好きとの点で、如月のえは史上最強のヒロインと言えるだろう。

### ▼乃木園子（のぎ・そのこ）

２０１４年のテレビアニメ『結城友奈は勇者である』の続編として『結城友奈は勇者である 鷲尾須美の章』が、２０１７年に放送された。続編ではあるが、作品中の時代設定は『結城友奈は勇者である』よりも前の年代とのかたちとなっている。

『結城友奈は勇者である 鷲尾須美の章』は、小学生の女の子３人が勇者となり、バーテックスと呼ばれる敵から、神樹を守るとのあらすじだ。かわいらしい絵柄とは裏腹に、ストーリーは悲惨なもので、３人の勇者のうちの１人、三ノ輪銀は戦死してしまう。

そんなシリアスな展開の合間に、ほのぼのとした日常が描かれる。勇者の１人の乃木園子は第２話で、草むらでしゃがみ、アリの行列を楽し

右側が乃木園子。（『結城友奈は勇者である 鷲尾須美の章』より）

そうに見つめた。極め付けは、第4話の遠足の回である。園子はカブトムシを肩に乗せていた。もう1人の勇者で、虫が苦手な鷲尾須美が恐怖におののくと、今度は無数のカブトムシが園子に群がり、彼女自身が巨大なカブトムシのようになってしまう、とのオチになる。

実はこの第4話で、須美は虫が苦手との性格が初めて明らかにされる。須美は使命感に燃える勇者だが、別の言い方をすれば堅物である。一方、園子はのんびりとした天然系で、2人の性格は対照的である。虫を前にすると両者の立場は逆転し、日頃は凛としている須美は慌てふためくのだ。

同一作品中で冷静なキャラは虫が苦手、のほほんとした子が虫が平気、との性格設定は、アニメやゲームの世界では王道である。

### ▼鬼島ほまれ（おにしま・ほまれ）

2017年から『週刊ヤングマガジン』で連載され、2019年にテレビアニメ化されたのが『ソウナンですか?』である（注：筆者はコミック未読）。

主人公は鬼島ほまれという女子高生である。修学旅行中、ほまれが乗った飛行機が事故を起こし、鈴森明日香、天谷睦、九条紫音の3人とともに、無人島に漂着した。明日香、睦、紫音はまあまあ平均的な女子高生といったところだが、主人公のほまれはぶっ飛んでいる。ほまれは幼少時から父親と世界各地を旅し、またしょっちゅう危ない目にあっては切り抜けている、「遭難のプロ」である。『ソウナンですか?』は、ほまれの常識離れしたサバイバル技術を頼りに、4人が無人島で奮闘するアニメである。こう書くと、随分と過酷な日常が描かれるように思えるが、作風はのほほんとしたコメディに徹している。1話15分で全12話の短編アニメのせいか、4人が無事救助されるところまで話は進まない。「これからも無人島でガンバロー」みたいなノリで最終話は終わる。

ほまれは、虫好きとの意味ではなく、虫の生態にやたらと詳しいことから、本章にて「虫愛ずる姫君」として挙げた。

彼女の昆虫知識はあくまでサバイバル技術の延長であって、知的好奇心とはまったく違う。テレビアニメ第1話で、無人島に漂着したほまれは飛んできたバッタを手づかみにして、何のためらいもなく食べてしまった。また、第2話では、ほまれは他の3人にアブラゼミの食べ方をレクチャーする。そして、「羽を動かす筋肉はエビのようでおいしい」とのたまうのだ。第10話では、ほまれたちはミツバチの巣からハチミツの奪取にも成功する。

このように、ほまれはどの虫、どの部位が美味いかを確実に把握しているのである。ただ、悲しいかな、筆者は底意地が悪い虫屋であり、アニメ中のほまれの失言を見逃すことはない。

たとえば第2話で、ほまれは飛んでいるハバチを発見し、「ハバチだ。数キロ以内にはハバチの巣があるぞ。ということは近くに水があるはずだ」と言う。しかし、原則ハバチは巣を造らないので、これはおかしい。ここはスズメバチなりアシナガバチを登場させる場面なのである。

そして、第7話。ほまれは海岸に生えている草を見て、「この草は、世界のどこにでも生えているから、この島がどこに位置するのかわからない」との推測を述べた。

『ソウナンですか？』は、彼女らがどの国、どの地方の無人島に

鬼島ほまれ（『ソウナンですか？』より）

流れ着いたのか、まったく不明との設定である。だからこそ、世界中に自生する草本植物（専門用語でコスモポリタン種と表現する）を見て、ほまれは博識を生かして鋭い推理をしたと、視聴者は思ってしまう。

しかし、ほまれは大きな見逃しをしている。というのも、第2話で彼女らはアブラゼミを食い、同じく第2話では背後でクマゼミが鳴き、第4話でミンミンゼミの声が流れているからである。

実は、これらのセミが分布することから、彼女らが流れ着いた無人島は、日本近海であることは絶対確実である。ほまれたち4人の女子高生は、「この島は一体どこの国なのか？」などと不安がる必要はないのだ。もうすぐ日の丸を付けた海上保安庁の船が、あなた方を助けに来てくれるでしょう。安心してください。

何はともあれ、セミの鳴き声には思考が及ばぬところ、ほまれの昆虫知識は詰めが甘いと言わざるを得ない。

### ▼りいこ

２０１６年にソフトメーカー「Lose」からパソコン用ゲームとして発売され、２０１８年にＰＳ４に移植された『まいてつ』というゲームがある。本作には「レイルロオド」と呼ばれる少女型鉄道車両制御モジュールのヒロインが登場する。極端にデフォルメして言うなら、ぱっと見、車掌さんのようなヒロインたち（ただし人間ではない）と主人公が、恋愛ストーリーを紡いでいくのである。

この『まいてつ』を原作としたショートアニメ『レヱル・ロマネスク』が２０２０年にテレビ放送された。『レヱル・ロマネスク』に登場するレイルロオドの１人が「りいこ」で、虫捕り大好き少女（？）

との設定である。

りいこは、第４話でアサギマダラとハッチョウトンボを捕り、第12話でショウリョウバッタを観察するといったエピソードが描かれる。ただ、本作はなにぶん１回５分程度のショートアニメである。

内容は全12回を通して、レイルロオドたちは寄り集まって、新しい地場名産品を提案しあうだけであり、確固としたストーリーがあるわけではない。よって、『レヱル・ロマネスク』は、虫好きのりいこに対して、これといった考察ができる材料ではないのが残念だ。

りいこ（『レヱル・ロマネスク』より）

## 4 小粒感は否めない現代版「虫愛ずる姫君」。現代サブカルチャーの限界

本章は筆者の独断と偏見で、計10人の現代版「虫愛ずる姫君」を取り上げた。全般的な印象で言えば、元祖虫愛ずる姫君と比較すると、彼女らは小粒である。元祖の姫君は世間体なんぞ知ったことではない、女の身だしなみをかなぐり捨てでも己の昆虫愛を貫いたイメージがあるが、現代の姫君たちはそこまでの覚悟を持ちあわせていない。彼女らにとって、虫はいわばアクセサリーや余暇であって、生活や信条のすべてを占めているわけではないのである。

元祖虫愛ずる姫君の真骨頂は、昆虫の飼育にある。平安時代の貴族社会には、鳴く虫を虫籠に入れて声を楽しむ習慣はたしかに存在した。しかし、当時の昆虫文化の主流はスズムシやセミの声、そしてホタルの光を愛でて和歌にすることである。姫君が毛虫を飼って変態を楽しむなどと、変わり者以外の何物でもない。

一方で、現代の虫愛ずる姫君たちは、この飼育方面に弱い。本章で取り上げた10人のうち、飼育趣味を有するのは、『クワガタにチョップしたらタイムスリップした』の淡路なつみだけだ。そして、彼女にとってクワガタは、パートナーであって、実験的な飼育とはかけ離れている。

10人の現代版虫愛ずる姫君のうち、トップに君臨するのは『カノジョステップ』の如月のえだろう。知識と採集能力の2点で群を抜く存在である。ただ、そんな彼女といえど、文学少女との二刀流が災いしている。作中で描かれる彼女の部屋の本棚には、昆虫図鑑は並んでいないし、飼育ケースが所狭しと置かれているわけでもない。無責任な一ユーザーの意見としては、のえにはせめて部屋に各種昆虫大図鑑を揃えておいて欲しかったところである。

昨今のテレビアニメでは、従来女性とは縁遠かった部活動に、少女たちが挑む設定が多い。『シンデレラナイン』（2019年）と『球詠』（2020年）は女子野球のアニメだし、『さよなら私のクラマー』（2021年）は女子サッカー部が舞台である。少女たちが陶芸に勤しむ『やくならマグカップも』（2021年）は、アニメとしてはかなりの異色作といえるだろう。

一方、近年のアニメ作品で、昆虫学と同じ理系の部活で活躍する少女となると、科学部の『上野さんは不器用』（2019年）や地学部の『恋する小惑星』（2020年）、ていぼう部（釣り部）の『放課後ていぼう日誌』（2020年）などがある。ただ、生物部ましてや昆虫部となると、筆者には該当作品が思い付かない。

現代サブカルチャーは、5人や6人の少女たちが、部活動として昆虫採集に勤しむ構図のアニメが製作される域には達していないようだ。昆虫に好意的とされる日本人製作のサブカルチャーにも限界はある。

本章で挙げたアニメやゲームの現代版虫愛ずる姫君は、個人で虫を愛でるにとどまっている。特に美少女ゲームの場合は、どうしてもストーリーに恋愛要素が絡むので、ヒロインに1ミリ単位で大きさを競うクワガタ飼育の世界に没頭させるわけにはいかないのだろう。そのような女の子と恋愛関係になりたくないとの多くのユーザーの心理があるのではないか。

結局のところ、『虫愛ずる姫君』で姫君をキワモノ視した平安貴族の右馬佐と、現代サブカルチャーのヒロインに女の子らしくして欲しいと考える男性ユーザーの本質は、大して変わらないのである。

※1▼2021年6月、往年の名作『Air』がニンテンドースイッチに移植されることが発表された。ただ、『Air』をリアルタイムで知らない世代は、新規ユーザーとして移植版を手に取るものなのかどうか?

# 第10章

# サブカルチャーから見えてくる現代日本の昆虫観

保科英人・宮ノ下明大

大東亜戦争敗戦後、国の社会体制や日本人の価値観は良くも悪くも大きく変わった。令和3年の現在、我が国の経済大国としての地位は大きく揺らぎつつある。そして、一言で戦後世代と言っても、幼少時に経済成長期だった世代と、就職氷河期だった世代とでは、考え方がずいぶんと異なるに違いない。現代サブカルチャーの場合、作り手と消費者は戦後生まれであることは当然として、自然は守られるべきものとの教育を受けてきた世代が主力となっている（その教育が、どの程度血肉となっているかは別にして）。

筆者らの世代だと、幼少時は開発優先の思想が世間に色濃く残っており、ゴルフ場やスキー場建設によって、多くの森林が伐採された記憶が鮮明である。ところが今やどうだ。ゴルフ場やスキー場は新規に造るどころか、逆に倒産して消失する時代となっている。

戦前・戦中期とは、虫が生息する環境や虫に対する感性が大きく変貌した現代日本。本書の最終章では、サブカルチャーを通して見えてくる現代日本人の昆虫観を総括したいと思う。

# 1 大東亜戦争敗戦までのカブトムシとクワガタムシ

明治24年、カナダの昆虫学者のW・H・ハリントンは、昆虫調査のため来日した。彼は日本滞在記の中で「カブトムシの標本を3銭ないしは4銭で買った」と記述している（Harrington, 1893）。この年の東京朝日新聞（現在の朝日新聞）の1部は1銭5厘である。よって、ハリントンが購入したカブトムシの標本は、現在の貨幣価値で数百円といったところだろう。

また、昭和戦前期の日本で、カブトムシとクワガタムシの生き虫が売られていたとの記録がある。昆虫学者の中林馮次は大阪の陶器祭で、カブトムシとクワガタムシを売っている婦人に出会った。ミヤマクワガタ10銭、カブトムシ15銭との価格がつけられていたという。

実は、筆者らが承知する近代日本で売られていたカブトムシの価格記録は、今のところ、この程度である。明治・大正・昭和戦前期の新聞は「虫相場」とのコーナーがあり、スズムシ、マツムシ、キリギリス、ホタルの小売価格が掲載されていたが、カブトムシやクワガタムシの値段は記されていない。筆者らは戦前生まれのご高齢の昆虫学者の方々に会うたびに「戦前の縁日でカブトムシは売っていたか？」と質問しているが、肯定の返事が返ってきたことはない。

戦前の昆虫少年は、カブト・クワガタに憧れていたらしい。筆者らがヒヤリングした昭和一桁生まれの虫業界長老の先生方は、そのように回想する。この点は現代の子供と何ら変わらないのだ。そして、近代日本の動物飼育技術は相当高かった。大正時代にはカジカガエルを温室で飼育し、真冬でも鳴き声を楽しむ猛者がいたほどである（保科「文化蛙学」）。よって、近代の熱意ある先人たちがその気になれば、カブトムシの大量養殖なんぞ、造作もないことだったに違いない。にもかかわらず、カブトムシとクワガタムシの生き虫はペットとして、ほとんど流通していなかった。ようするに、戦前の日本人はカブトムシとクワガタムシに概して冷淡であった。あんなにカッコいい虫なのに、なぜ冷めた視線しか向けなかったのか?

それは、近代日本は虫にカッコよさではなく、情緒を求めたからだ。先人が溺愛したのは、情緒の代名詞ともいうべきホタルと鳴く虫である。近代日本の大手の昆虫養殖業者がカブトムシの養殖に乗り出さなかったのは、カブトムシに大きな商品価値を見出せなかったからにほかならない。

ここで改めて第1章を見返していただきたい。『古事記』『日本書紀』『万葉集』『古今和歌集』『枕草子』、そして近世の御伽草子の類い。日本のこれらの伝統文学、ひいては日本文化において、カブトムシとクワガタムシはなきがごとくの存在だったのである。

## 2 戦後に来襲した文化的「黒船」のカブトムシとクワガタムシ

しかし、カブトムシとクワガタムシは、戦後日本の昆虫文化に君臨する存在となった。前述のごとく、この両者は、戦前までは文化的にほぼ無視された昆虫であったから、戦後になって突如品川沖に現れた黒船のようなものである。

戦後日本人は、敗戦後も先輩たちの昆虫飼育趣味を引き継いだが、飼育する虫を、鳴く虫からカブト・クワガタに変えてしまった。筆者の保科は昭和47年生まれであるが、小学校の頃、同級生と熱く語り合った飼育昆虫はカブト・クワガタであって、スズムシではない。

また、本章の共著者の宮ノ下は、昭和40年代後半に東京の小学校に転校したとき、読売新聞の販売所が子供たちにカブトムシの成虫を配っていたことを覚えている。筆者らは、完全にカブト・クワガタ愛好世代である。

一方、戦前の庶民に飼育された多種多様な鳴く虫であるが、戦後はスズムシのみがペット昆虫として生き残った。筆者らは子供の頃、ペットショップがスズムシを扱っていたことを記憶している。そして、令和になっても近所のホームセンターで、スズムシだけは普通に売られている。

では、近頃の大学生はカブトムシとスズムシの飼育経験があるのだろうか？

２０２０年７月、保科は勤務する福井大学在籍中の１２８人の学生に「カブトムシとスズムシを飼ったことがあるか？」とアンケートを採った。

回答は以下の通りである。※（ ）の中は人数。

・カブトムシとスズムシの両方を飼育したことがある（22人）
・カブトムシだけ飼育したことがある（69人）
・スズムシだけ飼育したことがある（1人）
・カブトムシとスズムシともに飼育したことがない。親や兄弟が飼っていたこともない（19人）
・自分はカブトムシとスズムシともに飼育したことはないが、親ないしは兄弟がカブトムシとス

ズムシの両方を飼育していた（3人）

・自分はカブトムシとスズムシともに飼育したことはないが、親ないしは兄弟がカブトムシだけ飼育していた（12人）

・自分はカブトムシとスズムシともに飼育したことはないが、親ないしは兄弟がスズムシだけ飼育していた（2人）

アンケート対象者は女子学生も少なからず含まれているので、「自分は興味がなかったけど、家族は飼っていた」との回答を設けた。福井大学の学生は地元ないしは地方出身者が多いということもあろうが、約3分の2が自分ないしは家族がカブトムシを飼っていたのである。なかなか高い数字である。カブトムシ飼育は市民のあいだで根強く定着していることがわかる。一方で、スズムシだけペットにしていたとの回答は、ほぼゼロに等しい。現在、ホームセンターで売られているスズムシは、主に中高年向けの商品なのだろうか？

昭和50年放送開始のテレビアニメ『タイムボカン』では、主人公チームの主力戦闘メカはカブトムシ型の「メカブトン」であった。放送年代からして製作スタッフは戦前・戦中派か、戦後まもなくの生まれの世代だったはずである。強くてかっこよく、そして子供たちに人気のある虫として、カブトムシが当時のスタッフの頭に浮かんだのだろう。

では、なぜ戦後になってカブトムシとクワガタムシは突然、昆虫文化の主役に躍り出たのか？それについては、一つの生物学的な説明がある。

日本の原始の森では、カブトムシはそんなに多い虫ではなかった。しかし、我が国で農村が発展すると、堆肥と肥料を得るために、クヌギやコナラなどの落葉広葉樹を集落の裏山に植え始めた。その結果、これらの木の樹液を好むカブトムシは人家近くに成立した雑木林に集まるようになり、人々にとって身近な存在になったという（小西，1993）。

さらに、戦後のエネルギー革命を経たあとは、よほどの物好きでないかぎり、風呂を沸かすのに裏山に薪を拾いに行く人はいなくなった。クヌギやコナラを切る人はいなくなり、森林は大きく成長した。裏山の雑木林はカブトムシにとって、ますます住みやすい森となった。低山性のクワガタムシもほぼ同じ経過をたどって、裏山に定着したといってよいだろう。

筆者らはカブト・クワガタが主役となった、もう一つの理由を挙げたい。それはビジュアル時代の到来である。戦後、主要メディアがラジオからカラーテレビに移行すると、日本人は耳ではなく、目で虫を感じたくなった。ようするに、生き物の評価が情緒から外見重視になったのである。

たしかにカッコよさ勝負となると、戦前に人気を博したスズムシやマツムシは、カブトムシとクワガタムシに及ぶはずもない。90年代末には、海外産のカブト・クワガタの生きた個体の輸入規制が緩和され、今やホームセンターでも外国のカブトムシが数千円で買える時代となってしまった。日本人の飼育昆虫の主流が、鳴く虫に戻ることは、当分はないだろう。

こうして戦後のペット昆虫の横綱に君臨し、また子供が網をふるって必死に捕るようになったカブトムシとクワガタムシ。カブト・クワガタは武力の象徴となった『タイムボカン』以降も、戦闘メカのモチーフとして重宝されるようになる。2000年代の『ムシキング』や『メダロット』などのアーケードゲームやテレビゲームはその好例だ。

テレビ特撮の『仮面ライダー』シリーズでは、クワガタムシがモチーフとなった「クウガ」（2000

年）、ヘラクレスオオカブトがモチーフとなった「ブレイド」（２００４年）、カブトムシがモチーフとなった「カブト」（２００６年）が次々と制作された。特撮ヒーローのモチーフとしても、カブト・クワガタは大活躍である。

一方で、テレビアニメ『シスタープリンセス・リピュア』（２００２年）、『となりの吸血鬼さん』（２０１８年）では、カブトムシ捕りが夏の思い出の一シーンとして描かれている。近代以前は文化的に軽視されていたカブトムシは、郷愁を具現化する昆虫の座をも占めるようになったのだ。

少なからぬユーザーは、アニメのキャラクターたちがカブトムシやクワガタムシと触れ合う場面を「日本人と昆虫との伝統的な微笑ましい関係」と見るだろう。しかし、それは大きな勘違いだ。カブトムシに郷愁を覚える国民的感情は、戦後になって新しく作られたものである。

２００４年9月20日付の朝日新聞の歌壇掲載の「カブトムシオハグロトンボへビカエルいっせいに来て猛暑過ぎゆく」２０１９年8月18日の同「カブトムシ買うて来たれば直ぐ死ねり買はれたら死ぬといふ意地ならむ」、との短歌。仮に江戸時代前期の歌人で、多くの虫を作品に詠み込んだ下河辺長流に、これらの現代カブトムシ短歌を見せたとしよう。長流は、カブトムシが大衆向けのペット昆虫として売られ、季節の風物詩として詠まれていることがまったく理解できず、口をポカンと開けたに違いない。

## 3 時代ごとに微妙に変化したホタル観

奈良時代の『万葉集』では、枕詞としての登場に限られたホタル。ホタルの和歌の世界への本格的な参入は平安時代以降である。貴族たちは和歌の中で、ホタルを火に見たて、「(あなたへの) 思ひ」の「ひ」に掛けた。また、恋に身を焦がす己をホタルに準えた。文化の担い手が完全に大衆の手に渡った近代には、そんなまどろっこしい発想は姿をひそめた。明治大正の先人たちは、ホタルをかき集めては、大量にばら撒くとの遊戯を楽しんだ。悪い言い方をすれば、ホタルを使い捨てにしたのである。

では、現代サブカルチャーにおけるホタルの扱いはどうなったか。

和歌の言語遊戯の世界とは無縁の現代では、古典に嗜みのある少女漫画作家が「思ひ」に「火」をかけるコマを描いても、読者は絶対に理解できないだろう。欄外に注釈が必ずいるはずだ。また、アニメでホタルを捕って捕って捕りまくる場面があったとしよう。それは、悪行の描写としてはなりえても、視聴者の感性を代弁するものではない。

アニメやゲームにおけるホタルは、数少ない霊性生物としてのホタルを除けば、幻想的な風景としてのホタルにほぼ限られているように思える。カップルが見つめて「ああ、綺麗なホタル♥」というやつだ。ホタルを大事に保護している現代の風潮が、そのままサブカルチャーにも反映されているといえる。一方で、恋に夢中になる登場人物の心情が、ホタルに重ねられる描写は例外的である(※1)。

悪く言ってしまえば、サブカルチャーにおけるホタルは、夜景や雪化粧などの非生物の景色と大差ない扱いである。ホタルはイルミネーションの一種と形容することもできる。だからこそ、クリエイターは生態学的には初夏の虫であるにもかかわらず、アニメやゲーム中でホタルを真夏に飛ばせることに、ためらいがないのかもしれない。

こうして見ると、ホタルは平安期から現在にいたるまで、たしかに季節の風物詩として愛着を持たれてきた。しかし、その本質は言語遊戯から、大量消費、そして単なるイルミネーションと、微妙に性質を変えてきていることがわかる。

## 4 伝統を受け継ぐ一方、フルカラー時代に背景と化した蝶

『古今和歌集』に始まる勅撰和歌集で、蝶はたしかに時折詠まれてはいるものの、その頻度は鳴く虫やセミ、ホタルには遠く及ばない。かつての日本人は、蝶にさほど関心を持っていなかったといえる。そのためか、平安貴族たちは蝶の生物的な美しさよりも、荘子「胡蝶の夢」を踏まえた観念的な和歌を多く詠んだ。夢と蝶を結び付けたのである。さらに、蝶に霊性を見出す発想も存在した。ジャコウアゲハの蛹を怪談お菊虫のモデルとしたのは、その最たる例である。

現代人は蝶に美を見出して、それなりに好印象を持っているように思える。幼虫のイモムシが嫌いとの人は多くても、成虫がヒラヒラと飛ぶのを見て駆除したい、と考える人は、かなりの少数派だろう。では、現代サブカルチャーでは、蝶の扱いはいかが相なったか?

霊として扱われる蝶が、アニメやゲームで時折登場することは第2章で述べた。また、パソコンゲーム『ナツユメナギサ』に代表されるように、夢と結びついた蝶もある。クリエイター陣が、近代以前の霊的な蝶の伝承を知っているかどうかは不明だが、結果として、かつての蝶観が現代サブカルチャーに継承されているのは事実である。時代は違えど、人間が考えることはそんなに変わらないということか。

その一方で、強いメッセージ性はないが、背景としての蝶が、アニメ作品でしばしば描かれる。キャラクターの背後に飛ぶ蝶は作風ごとに色を変えることで、ほのぼのとした春、不気味な夜、妖しい性的な雰囲気を醸し出すことができる。戦後のフルカラー時代ならではの蝶の新しい活用法といえよう。

## 5 『万葉集』以来の日本人の感性を引き継いだ鳴く虫とセミ

戦後日本の文化作品に、突如出現したカブトムシとクワガタムシの礼賛風潮。一貫して季節の風物詩ではあるが、微妙に性質を変えつつ、時代ごとの作品に登場するホタル。伝統の継承と新しい価値観の両方を併せ持つ蝶。対して、奈良期の『万葉集』や平安王朝文学での感性の多くを現代サブカルチャーにそのまま引き継いだのが、鳴く虫とセミである。日本最古の歌集である『万葉集』には、既に蟋蟀（こおろぎ。鳴く虫の総称）と蜩（ひぐらし。現在のセミ類全般に該当）が詠まれている。これらの歌からは、鳴く虫とセミの声を通して、詠み手のどこか切ない感情や季節の風物詩としての捉え方が読み取れる。

平安前期の『古今和歌集』に始まる勅撰和歌集は、室町前期の『新続古今和歌集』でその歴史を終えるが、鳴く虫とセミは、江戸期文学や和歌の世界でも引き続き重宝された。鳴く虫は、近代期にその人気が頂点に達し、ありとあらゆる種類の虫が縁日で売られていた。

では、現代のアニメやゲームにおける鳴く虫とセミの役割はどのようなものか。

彼らはカブトムシや蝶のように、実際の姿形が絵として描かれることは少ないが、鳴き声でその存在をアピールし続けている。夏休み突入を示すミンミンゼミ、夕方の到来を告げるヒグラシ、秋の夜長を描写するコオロギの声、などなど、鳴く虫とセミの声は時を表すＢＧＭとして、縦横無尽に活躍し続ける。

現代サブカルチャーは、万葉の時代から近代にいたる「季節を告げる」「情緒を醸し出す」などの役割を持つ鳴く虫・セミの扱い方を、ほぼ踏襲しているといえるだろう。蝶とは異なり、鳴く虫とセミの役割がまったくブレないのは、「独特な音を発する」との特徴があまりにも抜きんでているからだ、と筆者らは考える。よって、異なる社会体制や生活習慣を持つ平安貴族と現代庶民でも、やたらと特徴的な鳴く虫とセミに対しては、結局は似たような感性を持ってしまうのではあるまいか。

## 6 物語の登場キャラではなく、季節の風物詩として虫を使いたがるのは今も昔も同じ？

本章第二著者の宮ノ下は「昆虫が出てくる映画は多いけれど、主役を張ることはない。虫はしょせん脇役にすぎない」との持論を持つ。日本人は昆虫が好きな民族と自負するが、昆虫は文字通り虫ケラとの扱いは、日本映画でも外国映画でも大差がない、というのが宮ノ下の考えだ。

ただし、昆虫が例外的に主役として活躍できる事例は、昆虫を擬人化することで観客の感情移入を可能にしたアニメ映画にある。たとえば『バグズライフ』（1998年）や『アンツ』（1998年）のアリ、『ビームービー』（2008年）のミツバチが知られている。

アニメ映画であれば昆虫を擬人化することで、主役として観客の感情移入が容易になるとの一面はあろう。特に社会性昆虫のアリやハチは、社会を作ることが周知であり、登場昆虫間の関係（友情や愛情）が描きやすい。その結果、アリやハチは主役となる場合があるのではないか。

とはいえ、現在のフルCGアニメはいざ知らず、かつてのセル画時代のアニメで昆虫の出番が少なかった理由の一つは、虫は足と羽が多く、セル画を描くのに手間を要するからだ、と指摘がある。

筆者らは、学校の教科書の隅にアニメもどきのパラパラ漫画を書いて遊んだ世代である。たしかに足6本プラス羽4枚の虫をそれらしく動かすのは、手足4本の人間よりも大変であることはすぐにわかる。ただ、70年代に放送され、昆虫が主役の例外的アニメである『みなしごハッチ』は、手足4本のミツバチが描かれている。アニメは科学教材に非ず。制作側は躊躇なく科学的事実を蹴飛ばして、虫の足の数を減らすことができた。「虫は足が6本だから、アニメ制作の予算オーバーする」だけでは、昆虫がアニメの主役にはなりにくいことの説明はできない。

ここで時を大きく戻し、『古事記』『日本書紀』収録の日本神話における昆虫を振り返ってみよう。日本神話において昆虫の出番が少ないことは第1章で既に述べた。さらに特徴を付け加えるとすれば、神々、古代天皇家、そして人々と昆虫との関係が希薄なことが挙げられる（保科「古事記・日本書紀に見る日本人の昆虫観の再評価」）。

海外神話では、神々が昆虫をパシリに使い、民族の始祖の英雄が昆虫と親しく会話をするとの事例も珍しくないが、我が国の神話にはそのような場面は一切ないのである。一方で、神々や初代神武天皇は、キジやネズミ、カエルなどとは普通に会話しているのだから、日本神話の編纂者には、人と昆虫とのあいだに深い親交を持たせるとの発想がゼロだった、というほかない。

室町時代になると、登場人物がすべて虫の『玉虫の草子』『きりきりすの物かたり』『こうろき草子』『諸虫太平記』『虫妹背物語』などの御伽草子が描かれるようになる。いよいよ虫の時代の到来かと思いたくなるが、登場人物がすべて虫である以上、これらの御伽草子でも人と昆虫との強い関係は存在しないのである。

昆虫には、登場キャラクターとして人と並べて登場させる際、体サイズが小さいという致命的弱点がある。古来の日本人はこの弱点を克服してまで、虫と人との厚い友情を描こうとしなかった。その一方で、勅撰和歌集や王朝日記文学では、セミやマツムシの鳴き声に情緒を見出した。つまり、昆虫の活用との点で見た場合、物語と詩歌の両世界のあいだには大きな差があるのだ。

戦後、日本人がペットとして飼う昆虫は見た目重視となり、カッコいいカブトムシとクワガタムシは、アニメやゲーム、特撮の業界でヒーローや戦闘メカのモチーフになった。一方で、生き物としての昆虫が二次元世界で縦横無尽に活躍することはない。アニメや漫画における昆虫は、季節やキャラクターの心情を表す情景やBGMが主な役割となる。

我々は昆虫を情緒の対象や季節の風物詩として扱うことができるが、ストーリーを紡ぐ物語のキャラクターにはしたくないのである。これは、日本神話から現代アニメまで、日本人の昆虫に対する一貫した付き合い方のように思える（※2）。

※1▼テレビドラマ化もされたコミック『私たちはどうかしている』（講談社『BE・LOVE』連載中。原作者：安藤なつみ）では、ある女性が自分の恋心をホタルに例えるシーンがある。

※2▼昆虫主役アニメ映画の歴史を考えると、海外ではハチ、アリが主役になったオリジナルなCG作品があるのに、日本映画はそれが皆無である。劇場版『みなしごハッチ』はテレビアニメの延長なので、昆虫アニメ映画の事例として挙げて良いかは疑問が残る。昆虫が主要なキャラクターにされてこなかったのは、アニメ映画の分野でも同様である。

# あとがき

「逆張り」との単語がある。もともとは投資手法の一種を表す単語であったが、いつのまにか天邪鬼を指すスラングにもなった。ようするに、他人が「右」といえば、即座に「左」と答えるやつだ。

編著者が所属する学術界でも、逆張りをしたがる輩が多い。たしかに、手っ取り早く目立ちたいならば、従来の定説を踏襲するよりも、否定するほうが確実である。関連する専門論文もないくせに、「外来魚ブラックバスは駆除しなくてもよい」と言いたてる、あいつとかそいつとかは典型的な逆張りの輩だ。仮に、社会がブラックバスの存在を容認していたなら、あいつとかそいつとかは、今頃ブラックバスの徹底駆除を世間に訴えていたはずである。

本書もある意味、逆張りの類いととられても仕方がない。フランス文学者にして昆虫愛好家の奥本大三郎氏などはその好例だが、我が国の有識者は日本人の昆虫愛を誇りたがる傾向がある。編著者も、日本人が虫好きであることは否定しない。しかし、世界に冠たる昆虫親愛民族か、とまで言われると、それは同意いたしかねる。日本人の昆虫愛は、他国を量的に上回ることはあったとしても、質的に唯一無比の感性ではない。別に自慢するほどでもない、というのが編著者の冷めた持論だ。

たとえば、日本神話を例にとると、そこで描かれている古代日本人の昆虫愛は、海外諸民族の神話と比べて同等か、やや落ちるのが実情だ。また、文学者の篠田知和基博士の「虫の文学としては、かならずしも日本が質量ともに諸外国よりも抜きんでているとはいえない」との指摘は、まこと示唆に富んでいるように思える（篠田『世界昆虫神話』）。

本書は、特撮やアニメ、ゲーム、漫画などに出てくる昆虫を片っ端に取り上げた。しかし、「サブカルにまで昆虫を登場させるとは、日本人はなんて虫好きの民族なんだ！」とのありがちな結論には持っていっていない。我々が重視したのは、あくまでサブカルにおける昆虫の描かれ方であって、諸外国に対する優越性の発見ではない。

ただ、日本は、冷帯の北海道から亜熱帯の琉球まで、南北に長い国である。さらに、恵まれた降水量により、国土には豊かな森林が形作られた。そのような自然を持つ日本は、虫が質量ともに多い国である。となると、日本製アニメやゲームでは、夏の描写として、町中に普通にいるセミの声を流すのは、基本技法となるのだろう。

また、好む好まざるを関わらず、日本人の視界に虫が入ってくるのだから、特撮において、昆虫モチーフのキャラクターが作られやすいのも、これまた必然である。さらに、自らの昆虫採集体験を生かした作品を仕上げる漫画家が少なくないのも、これまた首肯できよう。

こうして見ると、日本人は昆虫に対して独特な感性を持つとまではいえなくとも、巷に溢れる昆虫を身近な存在として認識していることはたしかだろう。読者の皆様は、そんな日本人と昆虫との不思議な関係を、本書から少しでも読み取っていただけたであろうか。

編著者　保科英人

# 主要参考文献

※本書を執筆するに際し、参考とした文献の主要なもののみ挙げた。


荒谷邦雄 2012. 深刻化するペット昆虫の外来種問題. 昆虫と自然 47（1）：1 - 3.

Cherry, R. 1993. Insects in mythology of Native Americans. American Entomologist, 39（1）：16 - 21.

Cherry, R. 2012. Insect monsters in mythology. American Entomologist, 58（3）：138 - 140.

Coelho, J.R. 2000. Insects in rock and roll music. American Entomologist, 46（3）：186 - 200.

Coelho, J.R. 2004. Insects in rock and roll cover art. American Entomologist, 50（3）：142 - 151.

ルーシー・W・クラウセン著. 小西正泰・小西正捷訳 1993. 昆虫のフォークロア. 博品社 . 264 pp.

Dicke, M. 2004. From Venice to Fabre：insects in western art. Proceedings of the Netherlands Entomological Society meeting, 15：9 - 14.

映画秘宝編集部編集 , 2011. 別冊映画秘宝. モスラ映画大全. 洋泉社 . 157 pp.

福島悠太 , 2021. トレンド カプセル玩具にときめき. 7 月 5 日付日本経済新聞（夕刊）.

古河義仁 , 2011. ホタル学. 里山が育むいのち. 丸善出版 . 136 pp.

二橋亮 , 2014. 漢方薬にもなっていたアカトンボの赤色の正体. ファルマシア , 50：1086 - 1090.

藤村敏子・玉置清志・飯田修司・田中英晴・池堂博文・高宮良美・加藤誠也・田中敏雄・奥田誠也 , 2005. 民間療法によって、末期腎不全に至ったアリストロキア酸腎症の 1 例 . 日腎会誌 , 47 (4): 474-480.

五箇公一 , 2010. クワガタムシが語る生物多様性. 創美社 . 205 pp.

Goka, K., H. Kojima, & K. Okabe. 2004. Biological invasion caused by commercialization of stag beetles in Japan. Global Environment Research, 8：67 - 74.

後藤明 , 2017. 世界神話学入門. 講談社現代新書 . 282 pp.

Griffis, W. E., 1880. Japanese fairy world: Stories from the wonder-lore of Japan. James H. Barhyte. 304 pp.

Griffis, W. E., 1894. The Mikado' s empire（皇國）. Seventh edition. Harper & Brothers. 661 pp.

Griffis, W. E., 1923. Japanese fairy tales. George G. Harrap & Co., LTD. 219 pp.

萩野由之編 , 1901. 新編御伽草子（上）. 誠之堂書店.

Harrington, W. H., 1893. Additional notes on Japanese insects. Twenty-fourth Annual Report of the Entomological Society of Ontario：50 - 53.

橋本晃生 , 2018. カンタリジンを介して昆虫が紡ぐコミュニケーションネット ワーク . 昆蟲ニューシリーズ , 21（4）：230-239.

林正美・税所康正 , 2011. 日本産セミ科図鑑. 誠文堂新光社 . 221 pp.

Hogue, L. C., 1987. Cultural entomology. Annual Review of Entomology, 32：181 - 199.

本田計一 , 1998. 鱗翅目昆虫とアルカロイド . 化学と生物 , 36（6）：359-367.

Hoshina, H., 2017. The prices of singing Orthoptera as pets in the Japanese modern monarchical period. Ethnoentomology,1：40 - 51.

Hoshina, H., 2018. The prices of fireflies during the Japanese modern monarchical period. Ethnoentomology,2：1 - 4.

Hoshina, H., 2020. Cultural lepidopterology in modern Japan：butterflies as spiritual insects in the Akihabara Culture. Journal of Geek Studies, 7（2）：149 - 159.

Hoshina, H. & H. Fukutomi, & K. Watanabe , 2020. A new species, *Euconnus*（*Euconnus*）*hosakae* sp. nov.（Coleoptera: Staphylinidae: Scydmaeninae）from Honshu, Japan. 日本海地域の自然と環境 27: 71-76.

Hoshina, H & K. Takada, 2012. Cultural coleopterology in modern Japan：The rhinoceros beetle in Akihabara culture. American Entomologist, 58（4）：202 - 207.

保科英人 , 2013. アキバ系文化昆虫学. 牧歌舎 . 426 pp.

保科英人 , 2014a. お雇い外国人グリフィスが描いたお伽話の中の日本の甲虫たち. さやばねニューシリーズ ,（13）：26 - 34.

保科英人 , 2014b. 戦前の新聞に見る昆虫漫画. 日本海地域の自然と環境 ,（21）：107 - 117.

保科英人 , 2016. 近代海軍における日米両国の昆虫観の比較. きべりはむし , 39（1）：36 - 37.

保科英人 , 2017a. 古事記・日本書紀に見る日本人の昆虫観の再評価. 伊丹市昆虫館研究報告 ,（5）：1 - 10.

## 主要参考文献


保科英人，2017b．鳴く蟲の近代文化昆蟲學．日本海地域の自然と環境，(24)：75 - 100.
保科英人，2017c．近現代文化蛍学．さやばねニューシリーズ，(26)：38 - 46.
保科英人，2018a．明治百五拾年．近代日本ホタル売買・放虫史．伊丹市昆虫館研究報告，(6)：5 - 21.
保科英人，2018b．明治百五拾年．アキバ系文化蝶類学．環境考古学と富士山，(2)：46 - 73.
保科英人，2019a．近代文化蝉学．きべりはむし，42 (2)：54 - 58.
保科英人，2019b．文化蛙学．近代日本人とカジカガエル．日本海地域の自然と環境，(25)：127 - 136.
保科英人，2019c．近現代文化鍬形虫学．さやばねニューシリーズ，(35)：12 - 20.
保科英人，2019d．近現代文化兜虫学．さやばねニューシリーズ，(36)：1 - 10.
保科英人，2020a．現代文化天道虫学．さやばねニューシリーズ，(37)：20 - 26.
保科英人，2020b．近代文化蜻蛉学．伊丹市昆虫館研究報告，(8)：9 - 17.
保科英人・宮ノ下明大，2019．大衆文化のなかの虫たち．文化昆虫学入門．論創社．318 pp.
池田正人，1996．東京・葛西臨海公園のクマゼミ．インセクタリゥム，(386)：27.
今井彰，1978．蝶の民俗学．築地書館．212 pp.
井上清・谷幸三，2010．赤トンボのすべて．トンボ出版．183 pp.
石田かおる，2021．ガチャガチャ上陸 55 年で第 3 次ブーム．AERA, 34 (2)：38-40.
石田昇三・石田勝義・小島圭三・杉村光俊，1988．日本産トンボ幼虫・成虫検索図説．東海大学出版会．140 pp.
石森プロ監修，2012．コミック版世界の伝記㉔．石ノ森章太郎．ポプラ社．126 pp.
梶田博司・青山勲著．(財) おかやま環境ネットワーク編，2010．ホタルと人と文化．大学教育出版．140 pp.
神田左京，1981．(復刻) ホタル．サイエンティスト社．496 pp.
金子浩昌・小西正泰・佐々木清光・千葉徳爾，1992．日本史のなかの動物事典．東京堂出版．266 pp.
加納康嗣，2011．鳴く虫文化誌．虫聴き名所と虫売り．エッチエスケー．155 pp.
笠井昌昭，1997．虫と日本文化．大巧社．171 pp.
片桐洋一校注，1990．後撰和歌集．岩波書店．500 pp.
加藤正世，1981．(復刻) 蟬の生物学．サイエンティスト社．319 pp.
河原正彦，1984．蝶の文様．和様意匠の成立と展開．p.11 - 22．村山修一・吉田光邦・元井能・河原正彦著，日本の文様．蝶．光琳出版．40 pp.
Kellert, S. R., 1993. Values and perceptions of invertebrates. Conservation Biology, 7 (4)：845 - 855.
ウィルソン，E. O. & S. R. ケラート(編)．荒木正純・時実早苗・船倉正憲訳，2009．バイオフィーリアをめぐって．法政大学出版局．600 pp.
雲英末雄・山下一海・丸山一彦・松尾靖秋校注，2001．近世俳句俳文集．小学館．638 pp.
小島憲之・木下正俊・東野治之校注，1994．萬葉集一．小学館．500 pp.
小島雪子，2014．「虫めづる姫君」と仏教．宮城教育大学紀要，48：315 - 326.
小町谷照彦校注，1990．拾遺和歌集．岩波書店．491 pp.
小西正己，1991．古代の虫まつり．学生社．211 pp.
小西正己，1997．秋津島の誕生．トンボに託した古代王権．朱鷺書房．185 pp.
小西正泰，1992．虫の文化誌．朝日選書．275 pp.
小西正泰，1993．虫の博物誌．朝日選書．300 pp.
小西正泰，2003．文化昆虫学序説．三橋淳編，昆虫学大事典．p．1103 - 1104, 朝倉書店．1200 pp.
久保田啓一校注，2002．近世和歌集．小学館．414 pp.
楠本憲吉解説．山下一海・北川漸・松井利彦・村山吉郷注釈，1974．近代俳句集．角川書店．506 pp.
Leskosky, R. J. & M. R. Berenbaum, 1988. Insects in animated films. Not all bugs are bunnies. Bulletin of the Entomological Society of America, 34：55 - 63.
マガジンハウス書籍編集部，2013．大人の仮面ライダー大図鑑．マガジンハウス．111 pp.
美川圭，2006．院政．もうひとつの天皇制．中公新書．270 pp.
三谷栄一・三谷邦明・稲賀敬二校注，2000．落窪物語．堤中納言物語．小学館．574 pp.
三橋淳，2000．文化昆虫学とは．遺伝，54 (2)：14 - 15.
三橋淳・小西正泰編，2014．文化昆虫学事始め．創森社．273pp.

# 主要参考文献

※本書を執筆するに際し、参考とした文献の主要なもののみ挙げた。


宮ノ下明大 , 2005. 映画における昆虫の役割. 家屋害虫 , 27 (1) : 23 - 34.
宮ノ下明大 , 2007a. 昆虫絵本への招待. 家屋害虫 , 28 (2) : 161 - 166.
宮ノ下明大 , 2007b. アリからチームワークを学んだ少年ー映画『アントブリー』に見る成長物語ー. 家屋害虫 , 29 (2) : 153 - 158.
宮ノ下明大 , 2008. 幼虫チョコとキモカワイイ. 家屋害虫 30 (1) : 19 - 21.
宮ノ下明大 , 2011. 映画における昆虫の役割 II. 都市有害生物管理, 1 (2) : 147 - 161.
宮ノ下明大 , 2014a. パン屋における「昆虫パン」. 都市有害生物管理 , 4 (2) : 97 - 101.
宮ノ下明大 , 2014b. 映画 (特撮・アニメ・実写) に登場する昆虫. p. 242 - 271.
宮ノ下明大 , 2015a. 暮らしの中のテントウムシデザインとは何か? その図像と鞘翅斑紋パターンの特徴. 都市有害生物管理 , 5 (2) : 61 - 67.
宮ノ下明大 , 2015b. 文化昆虫学で歩く鎌倉散歩. 都市有害生物管理 , 5 (2) : 77 - 78.
宮ノ下明大 , 2016a. 七つ星テントウムシの描き方. 都市有害生物管理 , 6 (1) : 33 - 35.
宮ノ下明大 , 2016b. カプセル玩具「カブトムシ天」. 都市有害生物管理 , 6 (1) : 49 - 50.
宮ノ下明大 , 2019a. 特撮ヒーローのモチーフとなった昆虫たち. p.170 - 184.
宮ノ下明大 , 2019b. 映画に登場する昆虫たち. p.226 - 256.
村山修一 , 1984. 日本における蝶の博物誌. p.3 - 10. 村山修一・吉田光邦・元井能・河原正彦著 , 日本の文様. 蝶. 光琳出版 . 40 pp.
中秀司 , 2014. 性フェロモン研究の基礎ー成分同定 , 野外誘因試験 , 農業分野への応用と今後の展望 . 蚕糸・昆虫バイオテック , 84: 77-92.
中村 計 , 2020. クワバカ. クワガタを愛し過ぎちゃった男たち. 光文社 . 247 pp.
成瀬史弥 , 2010. 平成仮面ライダー英雄伝. 株式会社カンゼン . 303 pp.
成瀬史弥 , 2011. 平成仮面ライダー怪人伝. 株式会社カンゼン . 303 pp.
日本直翅類学会編 , 2006. バッタ・コオロギ・キリギリス大図鑑. 北海道大学出版会 . 687 pp.
丹羽博之 , 1992. 平安朝和歌に詠まれた蛍. 大手前女子大学論集 , 26 : 85 - 100.
野原茂 , 2004. 赤トンボ操縦術. 九三式中間練習機フライト・マニュアル. 光文社 . 135 pp.
沼田英治・初宿成彦 , 2007. 都会にすむセミたち. 温暖化の影響? . 海游社 . 162 pp.
小畑晶子 , 2009. テントウムシの民俗学. p.116 - 117. 日本環境動物昆虫学会編 , テントウムシの調べ方. 文教出版 . 148 pp.
奥本大三郎編 , 1990. 虫の日本史. 別冊歴史読本特別号 , 114. 新人物往来社 . 157pp.
小野俊太郎 , 2007. モスラの精神史. 講談社 . 283 pp.
大井田晴彦 , 2012. 王朝物語が描いた蛍 . p. 44 - 58. 鈴木健一編 , 鳥獣虫魚の文学史. 虫の巻. 三弥井書店 . 373 pp.
大川信子 , 2010. 蝶の位相. 多文化共生における価値を考える. 常葉学園大学研究紀要 (教育学部) , (30) : 31 - 53.
小沢正夫・松田成穂校注 , 1994. 古今和歌集. 小学館 . 590 pp.
Preston-Mafham, K. 2004. Insects and other invertebrates. Insects 5. Butterflies and moths. The Brown References Group plc. London. 128 pp.
Robert, G. F. & P. H. Adler, (eds.) , 2018. Insect biodiversity, volume II. Wiley Blackwell, Hoboken, NJ, USA. 987 pp.
Rosa, Rafael M., Daniel C. Cavallari, & Ana L. Vera-Silva, 2020. Pokécrustacea : the crustacean-inspired Pokémon. Journal of Geek Studies, 7 (2) : 97 - 113.
Salvador, B. R., 2020. Ancient Egyptian royalty in Fate/Grand Order. Journal of Geek Studies, 7 (2) : 131 - 148.
瀬川千秋 , 2016. 中国. 虫の奇聞録. 大修館書店 . 226 pp.
渋谷昌三・小野寺敦子 , 2006. 手にとるように心理学がわかる本. かんき出版 . 319 pp.
須川亜紀子 , 2021.「鬼滅の刃学会」に行ってみた! マンガ / アニメ研究の最前線が奥深すぎる . 現代ビジネス web サイト URL https://gendai.ismedia.jp/articles/-/82341 (2021 年 8 月 20 日アクセス)
坪井暢子 , 2012. 「堤中納言物語」「虫愛づる姫君」. p. 79 - 97. 鈴木健一編 , 鳥獣虫魚の文学誌. 虫の巻. 三弥井書店 . 373 pp.

## 主要参考文献


円谷プロダクション監修 , 2005. 決定版全ウルトラ怪獣完全超百科. ウルトラQ ～ウルトラマンパワード編. 講談社 . 121 pp.
円谷プロダクション監修, 2006. 決定版全ウルトラ怪獣完全超百科. ウルトラマンティガ ～ウルトラマンマックス編. 講談社 . 121 pp.
円谷プロダクション監修 , 2013. 円谷プロ全怪獣図鑑. 小学館 . 415 pp.
上田哲行編 , 2004. トンボと自然観. 京都大学学術出版会 . 504 pp.
碓井益雄 , 1982. 霊魂の博物誌. 河出書房新社 . 252 pp.
山口博 , 1994. 王朝貴族物語. 古代エリートの日常生活. 講談社現代新書 . 257 pp.
山口佳紀・神野志隆光校注 , 1997. 古事記. 小学館 . 462 pp.
横山泰行 , 2005. ドラえもん学. PHP 新書 . 205 pp.

## 著者略歴


### 保科英人（ほしな・ひでと）

昭和 47 年生まれ。平成 12 年九州大学大学院農学研究科博士課程修了。博士（農学）。現在、福井大学教育学部教授、日本甲虫学会和文誌編集委員長。専門：文化昆虫学、科学史、土壌性甲虫分類学。主要著書：『大衆文化のなかの虫たち』（共著）論創社、『近代華族動物学者列伝』勁草書房、『「文化昆虫学」の教科書』（編著）八坂書房、ほか。

### 宮ノ下明大（みやのした・あきひろ）

昭和 39 年生まれ。平成 5 年東京大学大学院農学系研究科博士課程修了、博士（農学）。現在、国立研究開発法人 農研機構主席研究員。法政大学兼任講師。都市有害生物管理学会会長。専門：応用昆虫学、文化昆虫学。著書：『文化昆虫学事始め』（共著）創森社、『大衆文化のなかの虫たち』（共著）論創社、『「文化昆虫学」の教科書』（共著）八坂書房。

### 福富宏和（ふくとみ・ひろかず）

昭和 55 年生まれ。平成 15 年名城大学農学部生物資源学科昆虫学研究室卒。現在、石川県ふれあい昆虫館学芸員、石川むしの会事務局。日本昆虫学会、日本甲虫学 会、石川県野生動物保護調査会会員。専門：昆虫分類学、海浜性昆虫の生態と保 全の研究、昆虫を使った教育普及活動。著書：『日本産タマムシ大図鑑』（共著）むし社、『昆虫館はスゴイ！』（分担執筆）repicbook、『昆虫好きを育て るために』（分担執筆）ニューサイエンス社。



# サブカル昆虫文化論

2021 年 12 月 22 日　第 1 版第 1 刷発行

| | |
|---|---|
| **編著** | 保科英人 |
| **共著** | 宮ノ下明大、福富宏和 |
| **カバーデザイン** | 島村圭之 |
| **印刷** | 株式会社 文昇堂 |
| **製本** | 根本製本 株式会社 |

発行人　西村貢一
発行所　株式会社 総合科学出版
〒 101-0052　東京都千代田区神田小川町 3-2 栄光ビル 1F
TEL　03-3291-6805
URL：https://www.sogokagaku-pub.com/




Printed in Japan　ISBN978-4-8818-883-1　C0076